# Kochbuch für Pilzsammler

Maria Hallebach · Jochen Kurth

# Kochbuch für Pilzsammler

Verlag für die Frau · Leipzig

ISBN 3-7304-0173-4

Pilze

Der Fürwitz dieser alten Erde
lacht in den Pilzen uns hervor.
Daß er dir nicht gefährlich werde,
sieh dich beim Pilzesuchen vor.

Nur für das schöne Märchen sind
die roten
und darum für das Leben Gift.
Vielleicht daß sich das Volk der
Toten
beim Fliegenpilz zum Tanze trifft.

Der Steinpilz, die bescheidenen
Maronen
sind da, beim Suchen dich zu
lohnen.
Du findst dann auf der Gabel-
spitze
ganz köstlich diese Erdenwitze.

(Aus: Georg Maurer,
Dreistrophenkalender)

**Autoren**
Dr. Maria Hallebach:
Pilzkundlicher Teil
Dr. Jochen Kurth:
„Hinweise für den erfolgreichen Pilzkoch", Rezeptteil sowie Farbfotos

Illustrationen Liane Kotulla

Maria Hallebach:
Kochbuch für Pilzsammler / Maria Hallebach; Jochen Kurth. –
1. Aufl. – Leipzig: Verlag für die Frau, 1988. –
216 S.: Ill. (z. T. farb.)
NE: Kurth, Jochen:

1. Auflage 1988
Druckgenehmigungsnummer: 126/405/13/88
Einband und Typographie: Liane Kotulla
Umschlagfoto: Heinz Schütze
Einzelfotos: Wolfgang Schulz (Satanspilz), Heinz Schütze
(Speisefotos „Hallimasch mit Schinken", „Konservieren"),
Brigitte Weibrecht (Speisefoto „Morcheln mit Leberfüllung")
Lektor: Christa Winkelmann
Gesamtherstellung: INTERDRUCK Graphischer Großbetrieb Leipzig,
Betrieb der ausgezeichneten Qualitätsarbeit, III/18/97
Printed in the German Democratic Republic
LSV 9229
Bestellnummer 673 257 3
01820

# Inhalt

7

# Vorwort

Seit undenklichen Zeiten werden Pilze als Nahrung verwertet, lange Zeit wurden sie zugleich aber auch gefürchtet. Dieser etwas unheimliche Doppelcharakter war dazu angetan, die Phantasie des Volkes und das Interesse der Wissenschaftler zu erregen. Über Jahrhunderte waren die Pilze von Mystischem umgeben, davon zeugen viele volkstümliche Bezeichnungen wie Hexenringe, Satanspilze, Totentrompete usw. Auf mittelalterlichen Bildern beispielsweise wurden Pilze stets zusammen mit Dämonen, Eidechsen und Schlangen dargestellt.

Von jeher erfreut sich das „Fleisch des Waldes" aber auch der Wertschätzung des Menschen. Schon im Altertum wurden Kaiserlinge und Trüffel auf das höchste gepriesen. So bemerkte Plinius (23 bis 79 u. Z.) dazu, daß die Schlecker, die wahren Liebhaber von Pilzen, sich diese Speise als einzige mit eigenen Händen zubereiten, und – während sie dabei das Bernsteinmesser und das Silbergerät handhaben – sich im voraus daran weiden. Im Mittelalter gehörten Herrenpilze und Ritterlinge – wie ihr Name schon sagt – zu den auserwählten Gerichten des Adels. Auch in Klöstern wurden Pilze als Fastenspeise sehr geschätzt.

Aber immer waren sie auch Volksnahrungsmittel, das Essen der armen Leute, oft Ersatz für Fleisch und Brot. So heißt es in dem erzgebirgischen „Schwammelied": ... denn de Schwamme, die sei gut, waar viel Schwamme ißt, daar spart es teire Brut ... In Not- und Kriegszeiten blieben Pilze oft eine der wenigen Nahrungsquellen für das Volk. Auch in den schweren Jahren nach dem ersten und zweiten Weltkrieg trieb der Hunger die Bevölkerung dazu, alles irgendwie Eßbare zu verwerten. Trotz intensiver Pilzaufklärung waren damals die Pilzvergiftungen erschreckend hoch.

Die Einstellung zum Pilzesammeln hat sich in den letzten Jahren entscheidend gewandelt. Pilze sind nicht mehr das Geschäft des „kleinen Mannes", sondern ein weithin beliebtes und sehr nützliches Hobby. Für die einen ist es ein Freizeitspaß, für andere ernsthafte Arbeit, für alle aber ein Dienst an der Gesundheit. Die Freude am Sammeln ist verbunden mit dem Erleben der Natur, und die Bewegung an frischer Luft wird belohnt mit einer köstlichen Abwechslung im Speiseplan der Familie.

Nicht immer jedoch halten die Pilzkenntnisse mit dem Jagdeifer Schritt. Hat man Probleme mit seinen Pilzen, gehe man unbedingt und selbstverständlich zum nächsten Pilzberater. In der DDR sind etwa 1000 Beauftragte für Pilzaufklärung als ehrenamtliche Helfer der Kreishygieneinspektionen tätig. Ihre wichtigste Aufgabe ist die Verhütung von Pilzvergiftungen durch Kontrolle des Sammelgutes, Beratung und Aufklärung des Bürgers. In vielen Beratungsstellen geht es während der Hauptsaison hoch her. Bis zu 1000 Beratungen werden von manchen Fachleuten bewältigt. Man kann sich vorstellen, wieviel Idealismus, Einsatzbereitschaft und Verantwortungsbewußtsein eine solche Tätigkeit erfordert.

Der Sammler und Pilzfreund kann viel dazu beitragen, die Arbeit des Pilzfachmannes zu unterstützen und Pilze als begehrte Schätze des Waldes sinnvoll zu nutzen. Rücksichtsvoller Umgang mit diesen Schätzen und solide Kenntnisse gehören zur „Grundausstattung" jeden

Pilzsammlers. Unser Buch möchte dazu einen Beitrag leisten und will helfen, notwendige Kenntnisse zu vermitteln, die dem Pilzfreund bei der Suche nach den gängigen Speisepilzen nützlich sind, und ihm Anregungen fürs Verarbeiten und schmackhafte Pilzgerichte geben.

Wer auf Pilzsuche geht, wird sich rechtzeitig Gedanken um das „Nachher" machen. Ob der Pilzfreund dem Dünsten oder Braten den Vorzug gibt, Mischgerichte oder artenreine Spezialitäten liebt, an Pilzen ihren Eigengeschmack schätzt oder gern vielseitig würzt, ob er seine Pilzbeute gleich verbraucht oder sich Vorräte für die pilzarme Zeit anlegt – Hinweise dafür gibt unser Buch. Es soll dem Anfänger, der sich über gelegentliche Pilzfunde freut, beim Verarbeiten seiner Pilzernte helfen und kann, so hoffen wir, auch dem schon versierten Pilzliebhaber noch manchen Tip vermitteln. In diesem Sinne wünschen wir dem Leser eine erfolgreiche Pilzjagd!

# Die Welt der Pilze

## Was sind Pilze?

„Alle Schwemme sind weder kreutter noch wurtzeln, weder blumen noch samen, sondern eitel überflüssige feuchtigkeit der Erden, der beume, der faulen Hölter und anderer faulen dingen." Dieser Satz aus dem Kräuterbuch des Hieronymus Bock von 1552 ist kennzeichnend für die Unsicherheit und Mystik, mit der man Pilze jahrhundertelang betrachtete.

Im klassischen Sinn wurden Pilze zu den pflanzlichen Lebewesen gerechnet. Allerdings ist uns wohl kaum bewußt, daß wir nicht den Pilz, sondern nur den Fruchtkörper dieses Lebewesens sammeln, vergleichbar vielleicht mit der Ernte eines Apfels vom Apfelbaum. Der eigentliche Pilz wächst als feines Fadengeflecht (Myzel) unter der Erde und unterscheidet sich erheblich von grünen Pflanzen mit Blättern und Blüten. Pilzen fehlt ja gerade das für Pflanzen so typische Blattgrün, so daß sie sich – ähnlich wie Tiere – von organischen Stoffen ernähren müssen.

Nach unserer heutigen Auffassung gehören Pilze weder zu den Pflanzen noch zu den Tieren. Sie sind etwas Eigenständiges, ein Reich für sich – eben Pilze.

## Artenzahl und Vorkommen

Pilzberater werden oft gefragt, wieviel Pilzarten es bei uns gibt. Gemeint sind dabei nur die Großpilze, die dem Sammler auf seinen Pilzwanderungen begegnen. Ihre Anzahl schätzt man in Mitteleuropa auf 3 500 bis 5 000 Arten. Genaue Angaben kann man nicht machen, weil auch bei uns die Erforschung der Pilzflora längst nicht abgeschlossen ist und die Artenlisten verschiedener Länder nicht ohne weiteres vergleichbar sind. In der 1987 erschienenen Pilzflora der DDR wurden 2 628 Arten von Gallert-, Hut- und Bauchpilzen erfaßt. Großpilze stellen nur einen Bruchteil der insgesamt etwa 100 000 bisher bekannten Pilzarten dar. Der größte Teil der Pilze gehört zu den mikroskopisch kleinen, sogenannten Niederen Pilzen.

Pilze sind über die ganze Erde verbreitet. Sie dringen sogar in Lebensräume vor, die grüne Pflanzen nicht mehr besiedeln können. Man begegnet ihnen nicht nur in Wald und Flur, sie leben auch im Boden, im Wasser, in der Luft und als Parasiten in Lebewesen.

Über die Verbreitung mikroskopisch kleiner Pilze weiß man wenig, wahrscheinlich sind die meisten „Allerweltsbürger". Von den Großpilzen kommen nur wenige Arten überall auf der Erde vor, während viele Familien und Gattungen auf mehreren Kontinenten oder gar weltweit vertreten sind.

Die meisten unserer Großpilze und parasitisch lebende Arten sind in ihrem Vorkommen aber von geeigneten Substraten oder Wirten und von klimatischen Faktoren und Bodenverhältnissen abhängig. Das bedeutet, daß sie in begrenzten Lebensräumen zu Hause sind. Natürliche Verbreitungsschranken wie Ozeane, Gebirge oder Wüsten können durch die weltweite Tätigkeit des Menschen überbrückt werden. Zufällig oder gewollt kommt es damit zur Verschleppung von Pilzen in andere Gebiete. So ist beispielsweise der Körnchenröhrling mit der Kiefer in einigen tropischen Ländern heimisch geworden. Auch wir kennen in unserer Pilzflora „Neubürger" wie den Riesenträuschling oder den an die Weymoutskiefer gebundenen Elfenbeinröhrling. Ein Paradebeispiel ist der Tintenfischpilz, der mit australischer Baumwolle nach Europa gelangte. 1914 wurde er das erste Mal in den Vogesen entdeckt. Seither verfolgte man den Wanderweg dieses interessanten Fremdlings durch Europa, bis er schließlich 1977 an der Ostseeküste eine natürliche Grenze erreichte.

## Wie sich Pilze vermehren

Der Ursprung der Pilze war lange nicht zu klären. Kein Wunder, daß man ihr Werden und Vergehen mit gärender, feuchter Erde, dem Schleim von Bäumen oder gar mit überirdischen Wesen in Verbindung brachte.

Erst mit Hilfe des Mikroskops ist es gelungen, das Rätsel um die Entstehung der Pilze zu lösen. Die Fortpflanzungszellen der Pilze, die Sporen, sind nämlich mit bloßem Auge nicht zu erkennen. Die winzigsten sind nicht größer als Bakterien. Bei einem Fliegenpilz mit 10 μm Sporenlänge beispielsweise würden 100 aneinandergereihte Sporen erst eine Länge von 1 mm ergeben. Das Mikroskop offenbart dem Betrachter aber auch vielfältige Sporenformen.

Sporengröße, -form und -farbe sind bei den einzelnen Pilzarten recht konstant und daher für die Bestimmung wichtig.

Sporen werden in einer besonderen Fruchtschicht erzeugt, die bestimmte Teile des Fruchtkörpers überzieht. Sie wird auf sinnreiche Art durch Vertiefungen, Verästelungen oder besondere Strukturen vergrößert, um eine optimale Sporenproduktion zu ermöglichen. Die Fruchtschicht befindet sich bei

Morcheln in wabenartigen Gruben,

Lorcheln an der Außenseite der faltigen Lappen,

Becherlingen auf der Innenseite der Becher,

Korallenpilzen an den verzweigten Enden,

Keulenpilzen an der runzligen Oberfläche,

Bauchpilzen im Inneren der Fruchtkörper,

Hutpilzen an der Unterseite, wo sie Lamellen, Leisten und Stacheln umhüllt und Röhren oder Poren auskleidet.

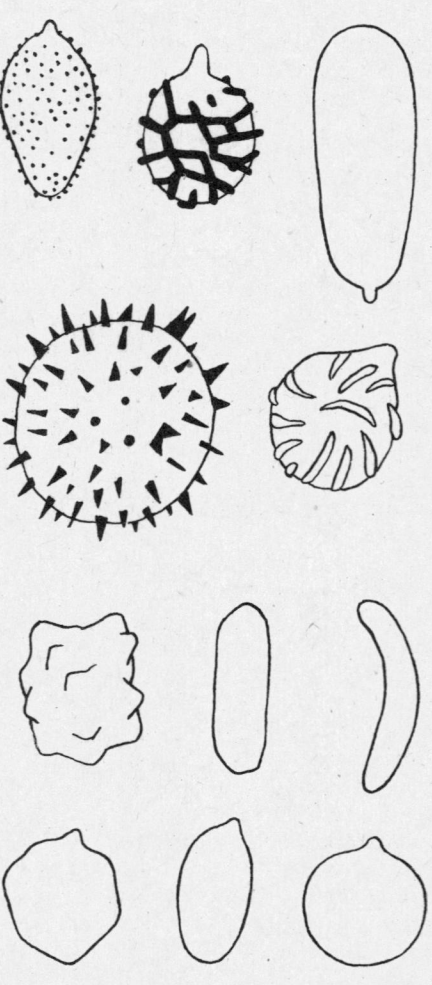

**Beispiele für Sporenformen**

12

Ein erwachsener Pilz streut tagelang unglaubliche Sporenmengen aus. Ein Fliegenpilz bringt es auf etwa 2 Milliarden. Dieser Vorgang kann leicht durch eine Sporenprobe sichtbar gemacht werden. Man schneidet einen Pilzhut ab, legt ihn mit den Lamellen nach unten auf weißes Papier und deckt ein Gefäß darüber. Die Probe bleibt am besten über Nacht liegen. Am nächsten Morgen zeigt sich ein zierliches Lamellenmuster aus zahllosen Sporen, die sich zwischen den Lamellen abgelagert haben. Auf dem weißen Untergrund läßt sich die Farbe des Sporenstaubes gut einschätzen. Sie ist für die Bestimmung der Blätterpilze außerordentlich wichtig.

Die ausfallenden Sporen werden hauptsächlich durch Luftbewegungen verbreitet und über weite Strecken transportiert. Fällt eine Spore auf günstigen Nährboden, keimt sie aus, bildet Fäden (Hyphen) und schließlich ein verzweigtes Pilzgeflecht (Myzel). Aus der Fortpflanzungszelle ist das Lebewesen Pilz geworden, das jahrelang unterirdisch wachsen kann. Zur Fruchtkörperbildung ist es nicht befähigt, denn Sporen und Myzelien höherer Pilze sind geschlechtlich differenziert. Pilzfruchtkörper entstehen nur, wenn zwei verschiedengeschlechtliche Myzelien derselben Pilzart zusammentreffen. Bei diesem Vorgang zeigen Pilze eine besondere Eigentümlichkeit. Die Zellen verschmelzen miteinander, während die Zellkerne erhalten bleiben. Das entstehende „Paarkernmyzel" besitzt also in jeder Zelle zwei Kerne. Es kann ebenfalls lange unter der Erde leben, bis es kräftig genug ist, um bei günstigen Lebensbedingungen Fruchtkörper hervorzubringen. Die Entwicklung beginnt mit knolligen Myzelverdickungen, die sich bei ihrer raschen Vergrößerung bald in Hut und Stiel differenzieren.

Pilze sind also aus feinsten Pilzfäden aufgebaut. Die Hyphen setzen sich fort bis in die Fruchtschicht. Aber erst in den sporenerzeugenden Zellen (Basidien, Schläuche) verschmelzen schließlich die Kerne miteinander. Durch mehrere Kernteilungen entstehen Tochterkerne, die in die Sporen einwandern. Die Sporen fallen aus, und so beginnt der Kreislauf aufs Neue.

Die Vermehrungsvorgänge bei Pilzen sind in Wirklichkeit sehr kompliziert. Diese vereinfachte Darstellung soll zum grundsätzlichen Verständnis der auch den Pilzkenner immer wieder erstaunenden Vermehrung der Pilze genügen.

## Lebensweise und Bedeutung der Pilze

Über dem Ruhm der Pilze als Delikatessen und ihrem Wert als naturverbundenes Hobby darf man ihre große Bedeutung im Haushalt der Natur und in verschiedenen Bereichen des menschlichen Lebens nicht vergessen. Die Bedeutung der Pilze für Natur und Mensch ist eng mit ihrer Lebensweise verknüpft.

Den meisten Pilzen fehlt aus Mangel an Chlorophyll die Fähigkeit der Pflanzen, sich die lebenswichtigen Stoffe selbst aufzubauen. Sie sind auch nicht in der Lage, ähnlich wie Tiere, auf Nahrungssuche zu gehen. Sie haben in Anpassung an ihre Lebensumstände ganz eigene Ernährungsweisen entwickelt.

Die meisten unserer Großpilze nutzen als Nahrungsquelle tote organische Überreste, die in Form von Baumstümpfen, Laub- und Nadelstreu, abgestorbenen Pflanzen, toten Tieren usw. reichlich zur Verfügung stehen. Zu diesen sogenannten Saprophyten gehören auch die Schimmelpilze und viele mikroskopisch kleine Arten. „Spezialisten" unter ihnen sind sogar in der Lage, hornartige Substanzen wie Hufe, Federn oder Haare allmählich zu zerstören. Durch Zersetzung gewinnen sie Nährstoffe und Energie für den eigenen Bedarf und setzen Bestandteile frei, die den Pflanzen wieder zur Verfügung stehen. Pilze spielen also bei der Beseitigung von Abfallstoffen zusammen mit Bakterien und mancher Tieren im Kreislauf der Natur eine bedeutende Rolle. Sie sind ganz entscheidend an der Humusbildung und am Aufbau der Bodenfruchtbarkeit beteiligt.

Andererseits kann durch die Zersetzungstätigkeit der Pilze großer Schaden entstehen, denn Saprophyten machen auch vor Textilien, Leder, Fleisch, Früchten oder Nutzholz nicht halt. Bekanntestes Beispiel ist wohl der gefährliche Hausschwamm, der feuchtes Holz in kurzer Zeit so zerstört, daß man es mit der Hand zerkrümeln kann.

Neben den Saprophyten gibt es parasitisch lebende Pilze, die in der Lage sind, lebende Pflanzen und Tiere anzugreifen. Waldwanderer kennen, zumindest vom Sehen her, eine große Anzahl von Pilzen, die an lebenden Bäumen wachsen. Die meisten von ihnen sind Schwächeparasiten, denn sie können gesunden Bäumen nichts anhaben. Gerade bei Baumbewohnern ist die Grenze zwischen beiden Lebensformen oft verwischt. Wer Buchenwälder kennt, hat bestimmt schon beobachtet, daß der Zunderschwamm zunächst an lebenden Bäumen erscheint, aber auch an abgestorbenen oder umgebrochenen Stämmen üppig weiterwächst. Der Hallimasch siedelt sich normalerweise als Saprophyt an Stubben an, kann aber über Myzelstränge von unten her lebende Bäume befallen. Er gilt zusammen mit dem Wurzelschwamm als einer der gefürchtetsten Forstschädlinge.

Einige Pilze sind in der Lage, auf anderen Pilzen zu leben, so z.B. Schmarotzerröhrlinge auf Kartoffelbovisten oder Zwitterlinge auf Täublingen. Pilzfreunden ist immer wieder der Goldschimmel ein Dorn im Auge, der besonders gern Rotfüßchen befällt. Manche Pilze können sogar auf Insekten leben.

Pilzsucher wissen, daß man Edelreizker, Grünlinge und Sandröhrlinge nur unter Kiefern findet und daß der Goldröhrling beispielsweise Lärchenbegleiter ist. Ursache für die Bindung an bestimmte Baumarten ist die enge Lebensgemeinschaft von Pilzen mit den meisten Waldbäumen, die sogenannte Mykorrhiza oder Wurzelverpilzung. Die Pilzhyphen umhüllen die Saugwurzeln der Bäume mit einem dichten Geflecht und dringen teilweise durch die Wurzelrinde in die äußere Zellschicht ein. Die Myzelien übernehmen die Funktion der Wurzelhaare. Sie versorgen ihren Partner mit Wasser und Nährsalzen und unterstützen ihn bei der Aufnahme von schwerlöslichen Mineralstoffen. Außerdem können sie den Baumwurzeln Schutz vor Infektionen, vor Frostschäden und wohl auch vor Toxinen im Boden bieten.

Der Pilz bezieht von der grünen Pflanze Kohlenhydrate, Vitamine und wuchsfördernde Wirkstoffe für den eigenen Lebensunterhalt. Die wechselseitige Beziehung beider Partner führt zu einem biologischen Gleichgewicht mit beiderseitigem Nutzen. Man schätzt, daß Waldbäume ihr besiedelbares Areal mit Hilfe von Pilzen um fast ein Drittel vergrößern können. Andererseits sind Mykorrhizapilze nur mit Hilfe ihrer Baumpartner in der Lage, sich gut zu entwickeln. Ohne Wurzelverpilzung wiederum dürfte die Mehrzahl unserer Bäume auf Dauer kaum existenz- und konkurrenzfähig sein.

Den Pilzen kommt also im Ökosystem Wald eine herausragende Bedeutung zu.

Aber nicht nur Bäume, sondern über 80 Prozent aller Landpflanzen leben in Gemeinschaft mit Pilzen, z. B. auch Getreide, Weinreben, Erdbeeren, Obstarten usw. Es wurde festgestellt, daß gute Wuchsleistung und Widerstandsfähigkeit gegen Krankheitserreger stets gekoppelt ist mit kräftiger Mykorrhizabildung. Man kann sich denken, welche wirtschaftliche Bedeutung sich daraus ergibt.

Eine Vielzahl mikroskopisch kleiner Pilze zählt zu den unentbehrlichen Helfern bei der Herstellung von Lebensmitteln wie z. B. Backwaren, Getränken und mancher Käsesorten.

In der medizinischen Behandlung sind antibiotische Wirkstoffe aus Pilzen zu großer Bedeutung gelangt.

In die Gruppe der Parasiten gehört das große Heer von Krankheitserregern, das weltweit unermeßlichen Schaden anrichtet. So werden 83 Prozent der wichtigsten in Mitteleuropa auftretenden Pflanzenkrankheiten von Pilzen verursacht. Sehr problematisch sind auch die zahlreichen Mykosen bei Mensch und Tier.

## Pilze und Naturschutz

Jedermann weiß, daß seltene Pflanzen unter Naturschutz stehen, und daß es Tiere gibt, die vom Aussterben bedroht sind. Die Schutzbedürftigkeit von Pilzen ist uns erst in den letzten Jahren richtig bewußt geworden. Durch den Rückgang so bekannter Speisepilze wie des Pfifferlings und mancher Röhrenpilze wurde die Öffentlichkeit auf Naturschutzprobleme bei Pilzen aufmerksam.

Besonders auffällig ist der Rückgang einer Reihe von bekannten Mykorrhizapilzen in vielen Gebieten Mitteleuropas. Außerdem werden auch manche Streubewohner, die auf trockenen, nährstoffarmen Böden vorkommen, und Pilze schwach gedüngten Grünlands seltener. Zugenommen haben einige Holzbewohner sowie Arten humus- und stickstoffreicher Böden, wie z. B. manche Champignons, Tintlinge und Düngerlinge.

Inzwischen wurden in mehreren Ländern „Rote Listen" gefährdeter Pilzarten erarbeitet. Man will die Ursachen für den Rückgang klären und sinnvolle Schutzmaßnahmen einleiten.

Ein wesentlicher Grund für das Abnehmen zahlreicher Pilzarten liegt in der Veränderung oder Zerstörung lebenswichtiger Biotope. Durch die Intensivierung der Landwirtschaft kommt es beispielsweise zur Überdüngung von Wiesen und Weiden, zur Kultivierung von Dünen- und Heidelandschaften und zum Verschwinden von Naßflächenstandorten. Pilze, die solche Lebensräume besiedeln, verlieren dadurch ihre Existenzgrundlage.

Forst- und wasserwirtschaftliche Maßnahmen wie das Umforsten naturnaher Laubwälder, Forstdüngung oder Grundwasserabsenkung gefährden viele Waldpilze.

Eine weitere Ursache wird in der Luftverschmutzung gesehen, die zumindest über die Schädigung der Bäume, wohl auch über Bodenversauerung und Bodendüngung auf Pilze Einfluß hat. Die Lebensgemeinschaft zwischen Pilz und Baum führt zu einem biologischen Gleichgewicht, das bei Störungen nicht mehr optimal funktioniert. Wird der Baum geschädigt, kann dies auch für den Pilzpartner nicht ohne Einfluß sein und umgekehrt.

Die Verarmung unserer Pilzflora ist also im wesentlichen durch die gleichen Einflüsse bedingt, die auch auf Pflanzen und Tiere einwirken, zumal viele Pilze in ihrer Existenz von anderen Lebewesen abhängen. Die Ursachen sind sehr komplexer Natur und in ihrer Wirkung auf einzelne Pilzarten schwer einzuschätzen, die Klärung vieler Probleme steht noch am Anfang.

Der Rückgang der Mykorrhizapilze bewegt die Pilzfreunde besonders, weil davon auch wertvolle Speisepilze betroffen sind. Dazu gehören beliebte Röhrlinge, viele Ritterlingsarten, Täublinge und z. B. auch Habichtspilz und Semmelstoppelpilz. Im Brennpunkt des Interesses aber steht der Pfifferling. Er ist in vielen Gebieten, z. B. im weiten Umkreis von Leipzig, so selten geworden, daß man ihn kaum noch antrifft. Die meisten Pilzfreunde sind der Ansicht, daß das wachsende Heer der Pilzsammler ihn geradezu ausgerottet hat. Andere wissen von Pfifferlingswäldern im Norden der DDR zu berichten, die trotz intensiven Urlauberbetriebs alljährlich ertragreich sind. Die Pilzsaison 1987 brachte sogar eine Rekordernte an Pfifferlingen. Auch niederländische Forscher stellten fest, daß manche Fundplätze, die seit mehr als 20 Jahren in großem Maßstab abgeerntet werden, noch reich an Pfifferlingen sind, während in einigen Sperrgebieten das Aufkommen zurückgegangen ist.

Man hat durch sorgfältige Untersuchungen herausgefunden, daß der Pfifferling heute in allen Gebieten fehlt, in denen auch das Flechtenwachstum stark zurückgegangen ist. Zudem ist doch bei Pfifferlingen eine gewisse Gefährdung des Bestandes durch das gezielte und radikale Absammeln durchaus zu befürchten.

Im allgemeinen aber wird die Bedeutung des Pilzesammelns für den Rückgang vieler Arten überbewertet, denn seit undenklichen Zeiten werden Pilze zu Speisezwecken gesammelt. In Osteuropa z.B. ist man von alters her gewohnt, Pilze in großem Maßstab zu verwerten, ohne daß ein Artenrückgang beobachtet worden wäre.

Sachgemäßes Pilzesammeln kann derzeit nicht als ernsthafte Gefährdungsursache für unsere Pilzflora angesehen werden. Bei schonendem Abernten wird das im Boden lebende Myzel vermutlich nicht geschädigt. Der Fruchtkörper würde auch ohne Zutun des Menschen nach kurzer Zeit absterben.

Pilzfreunde und Naturschützer sind sich jedoch einig, daß der rücksichtslose Umgang mit Speisepilzen ebenso zu verurteilen ist wie das sinnlose Zerschlagen und Zertreten von giftigen und unbekannten Arten. Wahlloses Absammeln der Pilze ist nicht nur Naturfrevel, sondern auch eine Zumutung für den Pilzberater. Er sieht sich nicht als Pilzsortie-

rer für unvernünftige Leute, sondern als Anwalt der Natur, der durch gezielte Beratungs- und Aufklärungsarbeit die Belange des Naturschutzes unterstützt.

Für einen wirksamen Pilzschutz sind nach heutigen Erkenntnissen Naturschutzgebiete von besonderer Bedeutung, weil viele seltene und bedrohte Pilze an gefährdete Pflanzengesellschaften und -arten gebunden sind.

Es geht aber nicht nur um ein reichhaltiges Angebot an Speisepilzen und um die Erhaltung besonderer Raritäten. Vorrangige Aufgabe des Naturschutzes ist es, die Pilzflora in ihrer ganzen Vielfalt und Schönheit zu bewahren. Pilze spielen im Kreislauf der Natur eine wichtige Rolle. Sie sind zudem ein Schmuck unserer Wälder und bieten vielen Menschen eine beliebte Freizeitbeschäftigung. Jeder sollte durch schonenden Umgang und sachkundiges Verhalten zum Schutz der Pilze beitragen.

# Kennzeichen und Einteilung der Pilze

## Pilze auf den ersten Blick

Pilze faszinieren den Naturfreund durch ihre Vielgestaltigkeit und Formenfülle. Am auffälligsten ist jedoch ihre Farbenpracht, die zuerst die Aufmerksamkeit erregt.

Die **Farbe** ist ein wichtiges Erkennungsmerkmal für den Sammler. Wie sehr man sich daran orientiert, wird deutlich, wenn sie irgendwie verfälscht ist. Versucht man, Pilze bei künstlichem Licht zu bestimmen, kann die einfachste Art zum Problemfall werden, weil einfach die Farbe nicht stimmt. Auch der Frost zaubert mitunter überraschende Farben auf die Hüte. Die Nebelkappe bekommt oft einen Violettschimmer, kann manchmal aber auch in allen Regenbogenfarben leuchten. Champignons vergrauen und gilben nicht mehr deutlich, und Täublinge sind noch schwerer zu erkennen.

Die meisten Pilze haben sehr typische Farben, die wohl in bestimmten Grenzen schwanken, aber doch recht konstant sind. Die Farbnuancen prägen sich leichter ein, wenn man Exemplare verschiedener Entwicklungsstadien und Standorte vergleicht und auch Witterungseinflüsse mit bedenkt. Junge, beschattete und regennasse Pilze sehen meist etwas dunkler aus. Im Alter oder bei starker Belichtung und bei Trockenheit verblassen die Hüte. Manchmal sind auch typische Verfärbungen wichtig, zum Beispiel dunkle Ränder, Flecke, Streifen, blasse Hutmitte usw.

Jedoch zeigt sich bei einer Reihe von Pilzen die Hutfarbe so veränderlich, daß sie auch versierte Pilzfreunde täuschen kann. Wer z. B. einen Seifenritterling als weißlichen Pilz kennengelernt hat, wird lange rätseln, wenn er ein olivgrünes, schwärzliches oder bräunliches Exemplar in der Hand hält.

Neben der Farbe wird auch die **äußere Form** auf den ersten Blick erfaßt. Wer zur Hauptsaison durch die Wälder streift, bekommt einen Eindruck von der Mannigfaltigkeit der Pilzwelt. Neben den allbekannten Hutpilzen begegnen uns rundliche, verästelte oder hirnartige Gebilde. Andere erinnern in der Form an Becher, Schüssel, Trichter oder Keulen.

Baumpilze wachsen oft wie Konsolen aus dem Holz heraus oder überziehen als Krusten abgestorbene Äste. Dazu kommt noch die Veränderlichkeit einzelner Arten, von der jeder Pilzfreund ein Klagelied singen kann.

Die verwirrende Vielfalt der Pilzgestalten läßt sich zu einigen überschaubaren Grundformen zusammenfassen, die nachfolgend dargestellt sind.

### Beispiele für Fruchtkörperformen

Morcheln
Lorcheln
Becherlinge
Korallenpilze
Keulenpilze
Bauchpilze
Hutpilze
    Röhrenpilze,
    Lamellenpilze,
    Leistenpilze,
    Stachelpilze

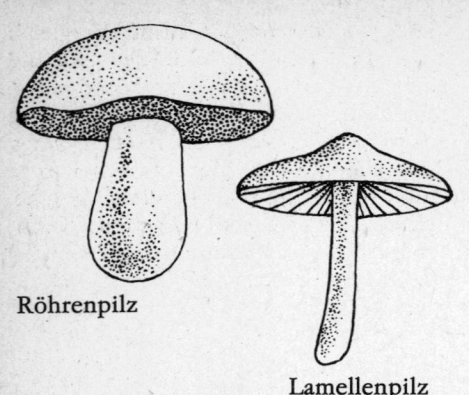

Röhrenpilz

Lamellenpilz

Morchel

Lorchel

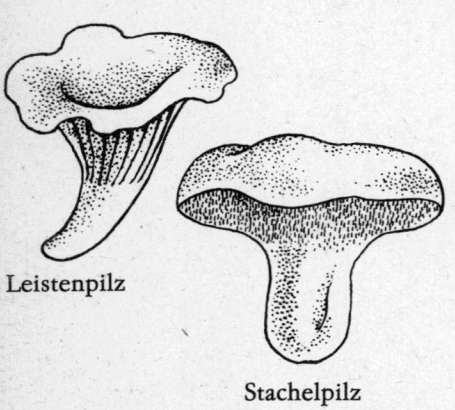

Leistenpilz

Stachelpilz

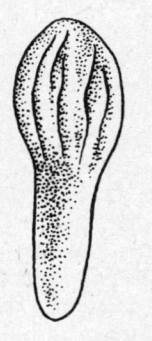

Becherling

Korallenpilz

Keulenpilz

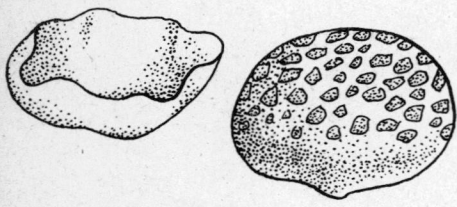

Bauchpilze

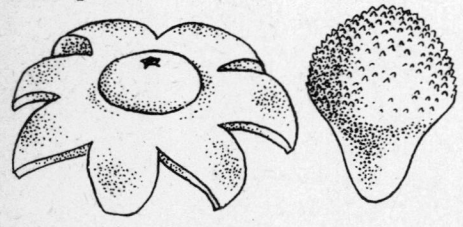

Beispiele
für Fruchtkörperformen

# Pilze näher betrachtet

Die Farbe und die äußere Form eines Pilzes genügen aber keineswegs, um ihn sicher zu erkennen. Entscheidend für das Erkennen von Pilzen sind typische Merkmale an Hut und Stiel. Dazu gehören Aussehen und Beschaffenheit des Hutes, Stielform und -oberfläche, Knollen, Ringe, Manschetten usw. Für die Beschreibung dieser Kennzeichen werden in den Pilzbüchern bestimmte Begriffe verwendet, die größtenteils allgemeinverständlich sind. Die Übersicht auf S. 24/25 zeigt Beispiele für **Hutformen, Oberflächenstrukturen,** Huträder **und Ausbildung der Stielbasis.**
Erfahrungsgemäß sind die **Kennzeichen der Lamellen** (Blätter) den Pilzfreunden weniger geläufig. Sie sollen deshalb etwas ausführlicher behandelt werden. Zu beachten sind dabei
die Lamellenfarbe bei jungen und älteren Pilzen,
Abstand, Dicke und Breite der Lamellen,
die Ansatzstelle am Stiel,
die Lamellenschneide.
*Zur Farbe.* Betrachtet man die Hüte verschiedener Blätterpilze von unten, fallen zuerst die unterschiedlichen Farben der Lamellen auf. Sie können hell (weiß, gelblich, grau, rosa) aussehen, verschiedene Brauntöne haben oder sehr dunkel sein. Die Lamellenfarbe wird meist bedingt durch die Färbung des Sporenstaubes, die man, wie bereits beschrieben, mit Hilfe einer Sporenprobe feststellen kann. Die Beachtung der Sporenfarbe ist überhaupt die wichtigste Voraussetzung, um Blätterpilze kennenzulernen. Wer sich beispielsweise einprägt, daß erwachsene Champignons dunkle Blätter (Sporen) besitzen, braucht sich vor einer Verwechslung mit den hellblättrigen Knollenblätterpilzen nicht zu fürchten. Auch bei der Beschreibung der Pilzarten wird uns die Lamellen(Sporen)farbe immer wieder begegnen.

*Zum Lamellenabstand.* Beim Vergleich wird auch deutlich, daß der Abstand einer Lamelle zur anderen recht unterschiedlich ist. Die richtige Einschätzung erfordert allerdings etwas Erfahrung, denn alle Möglichkeiten zwischen sehr entfernt (weit) und sehr dicht (eng/gedrängt) stehend sind gegeben. Kennzeichnend für bestimmte Arten oder Pilzgruppen sind zum Glück die Extreme.

**Lamellen eng, dicht, gedrängt**
z. B. Maipilze, viele Trichterlinge

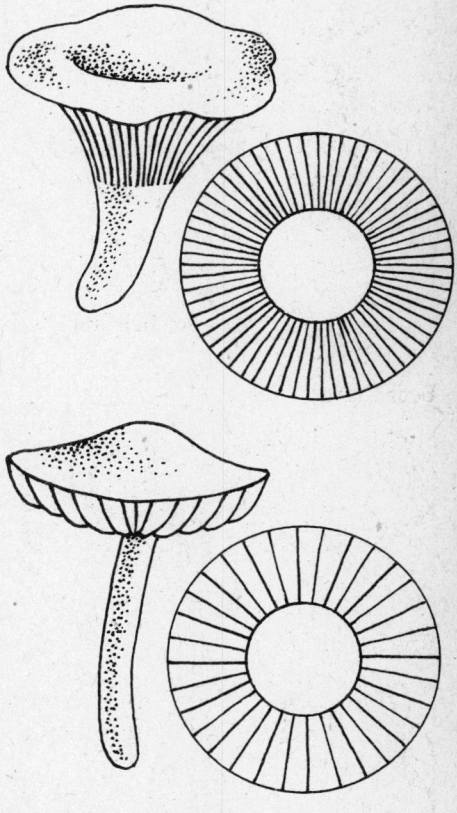

**Lamellen weit, entfernt**
z. B. Nelkenschwindling, Gelbfüße

*Zur Lamellenbreite.* Ob eine Lamelle schmal oder breit ist, läßt sich am besten im Längsschnitt beurteilen.

**Schmale Lamellen**
z. B. Trichterlinge, Maipilz

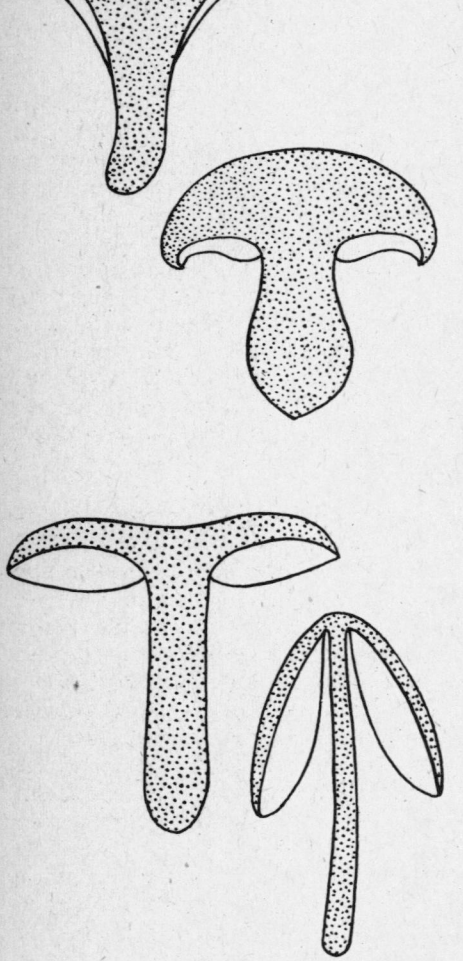

*Zur Lamellendicke.* Wird ein Stück vom Hutrand abgeschnitten, schaut man auf die quergeschnittenen Lamellen. Bei den meisten Pilzen sind sie papierartig dünn, während dickliche Lamellen z. B. bei Wachsblättlern oder Gelbfüßen zu finden sind. Sehr schmale und ganz dicke „Lamellen" nennt man Leisten, wie wir sie vom Pfifferling her kennen.

**dünne Lamellen**
Champignons
Knollenblätterpilze
Tintlinge
**dickliche Lamellen**
z. B. Frostschneckling
Kuhmaul
**Leisten**
Pfifferling

Die *Ansatzstelle* der Lamellen am Stiel liefert wesentliche Kennzeichen.
Die Lamellen nennt man:

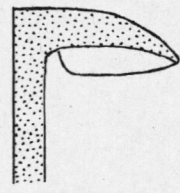

**frei,** wenn sie den Stiel nicht erreichen,

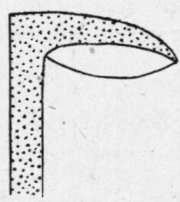

**angeheftet,** wenn sie den Stiel nur schmal berühren,

**Breite Lamellen**
z. B. Breitblättriger Rübling, Tintlinge

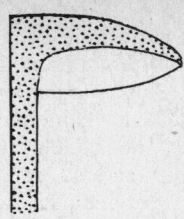

**angewachsen,** wenn sie am Stiel abgerundet oder breit ansitzen,

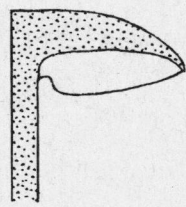

**ausgebuchtet,** wenn zwischen Lamellen und Stiel eine Rinne bleibt,

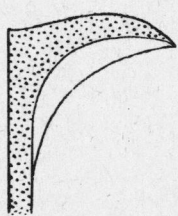

**herablaufend,** wenn sie sich kurz oder lang am Stiel herabziehen.

Die *Lamellenschneide* ist normalerweise ganzrandig und kahl, bei manchen Pilzgruppen oder -arten aber typisch gesägt, gekerbt, gezähnelt, wellig oder behaart.

Besonders hübsch und schon mit bloßem Auge sichtbar sind gefärbte Lamellenschneiden, die sich gelb, rot, braun oder schwarz von den Lamellen abheben. Dunkle Lamellen fallen durch weißliche Ränder auf, die ebenso wie die farbigen Schneiden von besonderen Zellen gebildet werden. Treten Tröpfchen aus der Schneide aus, nennt man sie tränend.

Der *Längsschnitt* (siehe auch Abb. S. 25) verdeutlicht nochmals einige gebräuchliche Begriffe.

Stellt man sich eine Lamelle vergrößert vor, könnte man sie mit einem Messer vergleichen. Mit dem etwas breiteren Rücken ist sie am Hut angewachsen, während die Schneide nach unten zeigt. Die Seiten der Lamellen heißen Flächen. Hinten bedeutet am Stiel, mit vorn ist der Hutrand gemeint.

**Röhren** (Schwamm, Futter). Ähnlich wie Lamellen werden auch Röhren näher beschrieben. Röhren können am Stiel herablaufen, angewachsen (breit, buchtig, abgerundet) oder frei sein. Hinzu kommen noch Weite und Form der Röhren (eng–weit, rund–eckig) und bestimmte Abweichungen von der Norm, z. B. Röhren, die in der Tiefe unterteilt sind (Kuhpilz) oder strahlenförmige Anordnung zeigen (Hohlfußröhrlinge). Wichtige Kennzeichen liefern die Farben der Poren (Röhrenmündungen) und ihre Verfärbung bei Druck (Blauflecken).

**Zum Geschmack.** Unumstritten ist die Tatsache, daß Pilze sehr unterschiedlich schmecken. Feinschmecker wissen spezielle Pilzgerichte zu schätzen, die diesen Eigengeschmack nutzen und besonders hervorheben. Aber nicht nur zubereitete, sondern auch rohe Pilze haben oft einen arttypischen Geschmack, den man sich bei der Bestimmung zunutze macht. Prinzipiell kann man jeden Pilz kosten, wenn man streng darauf achtet, **daß auch nicht das kleinste Stückchen hinuntergeschluckt wird.** Dieser Hinweis ist bei einigen Pilzarten nicht nötig, denn der Verkoster reagiert ganz spontan, z. B. beim Speitäubling, Pfefferröhrling oder dem Brennenden Ritterling. Bei Täublingen ist für die meisten Sammler eine Kostprobe unentbehrlich, um die milden, eßbaren von den scharfen, ungenießbaren Arten zu unterscheiden. Oft wird auch der ungenießbare Gallenröhrling sicherheitshalber doch noch gekostet, damit man sich ein Steinpilzgericht nicht verdirbt.

Wer mit dem variablen Hallimasch nicht zurecht kommt, sollte ein kleines Hutstück längere Zeit kauen, um sich den typischen herb-zusammenziehenden Geschmack einzuprägen. Auch bei Schwefelköpfen kann man ohne weiteres mit Hilfe der Zunge die bittere, giftige Art herausfinden.

Der Pilzsammler wird von sich aus alles bitter, scharf, unangenehm oder widerlich Schmeckende als ungenießbar aussortieren. Es ist aber ein gefährlicher Irrtum, anzunehmen, daß alle mild oder angenehm schmeckenden Pilze eßbar seien. Gerade der tödlich giftige Grüne Knollenblätterpilz hat einen angenehmen, nußartigen Geschmack.

Der Geschmack des Fleisches ist also ein zusätzliches Merkmal, das beim Erkennen der Pilze weiterhilft.

**Zum Geruch.** Wohl jeder Pilzfreund weiß, daß man die Stinkmorchel mit der Nase suchen kann. Ein „Anfänger" registriert zunächst nur aufdringliche oder auffällige Gerüche, alles andere riecht „nach Pilz". Erst allmählich entdeckt man die faszinierende Welt der Duftstoffe bei Pilzen, die mit dem Geruch von Früchten, Tieren oder chemischen Verbindungen verglichen werden.

Meist sind es Mischgerüche, die sich nicht immer klar deuten lassen und dann subjektiv bewertet werden. Andererseits ist der Geruch einiger Pilzarten so spezifisch, daß er die Bestimmung erleichtert oder sichern kann. Zum Bruchreizker (Maggipilz) gehört einfach der Liebstökkelgeruch. Der kleine Duftmilchling riecht genau wie Kokosflocken, und der variable Seifenritterling gibt sich oft erst durch seinen „Waschküchengeruch" zu erkennen. Nach dem angenehmen Anisduft hat eine ganze Gruppe von Champignons ihren Namen bekommen. Eine

Reihe von Pilzen riecht nach Mehl oder frischen Gurken – ein Geruch, der zur Unterscheidung benachbarter Arten oder zur Abgrenzung von Doppelgängern recht nützlich sein kann.

Aber auch noch unbekannte Gerüche kann man durch Pilze kennenlernen. Bei einer Schülerexkursion brach einmal eine Lachsalve aus, als vom „Blattwanzengeruch" des Eichenmilchlings die Rede war. Natürlich weiß kaum jemand, wie Blattwanzen riechen. Wer aber einmal den Eichenmilchling gerochen hat, weiß in Zukunft, was damit gemeint ist. Ähnlich verhält es sich mit speziellen, recht ausgefallenen Gerüchen, beispielsweise nach Juchtenleder, Scheunenstaub oder Zedernholz.

Diese kleine Auswahl aus der Vielfalt der Pilzgerüche soll den Sammler anregen, beim Kennenlernen der Pilze auch die Nase einzusetzen.

## Kleine Systematik

Wer sich bei Pilzen zurechtfinden will, kommt ohne eine Gliederung oder Systematisierung nicht aus, die einen grundsätzlichen Überblick ermöglicht und die Einordnung erleichtert.

Wir beginnen mit der kleinsten Einheit, der **Pilzart.** Denken wir an den Edelreizker mit seiner orangeroten Milch. Bei seinem Doppelgänger, dem Birkenreizker, sieht die Milch weiß aus. Beide Reizkerarten gehören zur **Gattung** der Milchlinge, die außerdem durch brüchiges Fleisch gekennzeichnet sind. Das ist auch für Täublinge typisch. Viele Täublingsarten schmücken unsere Wälder. Ob rot oder gelb, ob mild oder scharf, alle Arten bilden wegen typischer Merkmale eine Gattung.

Täublinge und Milchlinge faßt man zur **Familie** der Sprödblättler zusammen. Wie der Name schon sagt, handelt es sich um Blätterpilze. Dazu gehören noch andere Familien, z. B. Knollenblätterpilze, Champignonartige und Tintenpilze.

Alle Blätterpilzfamilien bilden die **Ordnung** der Blätterpilze. Zu einer weiteren Ordnung gehören die beliebten Röhrenpilze. Pilzfreunde wissen nur zu gut, daß Blätterpilze und Röhrlinge weiches, leicht verderbliches Fleisch besitzen. Dem gegenüber steht die Ordnung der Nichtblätterpilze mit meist festfleischigen, langlebigen Vertretern. Hier wurden z. B. Korallen- und Keulenpilze, Porlinge, Leisten- und Stachelpilze untergebracht. Sowohl bei Blätterpilzen als auch bei Nichtblätterpilzen werden die Sporen an äußeren Teilen der Fruchtkörper erzeugt. Bei den Bauchpilzen dagegen entstehen die Sporen im Inneren der Fruchtkörper. Meist werden die „Innensporer" in mehrere Ordnungen unterteilt.

Will man die nächsthöhere Einteilung in **Klassen** verstehen, braucht man ein Mikroskop. Nach Art der Sporenbildung unterscheidet man die Klasse der Schlauchpilze und die Klasse der Ständer-(Basidien-)Pilze. Die meisten für den Pilzfreund interessanten Arten gehören zu den Ständerpilzen. Von den Schlauchpilzen werden im Text nur Morcheln, Lorcheln und Trüffeln besprochen.

Das große Heer der Niederen Pilze wird hier nicht erwähnt.

Diese Grobeinteilung soll nur eine Orientierungshilfe sein, denn die Ansichten über die Einteilung der Pilze sind recht unterschiedlich. Wir werden uns bei der Beschreibung der Pilzarten an gut überschaubare Gruppen halten, um dem interessierten Pilzfreund das Einarbeiten zu erleichtern.

## Hutformen

kugelig   halbkugelig   gebuckelt   flach

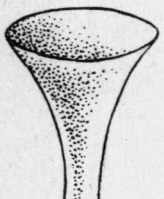  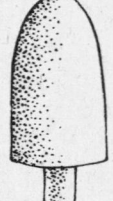 

trichterförmig  kegelig  zylindrisch  glockig

## Stiele

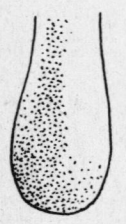 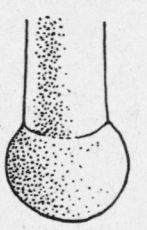  

knollig

rübenförmig  wurzelartig

 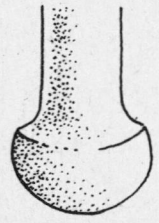

zwiebelförmig  knollig abgesetzt

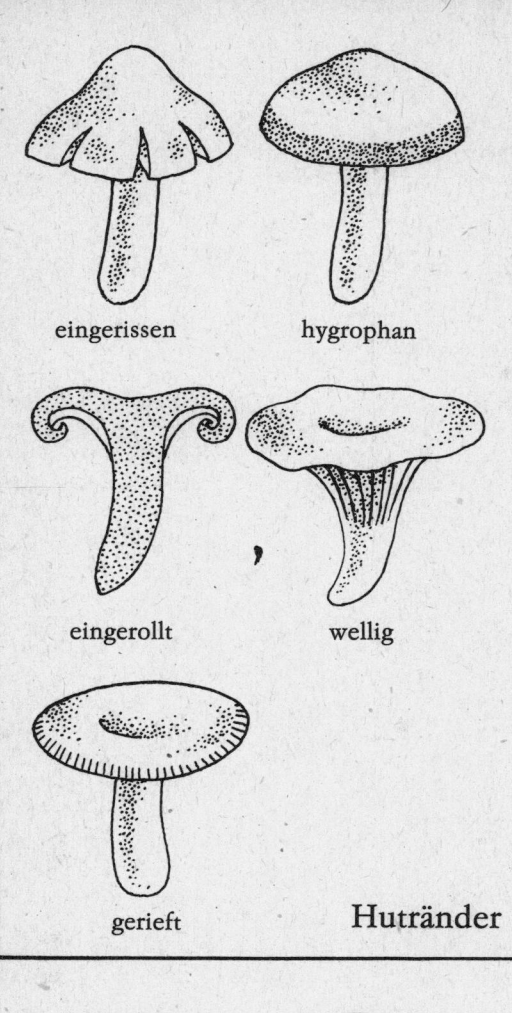

eingerissen      hygrophan

eingerollt      wellig

gerieft      Hutränder

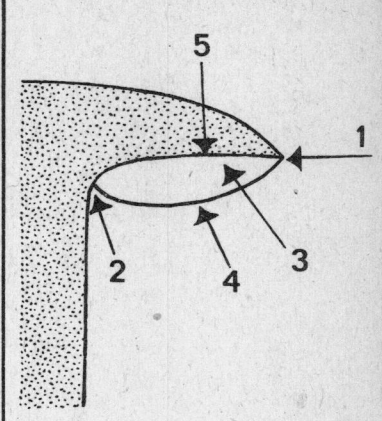

## Lamellenbau

1 vorn
2 hinten
3 Fläche
4 Schneide
5 Rücken

## Huthaut

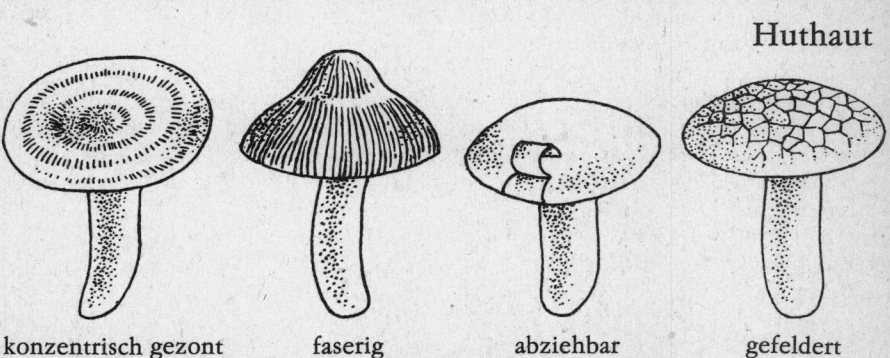

konzentrisch gezont    faserig    abziehbar    gefeldert

# Wir lernen
# Pilze kennen

Das nachfolgende Kapitel soll Pilzsammlern ohne große Vorkenntnisse helfen,
sich in der Vielfalt der Pilzwelt besser
zurecht zu finden, denn auch das beste
Pilzrezept nützt nichts, wenn es an Pilz-
kenntnis fehlt. Bei einer gedachten Wanderung durch die Jahreszeiten soll an-
hand typischer Merkmale gezeigt werden, wie sich der gefundene Pilz erst
einmal in eine größere Gruppe einordnen läßt. Wenn man in der Lage ist,
einen Pilz z. B. als Champignon, Täubling oder Ritterling zu erkennen, ist der
Grundstein gelegt. Dieses Ordnen kann
nicht bis ins einzelne gehen, sondern ist
ausdrücklich auf die praktischen Belange
der Pilzsammler ausgerichtet.

Im Mittelpunkt unseres Pilzbuches, das
auch ein Kochbuch ist, stehen natürlich
diejenigen Speisepilze, die noch viel zu
oft mit ähnlichen ungenießbaren oder
giftigen Arten verwechselt werden. Um
den Pilzsuchern das Erkennen und Unterscheiden zu erleichtern, stellen wir
den bekannten Speisepilzen ihre ungenießbaren oder giftigen Doppelgänger in
Wort und Bild gegenüber.

Gute theoretische Kenntnisse allein reichen jedoch nicht aus, um Pilze in Wald
und Flur sicher „anzusprechen". Ebenso
wichtig ist die praktische Beschäftigung
mit ihnen, das Suchen, Sammeln und Beobachten der Pilze in ihrer natürlichen
Umgebung. Erst durch eigene Erfahrung
gewinnt man einen Blick für die typische
Pilzgestalt in all ihrer Veränderlichkeit
und später auch das Gespür für ihre
Lieblingsplätze. Daher möchte ich Sie
schon im Frühjahr zu einer Exkursion
einladen, wenn eigentlich noch kaum jemand an Pilze denkt.

## Frühjahrspilze

### Morcheln und Lorcheln

Unsere erste Wanderung führt in den
Laubwald. Die Suche gilt den berühmten
Morcheln, die sich schon im April an
ihren Stammplätzen einstellen.

Am begehrtesten ist die **Speisemorchel**
(Foto 14), die gut an dem rundlichen
Hut mit unzähligen, zelligen Gruben zu
erkennen ist. Sie bevorzugt lichte, mit
Eschen durchsetzte Laubwälder und
kalkhaltige Böden. Den gelbbräunlichen
Pilz zwischen Fallaub und Kräutern zu
entdecken, ist recht schwierig.

Die **Spitzmorchel** (Foto 15) mit schlan-
kerem, zugespitztem Hut und deutlichen Längs- und Querrippen siedelt sich
auch außerhalb des Waldes an. Wir fan-
den einmal über 100 Exemplare auf
einer Baustelle.

Etwas später erscheint in Gebüschen
und lichten Wäldern, besonders gern auf
kalkhaltigen Standorten, die **Käppchenmorchel**. Sie fällt auf durch den kleinen,
käppchenartigen, unten vom Stiel abstehenden Hut. Bei Frühjahrsexkursionen
durch feuchte Laubwälder wird der gesellig wachsende Pilz regelmäßig gefunden (siehe Abbildungstafel Frühlingspilze).

Morcheln sind berühmte Speisepilze, die
in den meisten Gebieten nicht häufig
vorkommen. Beim Trocknen erhält sich
ihr vorzügliches Aroma, so daß sie als
hervorragende Würzpilze empfohlen
werden können. Das trifft vor allem auf
die Käppchenmorchel zu, die frisch zubereitet nicht mit anderen Morcheln
konkurrieren kann.

Morcheln und Lorcheln werden von
Pilzsammlern vielfach nicht auseinander-

gehalten, obwohl sie leicht zu unterscheiden sind. Beim Vergleich wird deutlich: Morcheln haben wabig-grubige Hüte mit erhabenen Längs- und Querrippen, Lorcheln dagegen erkennt man an ihrer unregelmäßigen Hutgestaltung mit hirnartig gewundenen Falten oder verbogenen Lappen.

**Verwechsle nicht!**

Die giftige Frühjahrslorchel wächst niemals im Laubwald. Sie ist ein Charakterpilz sandiger Kiefernwälder. Ihr Standort unter Nadelbäumen und der wulstig gewundene Hut grenzen sie eindeutig von den Morcheln ab. Die bizarren Gestalten weiterer Lorchelarten findet man auch im Sommer und im Herbst.

|  | Speisemorchel<br>eßbar | Frühjahrslorchel<br>giftig |
|---|---|---|
| Hut | gelbbraun<br>eiförmig<br>wabenartige Gruben zwischen<br>Längs- und Querrippen | rotbraun bis kaffeebraun<br>unregelmäßig<br>hirnartig gewunden |
| Vorkommen | Laubwälder, Parks, Gärten | sandige Kiefernwälder |

Schon im zeitigen Frühjahr erscheinen eine Anzahl von **Becherlingen**, die mehr das Auge als den Magen erfreuen. Wer aufmerksam beobachtet, wird eine Vielzahl dieser wachsartig zerbrechlichen Gebilde entdecken und ihre vielfältigen Farben und Formen bewundern. Waldwege sind mitunter gesäumt mit Tausenden von Orangeroten Becherlingen. Nimmt man sie in die Hand, beginnen sie plötzlich zu „dampfen". Die orangerote Fruchtschicht im Becherinneren reagiert nämlich auf Berührung, Wärme und Belichtung durch plötzliches Abschleudern der Sporen. Solche Sporenwolken lassen sich auch bei anderen Becherlingen, Morcheln und Lorcheln beobachten.
Alle größeren Becherlinge sind eßbar, aber kaum lohnend. Zu achten ist lediglich auf den roh giftigen Violetten Kronenbecherling, der 12 cm Breite erreichen kann. Er wächst als dickfleischige Kugel zunächst unter der Erde und reißt später sternförmig auf.

## Der Maipilz und sein Doppelgänger

Der ergiebigste Sammelpilz des Frühjahrs ist der **Maipilz**, der manchmal schon Ende April zu finden ist. Bei kühler Witterung kann er seine Wachstumszeit bis Mitte Juni ausdehnen. Um den richtigen Zeitpunkt abzupassen, können Naturbeobachtungen sehr nützlich sein. Wenn die blühenden Schlehdornbüsche weithin leuchten und die Wiesen gelb sind vom Löwenzahn, dann ist auch Maipilzzeit.
Schon dem Anfänger fällt dieser weißliche, derbe Pilz auf, der so typisch in Reihen oder Ringen wächst. Ein Maipilznest inmitten der Frühjahrsblüher des Leipziger Auwaldes zu entdecken, das gehört zu unseren alljährlichen Pilzerlebnissen. Der Maipilz wächst in Laubwäldern, in Parks und Gebüschen, an Wegrändern und manchmal auch im Nadelwald. Der aufmerksame Beobachter bemerkt sehr engstehende Lamellen und

einen intensiven Mehlgeruch. Die Zugehörigkeit zu den Ritterlingen ist an den hellen, am Stiel ausgebuchteten Lamellen und der kräftigen Wuchsform zu erkennen (Foto 17).

Der Maipilzsucher muß auf einen giftigen Doppelgänger achten, der zur gleichen Zeit an ähnlichen Wuchsorten erscheinen kann. Es ist der Ziegelrote Rißpilz, der jung ebenfalls weißlich aussieht und erst allmählich ziegelrot umfärbt. Im jungen Zustand kann er dem Maipilz recht ähnlich sein.

Man erkennt ihn am Röten seines Fleisches, das durch kräftiges Reiben an Hut und Stiel beschleunigt wird. Auch bei längerem Liegen läuft der Pilz schön ziegelrot an. Außerdem hat er einen kegelförmigen, faserigen Hut und riecht nicht nach Mehl.

Das Foto 16 zeigt sowohl das Röten als auch die typische Rißpilzform.

**Verwechsle nicht!**

|  | Maipilz<br>eßbar | Ziegelroter Rißpilz<br>giftig |
|---|---|---|
| Hut | halbrund | kegelförmig, faserig |
| Lamellen | stets hell | anfangs hell, später bräunlich |
| Geruch | intensiver Mehlgeruch | kein Mehlgeruch |
| Fleisch | weiß, rötet nicht | weiß, rötet |

## Rötlinge

Bei der Maipilzsuche trifft man immer wieder auf kleinere bräunliche Pilze mit eigenartig faserigen, blanken Hüten und rosabraunen Lamellen. Es handelt sich um kleine Rötlinge, die schwer bestimmbar, zum Teil giftig und daher für die Küche ganz ungeeignet sind.

Für den Pilzsammler interessanter sind zwei kräftige Rötlingsarten, die außerhalb des Waldes wachsen. Der **Schildrötling** siedelt sich vorwiegend unter Weißdornbüschen an, während der **Pflaumenrötling** in Obstgärten unter Birnen- und Pflaumenbäumen zu finden ist. Auf den ersten Blick könnte man sie für Ritterlinge halten, zumal anfangs die Lamellen noch weiß sind. Mit zunehmender Sporenreife nehmen die Lamellen rosa bis braunrötliche Färbung an. Beide Arten riechen deutlich nach Mehl.

Wer Rötlinge zu seinen Sammelpilzen zählt, sollte den stark giftigen Riesenrötling genau kennen. Er verlockt den Unkundigen durch sein stattliches Aussehen und den milden Geschmack. Der Kenner achtet besonders auf die Lamellen, die jung gelblich sind, ehe sie rosa werden. Der Riesenrötling kommt nur ausnahmsweise im Frühjahr vor, man findet ihn ab Juli gelegentlich in Laubwäldern auf Kalk- und Lehmböden.

## Tintlinge

An alten Stubben kann man schon im April eng gedrängt Büschel des Glimmertintlings entdecken. Der Hut ist wie bestreut mit lichtbrechenden Körnchen, die in der Sonne glitzern. Er ist einer der zahlreichen Tintlinge, die vorwiegend an gedüngten Orten, manchmal direkt auf

Mist, wachsen. Sie entwickeln sich oft ungeheuer schnell. Der anfangs eiförmig geschlossene Hut öffnet sich glockig, und schon beginnt die so typische tintenartige Verflüssigung der Lamellen und der Hutsubstanz. Die schwarzen Sporen geben der „Tinte" die Farbe und tropfen mit ihr zu Boden.

Zwei größere Arten, der Schopf- und der Graue Faltentintling, sind für den Pilzsammler von Interesse. Man findet sie, oft in großen Trupps, von Mai bis in den Spätherbst hinein.

Der weißliche **Schopftintling** mit den abstehenden Schuppen ist eine unverkennbare Pilzgestalt (Tafel Frühlings-

pilze). Die jungen, noch unverfärbten Fruchtkörper schmecken vorzüglich.

Der **Graue Faltentintling** bricht in dichten Büscheln aus dem Boden (Abbildungstafel Frühlingspilze). Auch er liebt nährstoffreiche Standorte wie Gärten, Schuttplätze und Komposthaufen. Oft wächst er auch am Grunde von Stubben. Sein glockenförmiger, eng gefalteter Hut sieht aus wie liniert. Typisch ist die knotige Verdickung am unteren Stielende (Knotentintling). Solange der Hut am Stiel anliegt, ist der Pilz für die Küche brauchbar, jedoch darf weder vor der Mahlzeit noch mehrere Tage danach Alkohol getrunken werden.

### Vergleiche!

|  | **Schopftintling**<br>eßbar | **Grauer Faltentintling**<br>eßbar, Alkohol meiden |
|---|---|---|
| Hut | weißlich<br>walzenförmig<br>faserig-schuppig | grau<br>glockenförmig<br>fast glatt |
| Stiel | mit verschiebbarem Ring | mit ringartiger Verdickung am Stielgrund |

## Holzbewohner für den Speisezettel

Schon im Frühjahr erscheinen einige eßbare Pilze auf verschiedenen Laubgehölzen.

Dazu gehört der **Schwefelporling**, dessen Fund für jeden Pilzfreund ein Ereignis ist. Durch die leuchtend orangerote Färbung seines Fruchtkörpers ist er sofort kenntlich. Die abgebildeten Exemplare auf Foto 49 sind noch sehr jung. Anfangs sieht er unregelmäßig-knollig, später fächerförmig aus.

Der prachtvolle Pilz wächst als gefährlicher Baumparasit besonders an Eichen und Weiden, aber auch an Obstbäumen. Junge, noch weiche Pilze können als

Pilzkotelett empfohlen werden. Die Pilzscheiben sind aber vor dem Panieren abzubrühen!

Ein weiterer, auffälliger Porling an Laubholz ist der **Schuppige Porling**, der beträchtliche Ausmaße erreichen kann. Mit seinen breiten, dunklen Schuppen auf den hellen Hüten sieht er sehr attraktiv aus (Foto 48). Stellenweise wächst er so häufig, daß man sich die jungen, noch saftigen Pilze zum Braten aussuchen kann. Etwas ältere Exemplare lassen sich noch zu einer schmackhaften Pilzbrühe auskochen. Der kräftige Mehl- bzw. Gurkengeruch ist allerdings nicht jedem angenehm.

Es kann durchaus geschehen, daß der Maipilzsucher überrascht vor einem

Baumstumpf steht, der über und über mit **Stockschwämmchen** bewachsen ist. Auf dem Foto 52 kann man die durchwässerte, dunklere Randzone der gelbbräunlichen Hüte gut erkennen, die für die Stockschwämmchen so typisch ist. Die unteren Hüte eines Büschels sowie der Ring sind stets vom Sporenstaub braun gefärbt. Wer noch auf den braunschuppigen, beringten Stiel achtet, wird diesen vorzüglichen Speisepilz nicht mit anderen Stubbenpilzen verwechseln.

Der giftige Nadelholzhäubling läßt sich vom Stockschwämmchen durch gerieften Hutrand, glatten Stiel und deutlichen Mehlgeruch klar abgrenzen.

**Verwechsle nicht!**

|  | Stockschwämmchen eßbar | Nadelholzhäubling giftig |
|---|---|---|
| Hut | honiggelb bis 8 cm | gelbbraun bis 4 cm |
| Hutrand | ungerieft | gerieft |
| Stiel | schuppig | glatt |
| Geruch | würzig | nach Mehl (zerdrücken!) |
| Vorkommen | Laubholz | meist Nadelholz |

Ist der Frühling mit seinen so typischen Morcheln, Lorcheln, Maipilzen und Rötlingen vorüber, fällt es schwer, eine jahreszeitliche Reihenfolge für die Pilzsuche zu empfehlen. Es gibt eine Anzahl von Pilzen, die zwar schon im Frühjahr zu finden sind, aber in Wellen über das ganze Jahr erscheinen. Dazu gehört z. B. das Stockschwämmchen, das sich auch gut bei den Stubbenpilzen im Herbst einordnen läßt. Viele Pilze des Sommers wachsen ebenso im Herbst, und manchmal „verirrt" sich ein typischer Spätherbstpilz sogar in den Frühlingswald. Die Frage nach dem „Wann" der erfolgreichen Pilzernte ist also gar nicht so leicht zu beantworten.

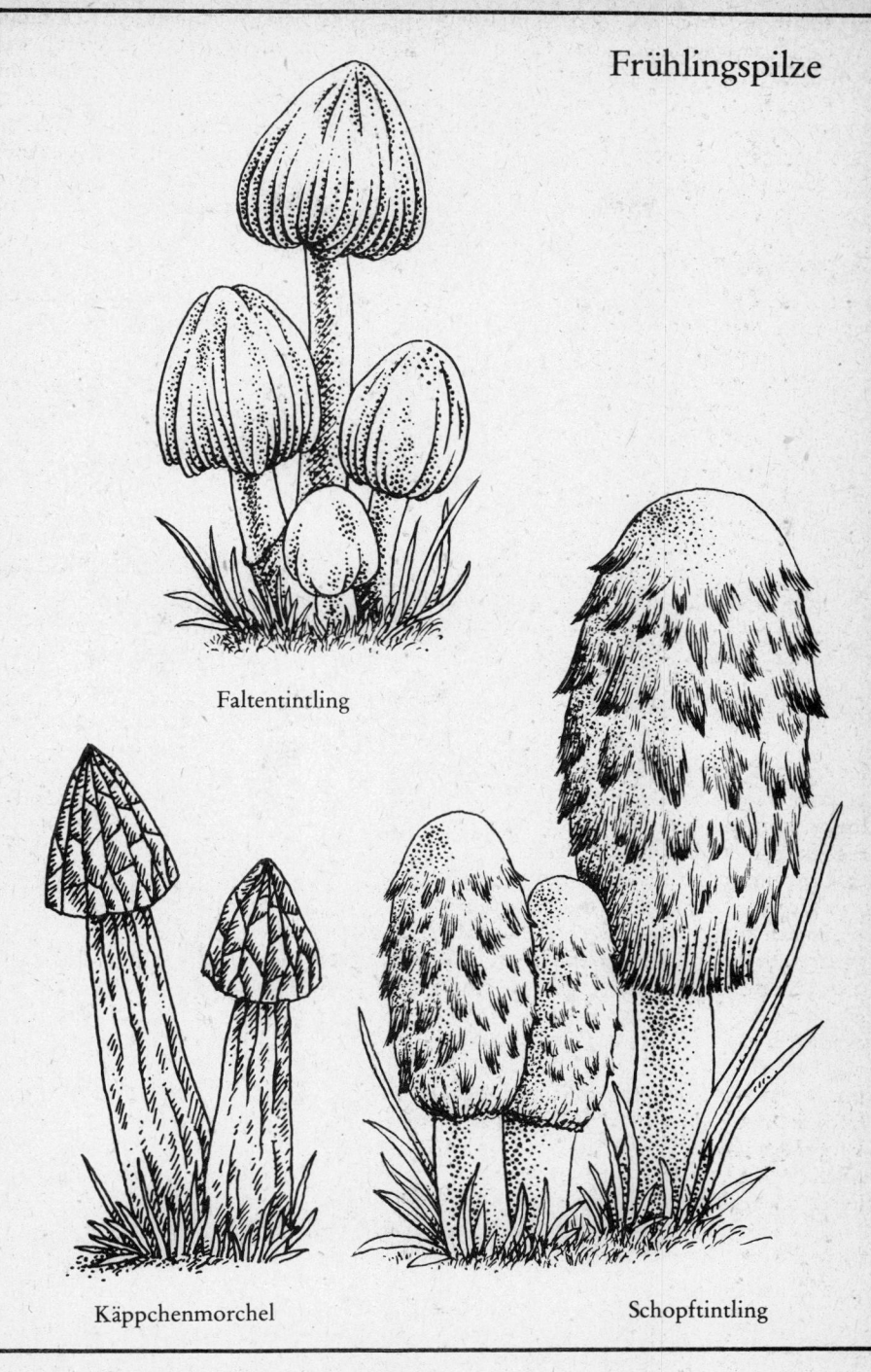

Frühlingspilze

Faltentintling

Käppchenmorchel

Schopftintling

# Pilze, die schon im Sommer wachsen

## Knollenblätterpilze oder Wulstlinge

Ist der Sommer ins Land gezogen, stellen sich in den Wäldern die farbenprächtigen, schlanken Knollenblätterpilze ein. Zwar sind sie schön anzuschauen, doch gibt es unter ihnen eine Reihe äußerst gefährlicher Giftpilze wie den Grünen Knollenblätterpilz und seine weißen Verwandten, den Pantherpilz und die Fliegenpilze. Vielleicht ist mancher Pilzfreund erstaunt, daß auch ein so beliebter Speisepilz wie der schmackhafte Perlpilz zu den Knollenblätterpilzen gehört. Da eßbare und giftige Wulstlinge recht ähnlich sein können und auch Verwechslungen mit anderen Pilzarten immer wieder vorkommen, sollte sich der Anfänger unbedingt die Merkmale der Knollenblätterpilze sehr gut einprägen.

Zum Glück handelt es sich um eine kleine, gut überschaubare Gattung, die man ohne Schwierigkeiten an typischen Merkmalen erkennen kann.

*Worauf ist zu achten?*

Als erstes ist es die **Knolle** am Stielgrund, die bei den schlanken Pilzen besonders auffällt. Sie steckt allerdings oft im Boden, und man muß den Pilz mit „Stumpf und Stiel" herausnehmen, um sie nicht zu übersehen.

Ein ebenso wichtiges Erkennungszeichen sind die **weißen**, weichen **Lamellen**, die auch im Alter hell bleiben. Wenn man den leicht lösbaren Stiel aus dem Hut herausdreht, sieht man besonders deutlich, daß sie den Stiel kaum berühren, also frei sind.

Bei jungen Pilzen sind die Lamellen durch eine Haut geschützt, die beim Wachsen am Hutrand abreißt und dann als sogenannte **Manschette** am Stiel herabhängt. Bei einigen Knollenblätterpil-

zen kann man auf ihr feine Rillen erkennen, die von den Lamellen stammen. Solche gerieften Manschetten sehen aus wie fein plissiert.

**Kennzeichen der Knollenblätterpilze**

Hut:  meist farbig, oft mit Flöckchen
Lamellen: weiß bleibend, weich
Stiel:  mit Manschette und Knolle, leicht aus dem Hut lösbar

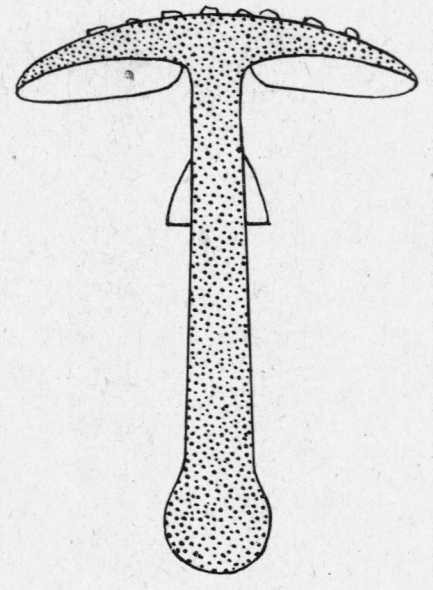

Begegnet man einem Trupp von Fliegenpilzen, kann man alle Stadien vom fast kugeligen Pilzkind bis zum flach aufgeschirmten Altpilz vergleichen. Der junge Pilz ist ganz von einer weißen Hülle umschlossen. Beim Wachsen zerreißt sie in viele Stücke, die dann als wohlbekannte Flöckchen (Hüllreste) den Hut schmücken und als Schuppenkränze an der Stielbasis zu finden sind.

Bei anderen Arten bleiben wulstartige Hüllreste an der Knolle erhalten. Im Extremfall kann die Hülle so fest sein, daß der Jungpilz beim Wachsen regelrecht aus dem „Ei" schlüpft und die Hülle fast vollständig am Stielgrund zurückbleibt. So entsteht die typische Hauttasche (Scheide) des Grünen Knollenblätterpilzes.

Da besonders die Stielbasis mit ihren Hüllresten bei jeder Knollenblätterpilzart anders aussieht, ist sie zur sicheren Bestimmung unerläßlich. Nachfolgend können die typischen **Knollenbilder** der häufigsten Wulstlinge verglichen werden.

*Beachte!*
*Bei den tödlich giftigen Knollenblätterpilzen steckt die Knolle in einer Scheide.*

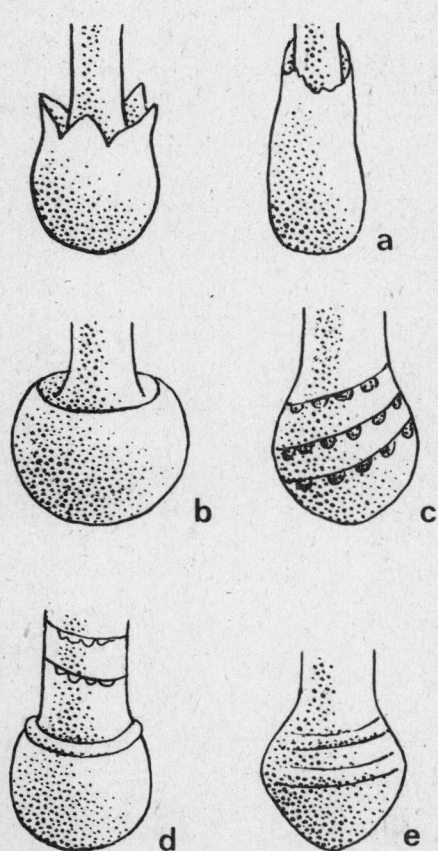

a) **Grüner** und **Spitzhütiger Knollenblätterpilz**
Knolle mit         Knolle mit
lappiger Scheide    enger Scheide
b) **Gelber Knollenblätterpilz**
Knolle sehr groß, rundlich, scharf abgesetzt
c) **Roter und Brauner Fliegenpilz**
Knolle kräftig, mit Schuppengürteln
d) **Pantherpilz**
Knolle kaum dicker als der Stiel, stumpfrandig abgesetzt
e) **Perlpilz und Grauer Wulstling**
Stiel verdickt sich zur Knolle, unten zugespitzt

Der gefährlichste Giftpilz überhaupt ist der Grüne Knollenblätterpilz, der alljährlich leider immer noch Todesopfer fordert. Der Pilzfreund sollte wissen, daß der Hut nicht immer grün sein muß, sondern auch oliv, bräunlich oder weiß aussehen kann. Außerdem gibt es seltene, rein weiße Knollenblätterpilzarten, die ebenfalls tödlich giftig sind. Das eindeutige Erkennungsmerkmal ist die abstehende Hauttasche (Scheide), in der die Knolle steckt.

Ab Mitte Juli ist mit seinem Erscheinen in Laubwäldern, besonders unter Eichen, zu rechnen.

**Grüner Knollenblätterpilz**
tödlich giftig

| | |
|---|---|
| Hut: | grün, oliv oder weiß, meist ohne Hüllreste |
| Lamellen: | weiß bleibend |
| Stiel: | weiß, blaßgrün gebändert |
| Manschette: | nicht oder undeutlich gerieft |
| Knolle: | mit lappiger Hauttasche (Scheide) |

# Verwechsle nicht!

## Grüner Knollenblätterpilz/Grünlinge, grüne Täublinge
(siehe Fotos 22, 24, 25)

*Erfahrungsgemäß gibt der grüne Hut dieses gefährlichen Giftpilzes immer wieder Anlaß zu Verwechslungen mit Grünlingen oder grünen Täublingen. Wer diese Arten sammelt, sollte sich zur Regel machen, stets die Stielbasis zu prüfen und die Pilze nicht einfach abzuschneiden. Grünlinge und grüne Täublinge haben weder eine Manschette noch eine Scheide am Stielgrund.*

## Grüner Knollenblätterpilz/Champignon
(siehe Fotos 22 und 23)

*Weiße Formen des Grünen Knollenblätterpilzes und seine weißen Verwandten sind besonders tückisch, weil sie leicht für Champignons gehalten werden. Sicherstes Unterscheidungsmerkmal sind die weiß bleibenden Lamellen, die bei den dunkelsporigen Champignons niemals vorkommen. Außerdem gibt es keinen Champignon mit einer Scheide am Stielgrund.*

Der leicht giftige Gelbe Knollenblätterpilz kommt in Nadelwäldern mitunter massenhaft vor. In Laubwäldern findet man ihn manchmal in Gesellschaft seines grünen Bruders. Farblich können sie einander recht ähnlich sein, jedoch ist der Gelbe Knollenblätterpilz leicht an der auffallend dicken, scharf abgesetzten Knolle und dem aufdringlichen Kartoffelkeimgeruch zu erkennen.

Drei mehr oder weniger bräunliche Wulstlinge – Perlpilz, Grauer Wulstling und Pantherpilz – geben häufig Anlaß zu unheilvollen Verwechslungen. Davon zeugen zahlreiche Vergiftungen durch den Pantherpilz, der bei den Pilzvergiftungen in der DDR an erster Stelle steht.
Der Pantherpilz ist in Laub- und Nadelwäldern zu Hause, bevorzugt aber sandige Kiefernwälder, die vorwiegend in mittleren und nördlichen Bezirken zu finden sind.
Zu Vergiftungen kommt es oft, wenn Urlauber aus den Südbezirken, die in ihren heimatlichen Revieren den Perlpilz und den Grauen Wulstling sammeln, auf den recht ähnlichen Pantherpilz „hereinfallen". Zur Unterscheidung dieser Doppelgänger gibt es sichere Kennzeichen:
Der Pantherpilz (Foto 26) ist ein mittelgroßer, meist schmächtiger Pilz. Sein graubrauner, dunkel- oder blaßbrauner Hut ist am Rande deutlich gerieft. Oben ist der Hut mit kleinen, oft kreisförmig angeordneten, schneeweißen Hüllresten besetzt. Der schlanke, weiße Stiel scheint einer kugeligen Knolle wie eingepfropft. Stiel und Knolle sind also scharf abgesetzt. Die weiße Manschette am Stiel ist ungerieft. Das Fleisch bleibt auch unter der Huthaut weiß.

**Grauer Wulstling und Perlpilz** (Fotos 27, 28) sind normalerweise kräftiger. Sie haben einen kaum gerieften Hutrand und niemals reinweiße Hüllreste auf dem Hut. Das Fleisch unter der Huthaut ist entweder grau beim Grauen Wulstling oder rötlich beim Perlpilz. Beide Arten zeigen außerdem eine deutlich geriefte Manschette und eine kräftige, nicht abgesetzte Knolle.
Der Perlpilz verrät sich stets durch seine rötliche Farbe, die an der Knolle, in Madengängen und im Alter besonders deutlich zu sehen ist. Wer auf das Röten und die geriefte Manschette achtet, braucht sich vor einer Verwechslung mit dem Pantherpilz nicht zu fürchten.
Wegen seiner geschmacklichen Qualitäten und der leichten Kenntlichkeit kann der Perlpilz als einziger Wulstling uneingeschränkt empfohlen werden.

34

## Verwechsle nicht!

|  | Grauer Wulstling<br>eßbar | Pantherpilz<br>giftig |
|---|---|---|
| Hut | grau, graubraun | gelbbraun, graubraun |
| Hutrand | kaum gerieft | deutlich gerieft |
| Flöckchen | grauweiß<br>unregelmäßig angeordnet | weiß<br>kreisförmig angeordnet |
| Manschette | breit, deutlich gerieft | schmal, ungerieft |
| Knolle | Stiel verdickt sich ohne Absatz<br>zur Knolle | deutlich stumpfrandig abgesetzt |

Trotz der genannten Unterschiede ist die Hutfarbe sehr ähnlich, die Riefung des Hutrandes nicht immer eindeutig, und auch die Flöckchen können vom Regen abgewaschen sein. Wer den Grauen Wulstling essen will, konzentriere sich besonders auf die breite, stets deutlich geriefte Manschette. Unerfahrenen Sammlern sei empfohlen, den ohnehin nicht sehr schmackhaften Grauen Wulstling wegen der Verwechslungsgefahr zu meiden.

Als Naturschönheit und Giftpilz ist der Rote Fliegenpilz wohl jedermann bekannt. In unseren Breiten ist er das schmucke, aber giftige Gegenstück zu dem prachtvollen, eßbaren Kaiserling südlicher Länder. Der Fliegenpilz erscheint gegen Ende des Sommers, besonders unter Birken und im Nadelwald. Höchstens ganz junge, noch von der weißen Hüllhaut umschlossene Fliegenpilze könnten vielleicht als Boviste ins Sammelgut geraten. Spätestens beim Zerschneiden zeigt die kräftig orangerote Zone unter der Huthaut, daß sich hinter dem „falschen Bovist" ein Fliegenpilz versteckt. Zu beachten wäre, daß bei Regenwetter die weißen Flocken auf dem Hut oft abgewaschen sind und so eventuell zu Verwechslungen mit eßbaren roten Täublingen verleiten. Diese haben jedoch nie Manschette und Knolle.

Weniger bekannt ist der Braune Fliegenpilz, der in den Nadelwäldern des Berglandes wächst. Durch die braune Hutfarbe wird er zum Verwechslungspartner für den Grauen Wulstling und eventuell auch für den Perlpilz. Zur Unterscheidung achte man auf die gelbbraune Fleischfärbung unter der abgezogenen Huthaut. Außerdem hat er eine ungeriefte Manschette im Gegensatz zu den eßbaren Wulstlingen.

## Champignons oder Egerlinge

Champignons sind als Speisepilze berühmt und hoch geschätzt. Aber auch Verwechslungen von Champignons mit tödlich giftigen Knollenblätterpilzen haben traurige Tradition. Die bei uns vorkommenden über 50 Champignonarten besiedeln Wälder, Wiesen, Gärten und häufig auch gedüngte Standorte. Sie können weiß, gelblich oder braun aussehen, ganz glatt oder auch deutlich schuppig sein. Die meisten Arten sind mittelgroß, es gibt aber auch Winzlinge und Riesen unter ihnen. Trotz aller Verschiedenheit und Variabilität wird man bei Champignons stets gleiche Erkennungsmerkmale feststellen.

## Kennzeichen der Champignons

Lamellen: reif dunkel; jung rosa oder hellgrau;
frei, d. h. sie berühren den Stiel nicht

Stiel: mit Ring, leicht aus dem Hut lösbar

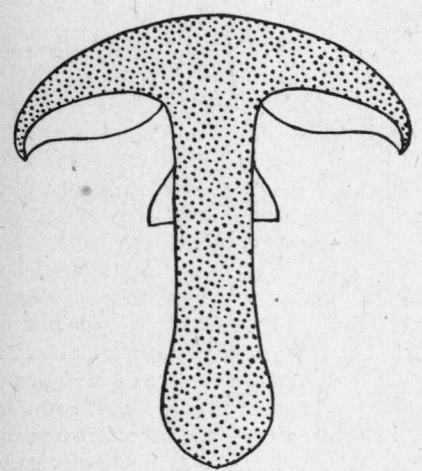

*Wer die dunklen Lamellen erwachsener Champignons beachtet, wird einen Knollenblätterpilz mit seinen weißen Lamellen niemals für einen Champignon halten.*

Bei der Abgrenzung einzelner Champignonarten sind Ringverhältnisse, Fleischfärbung und Geruch wichtig.

Am bekanntesten ist wohl der stämmige **Wiesenchampignon**, der einen weißfilzigen Hut und jung deutlich rosa Lamellen hat.

Wegen seines vorzüglichen Geschmacks und seiner Zartfleischigkeit gehört er zu den beliebtesten Speisepilzen.

Ebenso begehrt und viel aromatischer ist der schlanke **Anischampignon** (Fotos 21 und 23). Oft wächst er in Gesellschaft mit dem Wiesenchampignon, ist aber auch in Wäldern zu Hause. Man findet ihn vom Frühsommer bis in den Herbst hinein. Typisch sind die hellgrauen Lamellen beim jungen Pilz, die gelben Flecken, die bei Berührung entstehen, und natürlich der Anisgeruch.

Für den Pilzfreund ist die Kenntnis der weißen Champignons bedeutsam, damit nicht unversehens ein Gift(Karbol)champignon ins Sammelgut gerät. Wegen seiner Schlankwüchsigkeit und der Neigung zum Gelbflecken ähnelt er besonders dem Anischampignon. Trotzdem ist die Unterscheidung einfach, denn schon ein Schnitt durch die Stielknolle verschafft Klarheit. Beim weißen Giftchampignon (und den seltenen dunkelschuppigen Verwandten) zeigt sich augenblicklich eine kräftige Gelbfärbung im Stielfleisch. Zusätzlich prüfe man den unangenehmen Tinten(Karbol)geruch, der sich beim Kochen noch verstärkt. Beim Test am Frischpilz ist die Gelbfärbung viel deutlicher zu sehen als auf dem Foto 18.

Gute Speisepilze sind auch die braunschuppigen **Waldchampignons**, bei denen das Fleisch rot anläuft. Oft werden diese Arten gar nicht als Champignons erkannt (Foto 19).

Mancher Gartenfreund wurde schon durch dichte Nester von braunschuppigen Champignons überrascht, die besonders auf Komposthaufen hervorbrechen. Solche **Kompostchampignons** (Foto 20) und ähnliche Arten sind, trotz der wenig einladenden Standorte, durchaus eßbar und wohlschmeckend.

**Verwechsle nicht!**

|  | Anischampignon<br><br>eßbar | Giftchampignon oder<br>Karbolegerling<br>giftig |
|---|---|---|
| Hut | seidig glänzend | matt |
| Lamellen | jung graurosa | jung leuchtend rosa |
| Gilben | Hut und Stiel bei Druck gelb-<br>fleckig,<br>Färbung dauerhaft | Hutrand beim Ankratzen chromgelb,<br>Färbung verschwindet wieder |
| Knolle im<br>Schnitt | weiß | sofort chromgelb |
| Geruch | anisartig | unangenehm nach Tinte |

## Pilze mit Leisten oder Stacheln

Der **Pfifferling** erfreut sich großer Beliebtheit – man kennt ihn, sucht ihn, bereitet ihn gern zu. Seine dottergelbe Farbe, die Kreiselform und sein „Aprikosenduft" machen ihn unverwechselbar. Der pfeffrige Geschmack des rohen Pilzes verliert sich beim Zubereiten. Charakteristisch sind auch die dicklichen Leisten, die wie verzweigte Adern am Stiel herabziehen (Foto 50 zeigt eine blaßgelbe Form).

Zur Freude des Sammler erscheint der Pfifferling schon ab Juni manchmal massenhaft in Laub- und Nadelwäldern. Gebietsweise ist er weniger häufig oder seltener geworden. Bei allem Wohlgeschmack sollten die Pfifferlingsverehrer nicht vergessen, daß der Pilz sehr schwer verdaulich ist und beim Trocknen so hart wird, daß man ihn besser zu Pilzpulver verarbeitet.

Eine Verwechslung mit dem Falschen Pfifferling ist kein Unglück, weil dieser ebenfalls genießbar, wenn auch von geringerem Wert ist. Er hat viel dünneres Fleisch und orangefarbene, dichtstehende Lamellen.

Der **Trompetenpfifferling** (Tafel Sommerpilze II) mit braunem Hut und die schwarzbraune **Herbsttrompete** (Tafel Herbstpilze III) sind weniger bekannt als ihr farbenfroher Verwandter. Obwohl recht dünnfleischig, sind sie gute Speisepilze und noch bessere Würzpilze. Besonders die düstere Herbsttrompete eignet sich in Pulverform hervorragend zum Würzen von Soßen, Suppen und Fleischgerichten.

Der **Semmelstoppelpilz** ist durch seine gelbliche Farbe und die Stacheln unter dem Hut hinreichend gekennzeichnet (Tafel Sommerpilze I). Als Speisepilz wird er sehr geschätzt, denn er ist dickfleischig, kaum von Maden befallen, recht haltbar und vielerorts häufig. Allerdings schmeckt er manchmal bitterlich, besonders im Alter. Beim Einsammeln kann man ihn einfach abbrechen, weil sein Fleisch recht spröde ist. Zubereitet nimmt er eine hellrötliche Farbe an.

Der **Habichtspilz** (Tafel Sommerpilze III) mit seinen abstehenden, dunklen

Schuppen auf dem Hut und den grauen Stacheln an der Unterseite ist eine einprägsame Pilzgestalt. Er wächst bevorzugt in sandigen Kiefernwäldern, oft in Reihen oder weiten Kreisen.

Solange die Stacheln noch hellgrau aussehen und der Hutrand eingerollt ist, lohnt es, ihn zu sammeln. Ältere Exemplare werden zäh, schmecken bitter und sind oft vermadet. Wegen seines kräftig-angenehmen Geruchs bietet er sich als Würzpilz an (Pulver).

## Bauchpilze

Den **Riesenbovist** (Foto 45) braucht man Pilzsammlern nicht erst vorzustellen, sie kennen ihn. Er ist ein wahrhaft gigantischer Vertreter der Bauchpilze, zu denen neben den bekannten Bovisten und Stäublingen unter anderem auch Stinkmorcheln und Erdsterne gehören. Trotz der Verschiedenheit im äußeren Bau wird bei allen Vertretern der Sporenstaub im Inneren der Fruchtkörper produziert. Bei der Reife gelangt er durch vielfältige Öffnungsmechanismen ins Freie. Wohl jeder kennt das „Rauchen" der Boviste, an dem besonders Kinder ihre Freude haben.

Der Pilzfreund sollte wissen, daß alle jungen Boviste und Stäublinge eßbar sind, sofern sie nicht unangenehm riechen. Sie müssen innen noch weiß und fest sein und mit einem kleinen Knacken abbrechen. Biegsame, pappige, innen gelbe oder dunkle Exemplare scheiden für die Küche aus.

Als Beispiel für einen eßbaren Vertreter sei hier der häufige **Flaschenstäubling** vorgestellt (Foto 46). Der obere Teil ist dicht mit Stacheln besetzt, die man am besten gleich abwischt, damit sie nicht das ganze Pilzgut bekrümeln.

Der Birnenstäubling scheidet wegen seines unangenehmen Geruchs für Speisezwecke aus. Sein geselliges Wachstum an Holz kennzeichnet ihn eindeutig.

Zu achten wäre lediglich auf den giftigen Kartoffelbovist. Mit seiner felderig aufgesprungenen Haut sieht er wie eine schorfige, flachgedrückte Kartoffelknolle aus. Er ist hart, auffallend schwer und läßt sich nicht zusammendrücken. Schon der widerliche Geruch müßte den Sammler eigentlich abschrecken. Für das Foto 43 wurde ein Exemplar durchgeschnitten, um die typische violettschwarze Innenmasse zu zeigen. Nur ganz jung sieht der Pilz innen weißlich aus, färbt sich aber bald dunkel.

Boviste und Stäublinge entfalten ihren Wohlgeschmack nur bei sachgemäßer Behandlung. Die kleineren Arten vertragen keine Lagerung, außerdem sollten sie nicht gewaschen werden. In Scheiben geschnitten und wie Bratkartoffeln geröstet, schmecken sie vorzüglich. Große Arten kann man auch zu Pilzschnitzeln verarbeiten.

Der **Erbsenstreuling** ist mit dem Kartoffelbovist verwandt. Bei ihm ist die Innenmasse in zahlreiche Kammern gegliedert, die durchgeschnitten in Farbe und Form an Erbsen erinnern. Die braunen knollenartigen Fruchtkörper sind meist stielartig verlängert und mit dicken Myzelsträngen tief im Boden verankert. Der Erbsenstreuling besiedelt karge Sandböden und kommt gelegentlich in lichten Kiefernwäldern und Heidelandschaften vor. Auf Abraumhalden, z. B. in Braunkohlenrevieren, hat er sich einen Lebensraum erobert, der ihm besonders zusagt. Auf solchen Standorten und manchmal auch auf rekultivierten Kippen kann man ihn in größeren Mengen finden. Zum Trocknen eignen sich nur junge, feste Exemplare, die noch das typische „Erbsenmuster" zeigen. Als Würze genügt ein dünnes Scheibchen, um Gerichten einen vorzüglichen Geschmack und tiefbraune Farbe zu verleihen.

Jedem Waldwanderer ist die Stinkmorchel bekannt, die von der Nase registriert wird, bevor das Auge sie erblickt. Auch hier entstehen die Sporen in einem geschlossenen Gebilde, dem „Hexenei". Im Ei wächst ein zusammengefalteter Pilz heran, der sich innerhalb weniger Stunden streckt und die olivgrüne Sporenmasse emporhebt. Für die Verbreitung der Sporen sorgen Aasinsekten, die durch den Geruch angelockt werden. Beim Fund von Hexeneiern wird immer wieder über ihre Verwertbarkeit diskutiert. Giftig sind sie jedenfalls nicht, und wer darauf Appetit hat, kann sie, in Scheiben geschnitten, braten.

Der Fund eines Erdsterns ist für den Naturfreund ein besonderes Erlebnis. Die typische Form entsteht, wenn bei Sporenreife die Außenhaut sternförmig aufreißt (Foto 44). Bei einigen Arten krümmen sich die Arme bei Trockenheit rückwärts und heben die innere Kugel wie auf Füßen in die Höhe, um die Sporen dem Wind anzuvertrauen.

Als Speisepilze kommen sie nicht in Frage.

## Trüffeln

Trüffeln sind wegen ihrer knolligen Form manchen Bauchpilzen äußerlich ähnlich. Auch bei ihnen wird der Sporenstaub im Inneren der Fruchtkörper erzeugt, jedoch ist die Art der Sporenbildung grundsätzlich verschieden, so daß sie nicht miteinander verwandt sind.

Für den Pilzsammler ist der Fund einer Trüffel meist ein zufälliges und überraschendes Ereignis, weil die Fruchtkörper unterirdisch gebildet werden. Sie gelangen erst durch Witterungseinflüsse oder Tiere an die Oberfläche.

Die berühmten Perigord-Trüffeln der französischen Küche kommen bei uns nicht vor. In unseren Breiten findet man gelegentlich die Deutsche und die Sommertrüffel.

Die **Deutsche Trüffel** sieht äußerlich wie eine Kartoffelknolle aus. Erst im Schnitt erkennt man die feinaderige Marmorierung, die sie als echte Trüffel

ausweist. Jung riecht sie angenehm frisch, alt aber intensiv widerlich.

Die schwarze, grobwarzige **Sommertrüffel** ist noch seltener. Beide Arten gelten trocken als begehrte Würzpilze.

## Schirmpilze

Zu den Schirmpilzen gehören die stattlichsten der bei uns vorkommenden Blätterpilze, aber auch mittelgroße und winzige Arten. Ob groß oder klein, man erkennt sie am flach ausgebreiteten, schuppigen Schirmhut mit den weißen, freistehenden Lamellen und dem beringten, unten verdickten Stiel.

### Kennzeichen der Schirmpilze
Hut:      fein- bis grobschuppig
Lamellen: weiß, frei
Stiel:      mit Ring und Knolle,
              leicht vom Hut lösbar

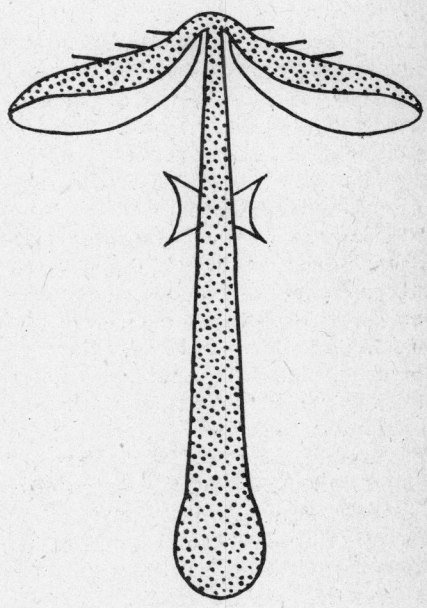

Am bekanntesten ist wohl der stolze Parasol oder **Riesenschirmpilz** (Foto 29), der lichte Wälder, vergraste Schlagflächen, sonnige Waldwiesen, auch Parks und Gärten bevorzugt. An solchen Standorten kann man ihn im Sommer und Herbst einzeln und in ganzen Trupps finden. Durch die Größe und den braun gebänderten Stiel ist er gut gekennzeichnet. Die Verwendung des Hutes als Pilzschnitzel wird von Pilzfeinschmeckern wärmstens empfohlen. Bei reicher Ernte kann man die Hüte auch, übereinander gestapelt, einfrieren (Folie dazwischenlegen). Der holzige Stiel ist höchstens in Form von Pilzpulver verwendbar.

Der etwas kleinere **Safranschirmpilz** (Foto 30) mit glattem Stiel und rötendem Fleisch wächst hauptsächlich in Fichtenforsten und in Buchenwäldern. Besonders wohlschmeckend sind die noch kegelförmig geschlossenen Jungpilze, die unerfahrene Pilzsammler durchaus irreführen können.

Der etwas hellere, dickknollige, häufig büschelig wachsende Gartenschirmpilz scheint manchen Personen nicht zu bekommen, er gilt als giftverdächtig.

Fast alle mittelgroßen Schirmpilze sind eßbar. Man achte lediglich auf solche mit unangenehmem Geruch (Spitzschuppiger Schirmpilz, Rettichschirmpilz), die für die Küche ausscheiden.

Als Beispiel für eine Art mittlerer Größe sei der **Rosablättrige Schirmpilz** genannt, der häufig in Gärten gefunden wird. Er hat schon manchem Pilzfreund Rätsel aufgegeben. Auf den ersten Blick sieht er einem Champignon ähnlich, hat aber anfangs weiße Blätter. Bei älteren Exemplaren sind die Lamellen zwar rosa, färben sich aber nicht dunkel, wie es für Champignons typisch ist. Es handelt sich um einen Schirmpilz mit ausnahmsweise rosa gefärbten Lamellen. Sein hervorragender Geschmackswert steht außer Zweifel (Foto 31).

*Kleine Schirmpilze läßt man am besten stehen. Unter ihnen gibt es einige rötliche Arten, die gefährliche Gifte enthalten.*

## Täublinge und Milchlinge

Ab August erscheint die bunte Palette der Täublinge in Wäldern aller Art. Ihre nächsten Verwandten, die Milchlinge, sind weniger auffällig gefärbt. Beide Gattungen unterscheiden sich von allen anderen Blätterpilzen durch ihr mürbes, sprödes Fleisch. Besonders einfach läßt sich diese typische Eigenschaft am Stiel prüfen, der sich niemals auffasern läßt, sondern leicht querbricht oder zerbröckelt. Bei den meisten Täublingen sind die Lamellen so spröde, daß sie beim Darüberstreichen absplittern.

Die leuchtenden Farben vieler Täublingshüte stehen in reizvollem Kontrast zu den meist weißen Stielen und den weißen oder gelben Lamellen. Unter den zahlreichen Arten gibt es eine Reihe guter Speisepilze, aber auch viele ungenießbare und einige leicht giftige Vertreter.

### Kennzeichen der Täublinge

Hut:        leuchtende Farben
Lamellen:   weiß oder gelb, splitternd
Stiel:      weiß, selten rot, querbrechend
Fleisch:    brüchig, ohne Milchsaft

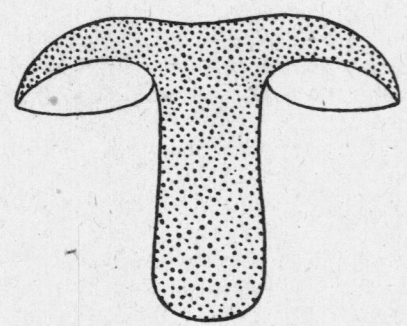

Einen Blick für die typische Täublingsgestalt zu gewinnen, fällt nicht schwer, das Kennenlernen der zahlreichen Arten erfordert jedoch ein intensives Studium. Nicht immer ist auf die auffallende Farbe Verlaß, denn manche Täublinge sind die reinsten Chamaeleons unter den Pilzen. Zur Bestimmung wichtig sind z. B. die Gelbtöne reifer Lamellen, die Abziehbarkeit der Huthaut und besondere Geruchs- und Geschmacksunterschiede.

Für den Pilzsammler, der einen Täubling als eßbar erkennen will, gibt es zum Glück eine einfache Regel: *Alle mild schmeckenden Täublinge sind eßbar, scharfe und bittere Arten sind ungenießbar.* (Kostprobe nicht verschlucken!) Natürlich ist es kein Vergnügen, jeden Täubling zu verkosten, bevor er in den Korb wandert. Der interessierte Pilzfreund wird aber bald die häufigsten Täublinge seines Sammelgebietes zu unterscheiden wissen. Die Fotos 37 bis 39 vermitteln einen Eindruck vom Erscheinungsbild und der Farbenpracht der Täublinge.

Milchlinge sind weniger lebhaft gefärbt als Täublinge. Sie haben meist trichterförmige Gestalt und leicht herablaufende Lamellen. Ihr besonderes Kennzeichen ist das „Milchen" des verletzten Fleisches. Bricht man ein Stück vom Hut ab, quillt weiße oder farbige, seltener wasserklare Flüssigkeit heraus. Der weiße Milchsaft kann sich an der Luft gelb, rot oder lila verfärben.

Von den über hundert verschiedenen Milchlingsarten sind eigentlich nur Edelreizker und Brätling bekannte Speisepilze.

Der **Edelreizker** ist leicht an der orangeroten Milch zu erkennen (Foto 40). Wegen des ziegelroten, konzentrisch gezonten Hutes könnte man ihn auf den ersten Blick mit dem nur nach Vorbehandlung eßbaren Birkenreizker verwechseln. Dieser hat jedoch weiße, brennend-scharfe Milch und einen zottigen Hutrand.

Den Edelreizker findet man ausschließlich in Kiefernwäldern, wo er Lichtun-

**Kennzeichen der Milchlinge**

| | |
|---|---|
| Hut: | häufig trübe Farben, meist trichterförmig vertieft |
| Lamellen: | herablaufend, nicht splitternd |
| Stiel: | ähnlich Hutfarbe, querbrechend |
| Fleisch: | brüchig, verletzt milchend |

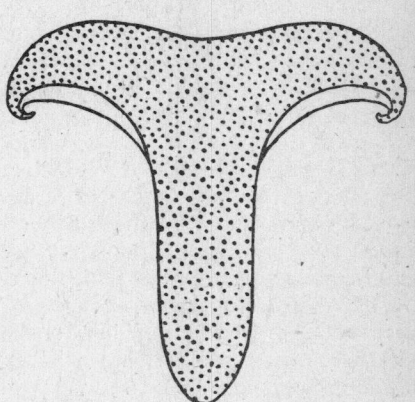

gen und Waldränder bevorzugt. Feinschmecker wissen, daß der Hut, wie Schnitzel gebraten, ein wahrer Leckerbissen ist. Durch Dünsten und Schmoren verliert er sehr an Wohlgeschmack. Unter Fichten wächst eine weniger wertvolle, bitterliche Art.

Der stattliche, orangebraune **Brätling** mit dem typischen Heringsgeruch ist meist ein Einzelgänger. Er wächst bis in den Oktober hinein vorwiegend in Laubwäldern. Die reichlich enthaltene weiße Milch wird an der Luft grau und bleibt harzartig fest an der Haut kleben. Sein hervorragender Geschmack kommt nur beim Braten zur Geltung.

Wenn vom »Maggipilz« die Rede ist, meint man den **Bruchreizker**, der frisch, besonders aber getrocknet stark nach Liebstöckel riecht. Der rosabraune Pilz ist außerdem an seinem filzigen, auffallend matt wirkenden Hut und dem wasserklaren Milchsaft zu erkennen. Er wächst gern in Mooren, oft direkt im Torfmoos, siedelt sich aber auch in

41

feuchten Nadelwäldern an (Foto 42). Trotz des milden Geschmacks wirkt er leicht giftig, kann aber getrocknet in kleinen Mengen als Würze verwendet werden.

Der Wollige Milchling soll hier erwähnt werden, weil ihn sicher viele Pilzsammler vom Sehen her kennen. Der breit ausladende Hut des „Erdschiebers" ist oft mit Erdreich und Laub beladen. Man bedauert immer wieder, daß dieser imponierende Pilz, trotz Wässerns, seine Schärfe nicht verliert und so nicht eßbar ist (Foto 41).

Andere scharfe Milchlinge hingegen sind nach Vorbehandlung (S. 70) durchaus verwertbar, zum Beispiel **Birkenreizker**, **Rotbrauner Milchling** und **Tannenreizker** (Tafel Sommerpilze II). Der Aufwand lohnt sich besonders bei Massenvorkommen. Sie können zum Einsalzen, Silieren und sauer konserviert empfohlen werden.

## Pilze mit bräunlichen Lamellen

### Rißpilze

An den giftigen Rißpilzen geht der Pilzfreund normalerweise vorüber, weil die meist schmutzigbraunen Fruchtkörper recht unscheinbar sind und nicht zum Sammeln reizen. Gelangen sie versehentlich doch in die Körbe, können sie schwere Vergiftungen verursachen. Die Unterscheidung der zahlreichen giftigen Rißpilzarten muß versierten Mykologen vorbehalten bleiben. Für den Pilzfreund genügt es, Rißpilze als solche zu erkennen und sie insgesamt zu meiden.

Rißpilze haben kegelige, faserig-schuppige Hüte, die am Rande – wie ihr Name sagt – oft eingerissen sind. Sie sehen meist bräunlich, selten weißlich, rötlich oder lila aus. Die Lamellen werden durch die reifen Sporen bräunlich gefärbt. Die meisten Arten riechen auffallend widerlich, nur wenige angenehm fruchtig.

### Kennzeichen der Rißpilze

Hut: meist braun, kegelig, radialfaserig-rissig
Lamellen: erdbraun
Geruch: meist unangenehm

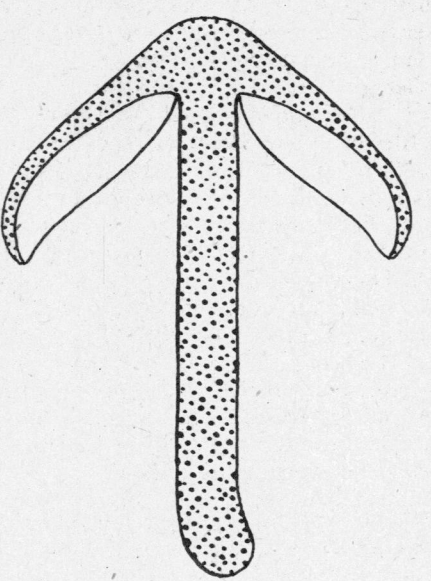

## Schleierlinge

Man erkennt sie leicht an den spinnwebartigen Fäden, die sich in der Jugend vom Hutrand zum Stiel spannen. Dieser Haarschleier zerreißt beim Wachsen und hinterläßt fädige Reste am Hutrand und Stiel, die später durch die Sporen rostbraun gefärbt werden. Die Bestimmung der über 400 in Mitteleuropa heimischen Arten bleibt Spezialisten überlassen. Für den erfahrenen Pilzfreund kommen nur wenige, leicht kenntliche und zum Teil örtlich häufige Schleierlinge zu Speisezwecken in Frage.

*Neben den eßbaren Vertretern gibt es auch bittere, ungenießbare und viele nicht erprobte Arten. Erst in jüngster Zeit ist man auf die lebensgefährliche Giftwirkung einiger Schleierlinge aufmerksam geworden. Da diese schwierig zu erkennen sind, kann man sich als*

*Faustregel merken, daß Schleierlinge mit orange, gelben und roten Farben als giftverdächtig gelten.*

Die „klassischen" Schleierlinge haben eine ritterlingsartig-kräftige Gestalt und meist intensive Farben. Sie werden außerdem durch schleimige Hüte und eine keulige oder knollige Stielbasis gekennzeichnet.

Bei Pilzfreunden ist wohl der **Heideschleimfuß** oder **Brotpilz** der bekannteste Schleierling. Trocken hat er die Farbe und den Glanz von frischgebackenem Brot. Bei Feuchtigkeit sind Hut und untere Stielhälfte mit Schleim überzogen. Manchmal kann man am Stiel noch die von den Sporen braunbepuderten Schleierreste erkennen. Die ursprünglich hellen Lamellen nehmen im Alter eine zimtbraune Farbe an. Der Heideschleimfuß wächst im Spätsommer und Herbst in Kiefernwäldern und Heidelandschaften stellenweise sehr häufig.

Kenner schätzen ihn als wohlschmekkenden, ergiebigen Speisepilz (Tafel Sommerpilze II).

## Reifpilz

### (Runzelschüppling, Zigeuner)

Der Reifpilz gehört zu den Pilzen, die man sich zeigen und erklären lassen muß, ehe man sie selbst sammelt. Wegen der bräunlichen Farbe von Hut und Lamellen kann er manchen Schleierlingen ähnlich sein, mit denen er ja auch verwandt ist. Unerfahrene Sammler stehen ihm besonders wegen des violettweißen Reifes auf dem Hut mißtrauisch gegenüber. Aber gerade das ist ein arttypisches Merkmal, ebenso wie der längsrunzlige Hutrand, der ihm den Namen Runzelschüppling eingetragen hat. Zu achten wäre noch auf den kräftigen, beringten Stiel und die feine Kerbung der Lamellenschneide. Ältere Exemplare mit ihren aufgeplatzten Huträndern sehen nicht gerade einladend aus. Jung zeigt sich der kugelig geschlossene Reifpilz in kegel-

förmiger Gestalt (Tafel Herbstpilze IV).

Wegen seiner vorzüglichen geschmacklichen Qualitäten lohnt es sich, diesen recht häufigen Kiefern- und Buchenwaldbewohner kennenzulernen.

## Kahler Krempling

Schon mancher hat sich nach einer Marone gebückt und hält dann einen jungen Krempling in der Hand. Der bräunliche, jung samtige Hut täuscht nur auf den ersten Blick. Von unten betrachtet, erkennt man den Kahlen Krempling sofort am eingerollten Hutrand, an den bräunlichen, am Stiel herablaufenden Lamellen und an den braunen Flecken, die bei Berührung entstehen (Tafel Sommerpilze I).

Der ungemein häufige Pilz steht auf der Liste der Giftpilze.

Kahler Krempling †

Semmelstoppelpilz

# Sommerpilze II

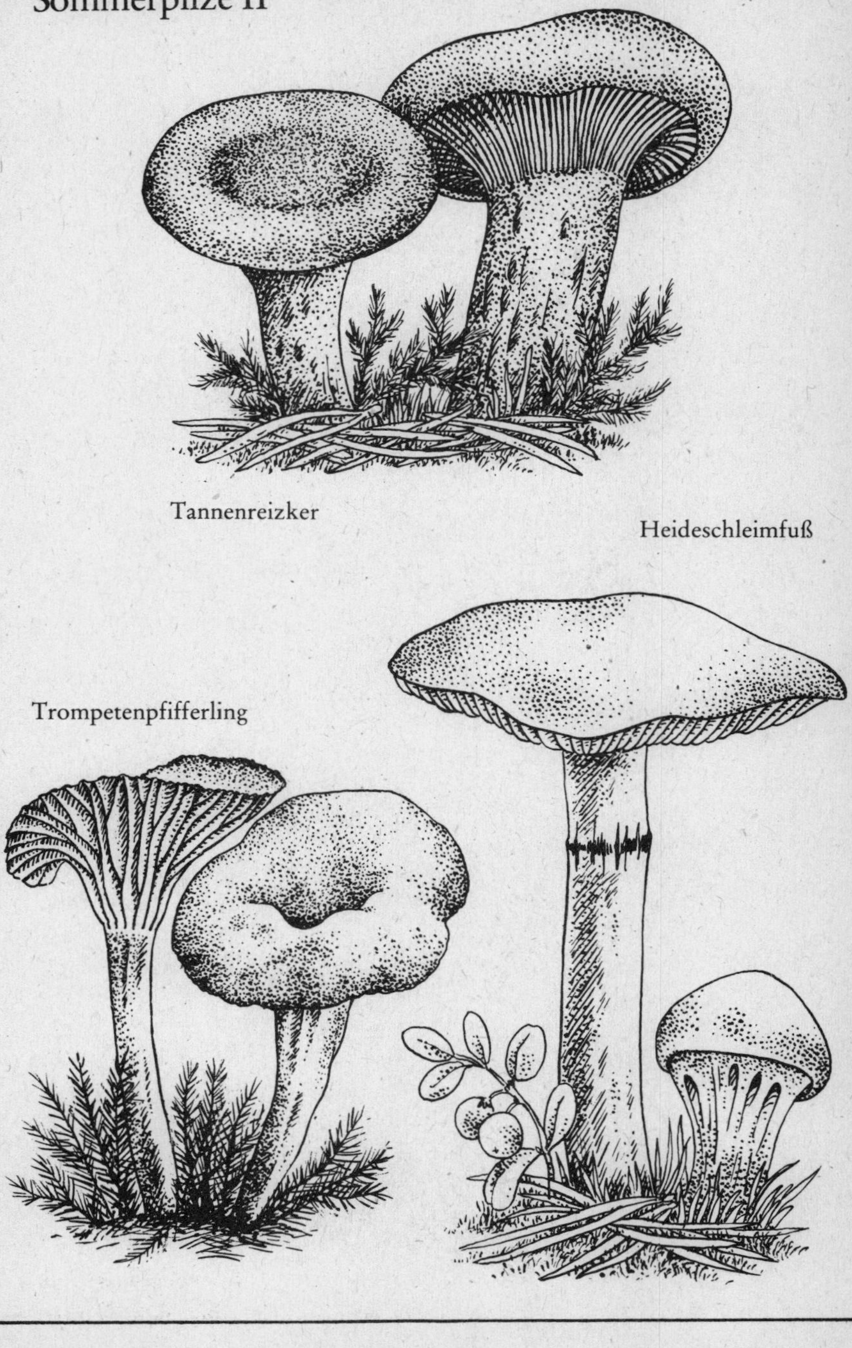

Tannenreizker

Heideschleimfuß

Trompetenpfifferling

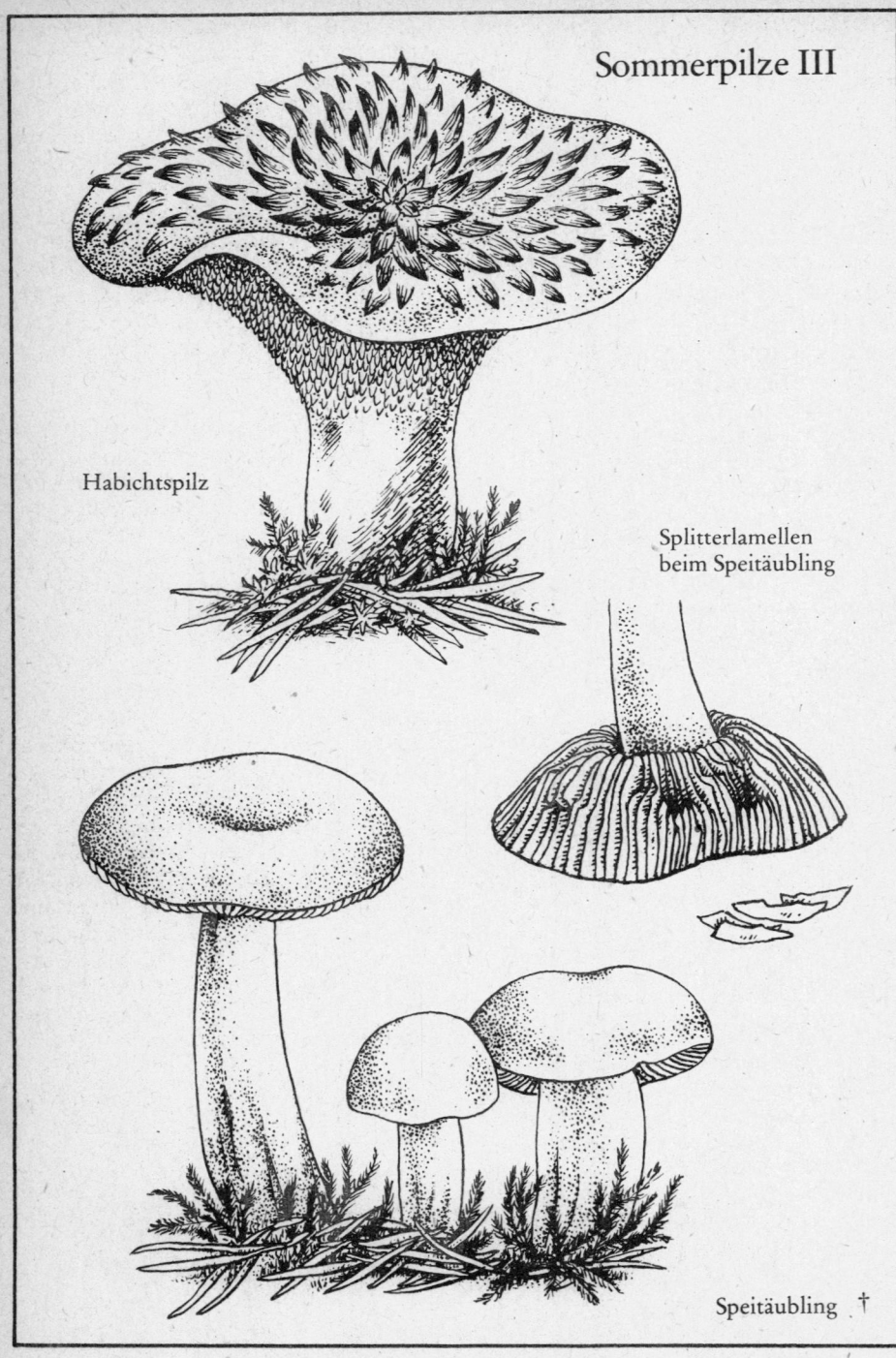

Sommerpilze III

Habichtspilz

Splitterlamellen
beim Speitäubling

Speitäubling †

# Herbstpilze

## Röhrenpilze

Röhrlinge sind zu Recht die Lieblingskinder vieler Sammler. Unter ihnen gibt es eine ganze Anzahl guter Speisepilze, und gefährliche Vergiftungen sind nicht zu befürchten. *Selbst der Anfänger kann nichts falsch machen, wenn er auf bittere Arten achtet und zunächst die Röhrlinge mit roten Poren wegläßt.*

Die nachfolgend besprochenen Röhrlinge sind geordnet in

**Dickröhrlinge**
Steinpilz (mit Doppelgänger)
Hexenpilze
Satanspilz

**Filzröhrlinge**
Marone
Rotfüßchen
Ziegenlippe

**Schleimröhrlinge**
Butterpilz
Körnchenröhrling
Gold(Lärchen)röhrling
Sandpilz
Kuhpilz
Pfefferröhrling

**Rauhfußröhrlinge**
Birkenpilz
Rotkappe

**Dunkelröhrenpilze**
Strubbelkopf
Düsterer Röhrling

## Dickröhrlinge

Als „Pilz aller Pilze" gilt der **Steinpilz**. Die Fotos 6 und 9 demonstrieren die Zugehörigkeit dieser stattlichen Gestalten zu den Dickröhrlingen recht gut. Man sieht am oberen Teil des bauchig-knolligen Stiels auch das typische weiße Adernetz sehr deutlich. Steinpilze leben mit bestimmten Baumarten in symbiotischer Gemeinschaft und sind in Farbe und Form sehr vielgestaltig.

Der **Echte Steinpilz**, auch Herrenpilz genannt, stellt sich im Herbst vorwiegend unter Fichten ein. Der anfangs weißliche Hut wird später braun und glänzend-glatt. Das weiße, feine Adernetz kann man am besten an der Stielspitze erkennen.

Der **Sommersteinpilz** wächst schon ab Juni in Laubwäldern und Parkanlagen, besonders gern unter Eichen. Er ist insgesamt heller und schlankstieliger als die typische Form. Sein Hut zeigt eine feinfilzige, oft auch feldrig-rissige Oberfläche. Das weiße Adernetz zieht sich bis zur Stielbasis herab.

Weitere Steinpilzarten sind recht selten und bedürfen unserer Schonung.

Alle Steinpilzarten sind wegen ihrer hervorragenden Geschmacksqualitäten universell verwertbar, eignen sich aber besonders zum Braten (Schnitzel) und als Trockenpilz.

So manchem Steinpilzsucher ist der ungenießbare Gallenröhrling (Bitterpilz) schon zum Ärgernis geworden und hat ein Steinpilzgericht verdorben. Junge Exemplare beider Arten können sich so täuschend ähnlich sein, daß erst ein genauer Blick auf den Stiel Sicherheit verschafft. Beim Gallenröhrling sieht er bräunlich, beim Steinpilz weiß aus. Ältere Gallenröhrlinge sind schon von Anfängern leicht am graurosa Futter und dem derben, braunen Adernetz am Stiel zu erkennen. Im Zweifelsfall genügt Anlecken der Huthaut oder einer Schnittstelle, um den bitteren Geschmack festzustellen (Foto 8).

## Verwechsle nicht!

| | Steinpilz<br>eßbar | Gallenröhrling<br>ungenießbar |
|---|---|---|
| Hut | hell- bis dunkelbraun | hell- bis dunkelbraun |
| Poren | anfangs weiß, später gelbgrün | anfangs weiß, später graurosa |
| Stiel | jung grauweiß<br>Adernetz weiß, fein | jung bräunlich<br>Adernetz braun, grob |
| Geschmack | mild | bitter |

Die rotporigen Dickröhrlinge sind prächtig gefärbte, imponierende Erscheinungen unter den Pilzen. Zu ihnen gehören die eßbaren **Hexenpilze** und der leicht giftige Satanspilz (Fotos 10 bis 12), die im Volksmund immer wieder in einen Topf geworfen werden. Die intensiven Gelb- und Rottöne am Stiel und das Blaufärben des Fleisches haben ihnen wohl die furchterregenden Namen eingetragen. Übermäßige Sorge ist jedoch unbegründet, weil der Satanspilz sehr selten vorkommt und nur in warmen Lagen auf Kalkböden gedeiht. Sein steingrauer Hut unterscheidet ihn auf den ersten Blick von den braunhütigen Hexenpilzen, die der Sammler auf seinen Wanderungen häufiger findet.

## Verwechsle nicht!

| | Hexenpilze | | Satanspilz |
|---|---|---|---|
| | Flockenstieliger H.<br>eßbar, roh giftig | Netzstieliger H.<br>eßbar, roh und mit<br>Alkohol giftig | schwach giftig |
| Hut | dunkelbraun | olivbraun | steingrau |
| Poren | dunkelrot | orangerot | karminrot |
| Gelbrötliche Stiele | rotflockig | mit grobem dunklen Adernetz | mit feinem roten Adernetz |
| Fleisch im Schnitt | sofort dunkelblau | sofort dunkelblau | schwach blau |
| Vorkommen | Laub- u. Nadelwald, saure Böden, häufiger | lichte Wälder, kalkliebend, zerstreut | Laubwald, Kalkboden, selten |

Ein weiteres, gutes Kennzeichen wird beim Anschneiden deutlich: Bei Hexenpilzen verfärbt sich das gelbe Fleisch so schnell blau, daß es an Hexerei erinnert. Beim Satanspilz hingegen tritt nur eine schwache Blaufärbung auf.

Auf den Fotos 11, 12 ist das blauanlaufende Fleisch am aufgefaserten Stiel und an der Schnittstelle gut zu erkennen.

Eine Unterscheidung der beiden Hexenpilzarten erlaubt die namensgebende Stielbekleidung. Man wird sie auch nicht zusammen finden, weil der „Flockenstiel" saure Böden bevorzugt und der **Netzstielige Hexenpilz** gern auf Kalkböden wächst.

Beide Arten sollten wegen ihrer Rohgiftigkeit etwa 30 Minuten durcherhitzt werden. Geschmacklich wertvoller und gut verträglich ist der Flockenstiel, während der Netzstielige Hexenpilz nicht jedem bekommt und in Verbindung mit Alkohol Vergiftungen hervorrufen kann.

## Filzröhrlinge

Die **Marone** ist der kleine Bruder des Steinpilzes, ebenso begehrt, oft viel ertragreicher und geschmacklich beinah ebenbürtig. Mit ihrem kastanienbraunen Hut und den gelbgrünen, blaufleckenden Röhren gehört sie zu den leicht kenntlichen Standardpilzen der meisten Sammler (Foto 5).

Die beliebten „Braunkappen" wachsen von Juli bis zum Spätherbst stets gesellig, manchmal massenhaft, in Nadelwäldern. Besonders häufig findet man sie am Fuße älterer Fichten- und Kiefernstämme oder auf vermoderten Baumstümpfen. Im Hochwald bilden sie braune Tupfen auf der trockenen Nadelstreu. Maronen sind auch bei Tieren sehr beliebt, so daß man oft an ihnen Fraßspuren entdecken kann.

Das **Rotfüßchen** ist schon durch den Namen gekennzeichnet. Auch der felderig aufgerissene Hut sieht an Fraßstellen und in den Rissen rötlich aus. Rotfüßchen wachsen überall in lichten Laub- und Nadelwäldern. Sie gelten als gute Speisepilze, solange sie jung sind. Gar zu schnell werden sie schwammig, sind oft sehr vermadet und verschimmeln leicht. Im Spätherbst kann man das sehr wertvolle **Derbe Rotfüßchen** finden. Auf dem Foto 3 wird deutlich, daß es fast wie eine Marone aussieht. Allerdings sind die Röhren und das Fleisch auffallend gelb.

Die braunfilzige **Ziegenlippe** ist ein Einzelgänger unter den Pilzen. Besonders auffällig sind die lebhaft goldgelben Röhren. Man findet die Ziegenlippe in Laub- und Nadelwäldern, besonders an Böschungen und Wegrändern. Geschmacklich steht sie dem Rotfüßchen etwas nach. Die häufige Verwechslung beider Arten ist harmlos.

## Schleimröhrlinge

Vielen Sammlern sind die schleimig-schmierigen Röhrlinge ebenso bekannt wie Steinpilz und Marone. Sie wissen auch, daß man die Schleimröhrlinge nur im Nadelwald, besonders unter Kiefern und Lärchen, findet.

Bei einigen Vertretern sind die Röhren in der Jugend durch einen Schleier geschützt, der später als Ring am Stiel zurückbleibt. Bekanntes Beispiel dafür ist der **Butterpilz**, den man vielerorts auch Ringpilz nennt. Sein Hut erscheint in der Jugend und bei feuchtem Wetter schleimig und schokoladenbraun, trokken jedoch heller, glänzend und deutlich gefasert. Die Huthaut läßt sich leicht und vollkommen abziehen, so daß es mit der Reinigung keine Probleme gibt. Der Butterpilz ist ein schmackhafter „butterzarter", jedoch leicht verderblicher Speisepilz, den man recht schnell und am besten nur jung verwenden sollte. Auch bei gelegentlichem Massenvorkommen, z. B. auf rekultivierten Kippen oder in Kiefernschonungen, sollte man ein vernünftiges Maß einhalten. Übermäßiger Genuß und seine leichte Verderblichkeit sind wohl die häufigste Ursache für Unverträglichkeitserscheinungen.

Junge, kernige Butterpilze eignen sich durchaus zum Trocknen, wenn man zügig verfährt. Die Trockenstückchen werden schön gelblich und beleben später das Gericht.

Der Butterpilz wird oft mit dem **Körnchenröhrling** (Schmerling) verwechselt, der beim flüchtigen Hinsehen wie ein heller Butterpilz ohne Ring aussieht. Zur Unterscheidung achte man auf die tränenden Röhren junger Pilze und die gelben, später braunen Körnchen (Name) an der Stielspitze. Auf dem Foto 4 sind beide Merkmale gut zu erkennen. Geschmacklich sind beide Pilze einander fast ebenbürtig, so daß eine Verwechslung unbedeutend ist.

In die Reihe der Schleimröhrlinge mit einem Ring gehört auch der farbenfrohe **Goldröhrling** oder **Lärchenröhrling** (Foto 2). Der erfahrene Pilzfreund denkt beim Anblick von Lärchen sofort an den Goldröhrling und fahndet nach ihm unter einzelnen Bäumen oder in Schonungen. Seine leuchtend gelbe Farbe und die strenge Bindung an Lärchen machen ihn unverwechselbar. In Geschmack und Verwendung ist er mit dem Butterpilz vergleichbar.

Als Vertreter der Schleimröhrlinge ohne Ring sollen noch Sandpilz, Pfefferröhrling und Kuhpilz erwähnt werden. Ein typischer Bewohner sandiger Kiefernwälder ist der **Sandpilz**, der wegen seiner Dickfleischigkeit und dem oft massenhaften Vorkommen bei Anwohnern sehr beliebt ist. Es ist schwer zu sagen, ob sich der deutsche Name auf den Standort, die Farbe oder die filzig-körnige Hutbekleidung bezieht, die ebenfalls an Sandkörnchen erinnert. Gegen den semmelbraunen Hut wirken die olivbraunen Poren auffallend dunkel.

Im Jugendzustand ist der Sandröhrling ein schmackhafter Speisepilz, später eignet er sich besser zu Mischgerichten.

Auch der **Kuhpilz** ist in sandigen Kiefernwäldern reichlich vertreten, findet aber auch in feuchten, anmoorigen Gebieten günstige Lebensräume (Tafel Herbstpilze II). Sein besonderes Kennzeichen sind die weiten, eckigen Poren, die in der Tiefe unterteilt sind. Der Kuhpilz kommt stellenweise so häufig vor, daß man ihn beinahe mit der Sense mähen könnte. Leider ist er wegen seiner gummiartig zähen Beschaffenheit wenig wertvoll und höchstens zum Verlängern eines Pilzgerichtes zu gebrauchen. Wer das erste Mal Kuhpilze zubereitet, erlebt eine Überraschung: Die Pilzstückchen färben sich beim Kochen lila. Kuhpilze lassen sich recht gut zu Pilzextrakt auskochen oder sauer einlegen.

Ein Zwerg unter den Röhrenpilzen, der es aber in sich hat, ist der Pfefferröhrling. Das wird jeder bestätigen, der ihn einmal gekostet hat. Der kleine Wuchs, die rostroten Poren und das leuchtend gelbe Stielfleisch machen ihn unverkennbar.

## Rauhfußröhrlinge

Birkenpilze und Rotkappen gehören mit ihren schlanken, dunkelschuppigen Stielen zu den „Rauhfüßen" unter den Röhrlingen. Auf dem Foto 1 sind die schwärzlichen Flöckchen an den Stielen gut zu sehen. Das kissenartig vorgewölbte Futter ist am Stiel tief eingebuchtet.

Für jeden Pilzsammler ist es selbstverständlich, daß man **Birkenpilze** unter Birken suchen muß. Manchem aber ist schon aufgefallen, wie unterschiedlich sie aussehen können und daß es auch Birkenpilze unter Hainbuchen gibt. So werden in jüngster Zeit, ähnlich wie beim Steinpilz, mehrere Arten unterschieden, die alle eßbar sind. Erfahrene Pilzsammler wissen, daß nur junge, feste Exemplare wirklich gut schmecken, ältere sind wegen ihrer schwammig-weichen Hüte und der holzigen Stiele kaum brauchbar.

Geschmacklich können Birkenpilze nicht mit den kernigen, festfleischigen **Rotkappen** konkurrieren. Diese stehen bei Pilzfreunden wegen des attraktiven Aussehens und ihrer Ergiebigkeit sehr hoch im Kurs. Ihre orangerote Huthaut hängt ganz typisch am Rand etwas über und neigt sich zu den Röhren hin. Das Foto 7 zeigt ein älteres Exemplar, während auf Tafel Herbstpilze IV eine ganze Rotkappenfamilie zu bewundern ist.

Der stattliche, prächtig gefärbte Pilz wächst von Juni bis Oktober in Nadel- und Laubwäldern, unter Gebüsch und auf Heiden, besonders unter Birken und Espen.

Ebenso wie beim Birkenpilz werden je nach Standort verschiedene Arten bzw. Formen unterschieden. Bei der Zubereitung läuft das weiße Fleisch erst grauviolett an und wird dann dunkel. Zwar leidet das Aussehen darunter, der Geschmack jedoch nicht.

## Dunkelröhrenpilze

Der Strubbelkopf ist ein kurioser Einzelgänger unter den Röhrenpilzen, der immer wieder Erstaunen hervorruft. Seine dunkelbraunen, sparrig abstehenden Schuppen auf dem Hut lassen ihn eindeutig erkennen. Da er vielerorts selten vorkommt und kaum genießbar ist, sollte man ihn als Besonderheit stehen lassen.

Ebenfalls unverkennbar ist auch der Düstere Röhrling, der in allen Teilen schmutzig-braune Farbe zeigt. Im Bergland trifft man ihn manchmal gesellig, in vielen Gebieten recht selten an. Wegen seines unangenehmen Geruches ist er für die Küche nicht zu empfehlen.

## Gelbfüße oder Schmierlinge

Die kleine, gut abgegrenzte Familie der Gelbfüße trägt einen treffenden deutschen Namen. Zu ihnen gehören zwei wertvolle, wenig bekannte Speisepilze, das Kuhmaul und der Kupferrote Gelbfuß. Neben der gelben Stielbasis kennzeichnen die dicklichen, weit am Stiel herabziehenden Lamellen und die schleimige oder klebrige Oberfläche diese Pilze. Gelbfüße besitzen schwarzen Sporenstaub, so daß die Lamellen später grauschwarz (Kuhmaul) oder dunkelbraun (Kupferroter Gelbfuß) aussehen.

Der größte unter ihnen, das **Kuhmaul**, ist ganz von einer dicken, durchsichtigen Schleimhaut überzogen, die diesen Pilz auf den ersten Blick nicht gerade attraktiv für Speisezwecke erscheinen läßt. Wenn man aber an Ort und Stelle die Schleimschicht abzieht und auch den schleimigen Stiel abschabt, trägt man einen zartfleischigen, wohlschmeckenden Fund nach Hause. Außerdem wird so das Verschleimen und Schwarzflekken des anderen Sammelgutes vermieden. Das Kuhmaul wächst vom Spätsommer an bis in den November hinein vorwiegend in jungen Fichtenforsten der Gebirge.

Der zweite häufige Vertreter, der **Kupferrote Gelbfuß**, siedelt sich unter Kiefern an. Der auffallend schlankstielige, rotbraune Pilz hat keine Schleimschicht, sondern faßt sich trocken oder etwas klebrig an. Er überrascht durch seine interessanten Farbveränderungen. Das gelbrötliche Fleisch färbt sich beim Trocknen rosa, beim Kochen violett und in Essig eingelegt schwarz. Auch der Kupferrote Gelbfuß ist ein vorzüglicher Speisepilz, der gegenüber dem Kuhmaul noch den Vorteil hat, daß er sich leichter säubern läßt.

## Kennzeichen der Gelbfüße

Hut:       schleimig oder klebrig
Lamellen: sehr entfernt, weit herablau-
           fend, schwarzer Sporenstaub
Stielbasis: innen und außen gelb

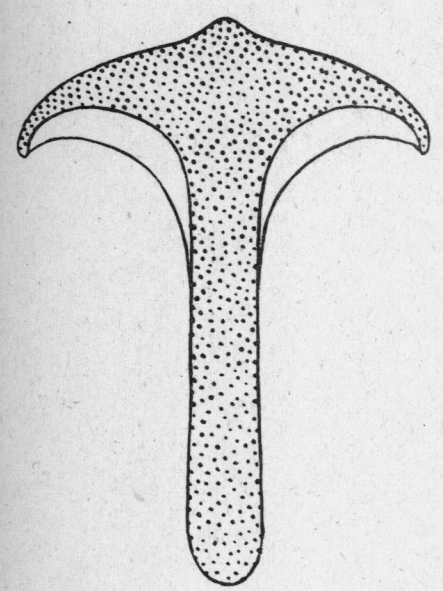

## Auffällige Pilze an Holz

In dem Kapitel über Frühjahrspilze haben wir bereits Bekanntschaft gemacht
mit dem Schuppigen Stielporling und
dem Schwefelporling. Von den jung eßbaren, für den Pilzsammler interessanten
Arten sollen noch Riesenporling, Klapperschwamm, Eichhase, Leberpilz und
Krause Glucke besprochen werden.

Der Anblick eines **Riesenporlings**, der
bis zu einem Meter Durchmesser erreicht, setzt wohl jeden Naturfreund in
Erstaunen. Bei diesem gigantischen
Fruchtkörper wachsen viele breitfäche-
rige Hüte dachziegelig übereinander aus
einem derben Strunk heraus. Er siedelt
sich vorwiegend an Baumstümpfen an,
wächst aber auch als Schwächeparasit am
Grunde älterer Bäume. Der Riesenporling ist leicht zu erkennen, weil die hellen Poren auf der Unterseite der Hüte
bei Berührung schwärzen. Ganz jung
und noch weich läßt er sich durchaus
verwerten. Meist ist er aber so hart und
zähfleischig, daß er besser stehen
bleibt.
Eine Attraktion jeder Pilzausstellung ist
ein **Klapperschwamm** (Tafel Herbstpilze V), der bei Besuchern immer wieder Aufsehen erregt. Unser »Ausstel-
lungspilz« wächst seit Jahren in der
Wurzelnische eines Eichenstubbens, wo
wir ihn bei der Hallimaschernte zufällig
entdeckten. Von oben sieht man zahlreiche graubraune Einzelhüte, die sich ge-
genseitig überlappen. Sie sind seitlich
gestielt und sitzen an einem reichver-
zweigten Strunk. Jung ist er ebenfalls eßbar, wenn auch etwas knorpelig.
Auch der **Eichhase** ist ein vielhütiges,
ebenso eindrucksvolles Pilzgebilde. Bei
ihm sind die Einzelhütchen im Gegensatz zum Klapperschwamm in der Mitte
gestielt (Tafel Herbstpilze V). Sie sitzen
an einem stark verästelten Stamm, der
einem unterirdischen, schwarz-knolligen
Dauermyzel entspringt. Wenn man sich

einen Fundplatz merkt, kann man ihn mehrere Jahre meist schon im Frühsommer an der gleichen Stelle abernten. Der Eichhase ist in jungem Zustand ein wertvoller, vielseitig verwendbarer Speisepilz, der sich sogar trocknen läßt.

Der **Leberpilz** (Ochsenzunge) stellt unter den Pilzen eine einzigartige Besonderheit dar. Er wächst wie eine blutrote, glänzende Zunge meist aus dem Fuß von Eichen hervor (Tafel Herbstpilze V). Beim Anschneiden verstärkt sich noch der „Fleischeindruck", weil aus dem weichfasrigen Fleisch blutroter Saft austritt. Auch die Röhren an der Unterseite sind einmalig, da sie frei nebeneinander stehen und nicht wie bei den Porlingen verwachsen sind.

Der Leberpilz schmeckt jung angenehm säuerlich und kann gedünstet, gebraten, als Schnitzel zubereitet oder sauer eingelegt werden. Wegen der auffälligen Farbe bietet er sich zur farblichen Aufwertung von Pilzgerichten an.

In die Reihe der auffälligen Baumbewohner gehört auch die **Krause Glucke** (Foto 51). Trotz der entfernten Ähnlichkeit hat sie keine Beziehung zu den Porlingen, sondern ist mit den Korallenpilzen verwandt. Die Krause Glucke siedelt sich als Wurzelparasit am Fuße älterer Kiefernstämme und -stubben an. Der blumenkohlartige, halbrunde Fruchtkörper wächst aus einem kurzen, tief im Boden wurzelnden Strunk heraus und teilt sich in unzählige, flache, wirr verschlungene Äste mit wellig-krausem Rand. Auch bei der Krausen Glucke lohnt es, sich die Fundorte einzuprägen, weil die Fruchtkörper jahrelang an derselben Stelle wiederkehren. Frische, noch blaßgelbe Fruchtkörper stehen bei Sammlern wegen ihres nußartigen Geschmacks und angenehm-aromatischen Duftes in hohem Ansehen. Ältere, bräunliche Exemplare werden bitterlich und sind unbekömmlich.

## Hallimasch und Schwefelköpfe

Betrachtet man die Bilder der büschelig wachsenden Holzbewohner, so wird deutlich, wie ähnlich manche Arten einander sind. Unter ihnen gibt es wertvolle Speisepilze, die es von ungenießbaren und giftigen Vertretern zu unterscheiden gilt.

Viele Pilzsammler kennen den **Hallimasch** (Foto 53 und Tafel Herbstpilze I) und warten ab Ende September auf sein Erscheinen. Hat man die kräftigen Büschel auf Stubben und alten Stämmen erst einmal entdeckt, kann die große Ernte beginnen. Als Schwächeparasit greift der Hallimasch auch lebende Bäume an und kann besonders in Nadelholzschonungen großen Schaden anrichten. Der überaus häufige Pilz tritt so vielgestaltig auf, daß heute mehrere Arten unterschieden werden. Bei einer Pilzausstellung waren einmal drei Pilzberater nötig, um einen Sammler davon zu überzeugen, daß der vorgelegte Pilz von seinem Apfelbaum wirklich ein Hallimasch war.

Trotz aller Variabilität ist der Hallimasch doch gut an dem braunen, feinschuppigen Hut, den hellen, etwas herablaufenden Lamellen und dem meist deutlichen Ring zu erkennen. Ein sicheres Merkmal ist außerdem der weiße Sporenstaub, den kein anderer verwechselbarer Stubbenpilz besitzt. Dieser Sporenstaub lagert sich auf den unteren Hüten eines Büschels in dicker Schicht ab, so daß sie wie mit Mehl bestäubt oder manchmal wie verschimmelt aussehen.

Bei der Ernte schneidet man die Hüte am besten an Ort und Stelle ab, denn die Stiele sind zäh und unbekömmlich. Der Hallimasch ist ein beliebter, ergiebiger Speisepilz mit vielseitiger Verwertbarkeit.

*Bei allen Arten der Zubereitung, auch bei der Verwendung von Trockenpilzen und Pilzpulver, sollte man beachten, daß Hallimasch roh giftig ist und deshalb 30 Minuten durcherhitzt werden muß. Mancher „Pilzkoch" wird bestätigen, daß schon das Kosten und Abschmecken halbgarer Hallimaschgerichte zu Vergiftungen führen können.*

Ein harmloser Doppelgänger des Hallimasch ist der **Sparrige Schüppling**, der ebenfalls eßbar, aber kaum wohlschmeckend ist. Seine abstehenden Schuppen am Hut, Ring und Stiel und der braune Sporenstaub grenzen ihn deutlich ab. Der Sparrige Schüppling wächst besonders gern an Apfelbäumen oder auch an Pappeln.

Die dichten Büschel des Grünblättrigen Schwefelkopfes auf Holzstümpfen sind für Pilzsammler ein gewohnter Anblick. Sie wachsen überall fast das ganze Jahr hindurch an Laub- und Nadelholz. Der Pilz ist vorherrschend schwefelgelb gefärbt, sogar im Fleisch. Das beste Kennzeichen ist der Grünton in den Lamellen, die anfangs gelb- bis olivgrün, später oliv-schwarz aussehen. Endgültige Sicherheit verschafft die Kostprobe. Wegen seines bitteren Geschmacks ist der Pilz ungenießbar, er gilt als giftig (Foto 56).

Der hellere **Rauchblättrige** (oder **Graublättrige**) **Schwefelkopf** (Foto 55) sollte von den Sammlern viel mehr als bisher beachtet werden, weil er vorzüglich schmeckt und vielseitig verwendbar ist. Das einfachste Unterscheidungsmerkmal ist die Färbung der Lamellen, die niemals Grüntöne zeigen. Jung sehen sie gelblichgrau bis rauchgrau, alt violettgrau aus. Deutlich anders ist auch der weißgelbliche (nicht schwefelgelbe), ganz eigenartig querwellige, glänzende Stiel. Schließlich grenzt ihn der milde Geschmack eindeutig von seinem bitteren, grünblättrigen Verwandten ab. Der Rauchblättrige Schwefelkopf ist als Nadelholzbewohner in den Fichtenforsten der Gebirgswälder besonders häufig. Wer ihn einmal kennengelernt und verspeist hat, wird in Zukunft sicher nicht achtlos daran vorbeigehen.

Als dritter unserer häufigsten Schwefelköpfe sei noch der Ziegelrote Schwefelkopf genannt. Er ist viel größer und kräftiger als die beiden anderen Arten und leicht an seinem schmucken, ziegelroten Hut zu erkennen. Wegen des bitterlichen Geschmacks empfiehlt er sich nicht als Speisepilz.

## Verwechsle nicht!

|  | Rauchblättriger Schwefelkopf<br>eßbar | Grünblättriger Schwefelkopf<br>giftig |
|---|---|---|
| Hut | hellgelb mit rostgelber Mitte | schwefelgelb mit rotbrauner Mitte |
| Lamellen | graugelb, rauchgrau, ohne Grünton, alt violettgrau | schwefelgelb, mit Grünton, alt olivschwarz |
| Stiel | weißlichgelb, seidig glänzend | schwefelgelb |
| Geschmack | mild | sehr bitter |
| Vorkommen | Spätherbst (Frühjahr) | fast ganzjährig |

## Ritterlingsartige Pilze

Die hohe Zeit der Ritterlinge beginnt ab September. Sie gehören zur umfangreichen Familie der Ritterlingsartigen, in der mehr als 500 verschiedene Pilze mit weißem oder hellem Sporenstaub zusammengefaßt werden. Entsprechend kompliziert ist auch die Gliederung in etwa 60 kleine und große Gattungen. Im folgenden werden nur die Gruppen oder Arten vorgestellt, die für den Pilzsammler von Bedeutung sind: Ritterlinge, Rötelritterlinge, Trichterlinge, Schwindlinge und Raslinge.

## Ritterlinge

Die namensgebenden Ritterlinge sind meist auffallende, derbe Pilzgestalten mit festfleischigem, gewölbtem Hut und kräftigen, ringlosen Stielen. Hut- und Stielfleisch sind fest miteinander verwachsen, so daß sich der Stiel nicht herauslösen läßt, wie das z. B. bei Knollenblätterpilzen, Schirmpilzen und Champignons der Fall ist.

### Kennzeichen der Ritterlinge

Hut:        festfleischig, gewölbt
Lamellen: ausgebuchtet,
              weißer Sporenstaub
Stiel:       kräftig, vollfleischig
Bodenbewohner

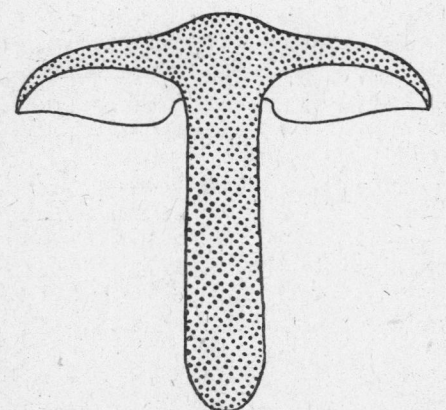

Ein charakteristisches Merkmal der meisten Ritterlinge sind die am Stiel ausgebuchteten Lamellen, die stets weißen Sporenstaub entlassen.

Zu den Ritterlingen gehören viele geschätzte Speisepilze wie Maipilz, Grünling, Schneepilz, aber auch ungenießbare und giftige Vertreter.

Wer in den sandigen Kiefernwäldern der nördlichen Bezirke auf Pilzpirsch geht, kennt den **Echten Ritterling** oder **Grünling** als einen hervorragenden Speisepilz, der bis in den Dezember hinein geerntet werden kann. Das Foto 24 zeigt ihn in der charakteristischen Umgebung.

Den Grünling muß man regelrecht suchen, denn er steckt oft tief im Boden, und der Hut ist durch Sand und anhaftende Nadeln gut getarnt. Hat man ihn grob gesäubert, kommt die gelbgrüne Färbung von Hut und Stiel zum Vorschein. Der aufmerksame Betrachter erkennt, daß die gelben Lamellen um den Stiel herum tief ausgebuchtet sind – ein für einen Ritterling ganz typisches Merkmal.

### Verwechsle nicht!

*Der Pilzfreund hüte sich davor, den in der Hutfärbung manchmal täuschend ähnlichen Grünen Knollenblätterpilz als Grünling anzusehen! Weiße Lamellen und Scheide am Stiel müssen Warnsignal sein. Die Gegenüberstellung beider Arten (S. 34) macht die Unterschiede deutlich.*

Der kleine, durch und durch gelbe Schwefelritterling ist wegen seines widerlich gasartigen Geruchs und seines Vorkommens im Laubwald eigentlich kein Verwechslungspartner.

Wo der Grünling vorkommt, ist auch der **Schneepilz** (Schwarzfaseriger Ritterling) nicht weit. Beide Arten wachsen oft gesellig und schmecken auch ganz ähnlich mild-mehlartig. Der graue, schwarzfasrige Hut hebt sich auffallend vom weißen Stiel und den weißen Lamellen ab, die oft gelblich schimmern. Sein typischer Standort sind trockene Kiefernwälder (Foto 32). Für den Pilzsucher ist dieser vorzügliche Speisepilz besonders wertvoll, weil er als ausgesprochener Spätherbstpilz bis zum Einbruch stärkerer Fröste aushält.

Die kleinen, grauen **Erdritterlinge** (Tafel Herbstpilze IV) sind wenig auffällige, überall häufige Pilze. Man findet sie in Nadel- und Mischwäldern, an Waldrändern und in Parkanlagen, sofern nur Kiefern in der Nähe sind.

Ihr stets geselliges, manchmal massenhaftes Auftreten lohnt die Mühe des Einsammelns. Geschmacklich können sie mit dem Schneepilz nicht konkurrieren, werden aber als Mischpilze geschätzt.

Ich nenne den Erdritterling wegen seines grauen, dichtfilzigen Hutes veranschaulichend „Mäusefellchen". Wird er auf Exkursionen so vorgestellt, kann man erstaunte Zustimmung beobachten. Wer die filzig-wollige Hutbekleidung registriert hat, wird niemals Gefahr laufen, den Erdritterling mit dem Brennenden Ritterling zu verwechseln. Dieser hat ebenfalls einen grauen, aber glatten, schwarzfasrigen Hut und bitter-brennenden Geschmack.

Ähnlicher wäre dann schon der giftige Tigerritterling (Tafel Herbstpilze II), der in kalkreichen Gebieten unter Buchen vorkommt und bei uns sehr selten gefunden wird. Dieser kräftige, dickstielige Pilz hat aber derbe Schuppen auf dem braun- bis lilagrauen Hut. Beim jungen Pilz achte man auf Wassertröpfchen an der Stielspitze und an den Lamellen, die bei ähnlichen Arten nicht vorkommen.

Der **Rötliche Holzritterling** ist eine stattliche, farbenprächtige Erscheinung auf Baumstümpfen im Nadelwald. Das Purpurrot der filzigen Schüppchen auf Hut und Stiel steht in reizvollem Kontrast zu den leuchtend gelben Lamellen. Im Schnitt zeigt sich, daß auch das Fleisch gelb ist. Junge Exemplare mag man als Mischpilz verwenden, ältere schmecken etwas erdig-dumpf. Der unangenehme Geruch verliert sich beim Trocknen, so daß der Rötliche Holzritterling als Trockenpilz empfohlen werden kann.

## Rötelritterlinge

Rötelritterlinge sind meist kräftige ritterlingsähnliche Pilze. Im Gegensatz zu diesen haben sie rosa Sporenstaub und auffallend enge, abgerundete oder etwas herablaufende Lamellen.

Der **Violette Rötelritterling** ist wegen seiner lebhaften Violettöne und seines kreisförmigen Wachstums eine auffallende, unverkennbare Erscheinung im spätherbstlichen Wald. Junge Pilze sind durch und durch blauviolett gefärbt und erregen Bewunderung wegen ihrer formvollendeten Gestalt. Später verblaßt der Hut und wird oft wellig. Ganz typisch ist der angenehm-aromatische Geruch, der auch anderen Rötelritterlingen eigen ist (Tafel Herbstpilze II).

Bei Exkursionen und Beratungen erleben wir immer wieder, daß viele Pilzfreunde vor dem intensiven Violett dieses farbenprächtigen Pilzes zurückschrecken. Dabei sind lebhafte Farben bei Pilzen keinesfalls Warnsignale für Giftigkeit. Erinnern wir uns nur an das leuchtende Gelb des beliebten Pfifferlings. Der Violette Rötelritterling ist ein empfehlenswerter, überall häufiger Speisepilz, der durch sein Wachstum in „Hexenringen" dem kundigen Sammler noch spät im Jahr gute Ernten bringen kann.

Dem **Lilastiel-Rötelritterling**, kurz Lilastiel genannt, sieht man die Verwandtschaft mit dem violetten Bruder sofort an. Das Foto 33 zeigt, daß bei ihm das prächtige Violett nur auf den Stiel beschränkt ist, während der Hut aschgrau aussieht. Den Lilastiel findet man außerhalb der Wälder auf Wiesen, oft auch auf Rasenflächen unter Obstbäumen.

Früher wurde die **Nebelkappe** (Nebelgrauer Trichterling) wegen der herablaufenden Lamellen zu den Trichterlingen gestellt. Heute hat man sie bei den Rötelritterlingen untergebracht, wo sie aber auch nicht so richtig hinpaßt, weil sie weißen statt rosa Sporenstaub besitzt (Tafel Herbstpilze III).

Ob Trichterling oder Rötelritterling, für viele Pilzfreunde ist die stattliche Nebelkappe ein ergiebiger Sammelpilz, der schnell die Körbe füllt. Die kräftige Gestalt, der graue, weißlich bereifte Hut und der dicke, bauchige Stiel kennzeichnen sie gut. Der typische, etwas aufdringlich „parfümierte" Geruch sagt nicht jedem zu, so daß auch der Geschmackswert unterschiedlich beurteilt wird.

Auf jeden Fall ist angeraten, die Nebelkappe als Mischpilz zu verarbeiten und nur junge Exemplare mit eingerolltem Hutrand zu verwenden.

## Trichterlinge

Stellt man bei Exkursionen junge Trichterlinge vor, kann man ungläubige Gesichter sehen. Der Hut ist nämlich anfangs nicht trichterförmig, wie man es erwartet, sondern oft gewölbt mit eingerolltem Hutrand. Erst beim Wachsen und Ausbreiten vertieft sich der Hut, so daß die typische Trichterform mit den herablaufenden Lamellen entsteht.

Die zahlreichen Trichterlinge sind selbst für den Fachmann ein schwieriges Kapitel.

*Meiden sollte man alle weißen Trichterlinge, da es unter ihnen gefährliche Giftpilze gibt. Der abgebildete Vertreter gehört auch dazu (Foto 34).*

Der Pilzfreund beschränkt sich am besten auf einige größere Arten, die für die Küche zu gebrauchen sind.

## Kennzeichen der Trichterlinge

| | |
|---|---|
| Hut: | jung gewölbt, alt trichterförmig |
| Lamellen: | meist herablaufend |
| Stiel: | außen fest (berindet) |
| Geruch: | oft auffallend |

Der lederfarbene **Mönchskopf** (Falber Riesentrichterling) ist durch seine gigantische Gestalt, den auffallend hohen Stiel und den süßlich-aromatischen Geruch gut gekennzeichnet. Trifft der Pilzsammler auf die stattlichen „Hexenringe", kann er die älteren Exemplare ruhig stehen lassen, denn sie sind zäh und schmecken fade.

Immer wieder begegnen dem Waldwanderer vom Sommer bis in den Spätherbst hinein gelbbraune Trichterlinge mittlerer Größe, die alle als Mischpilze verwendet werden können.

Besonders häufig trifft man den **Fuchsigen Trichterling** zusammen mit Nebelkappen und Rötelritterlingen. Manchmal wächst er massenhaft in geradezu bilderbuchhaften Hexenringen. Er wird von Pilzfreunden ganz treffend auch „Roter Krempling" genannt. Sein geselliges Wachstum verführt leicht zu übermäßigem Genuß oder mehreren Mahlzeiten nacheinander, nicht selten sind dann Unverträglichkeiten die Folge.

Den Fuchsigen Trichterling sollte man wirklich nur als Mischpilz verwenden und ihn vorher abbrühen (Tafel Herbstpilze I).

## Schwindlinge

Den **Nelkenschwindling** (Foto 36) sieht man überall gesellig in Reihen und Ringen auf Wiesen, Weiden und Grünanlagen. Auf den Rasen- und Spielflächen von Kindereinrichtungen ist er der häufigste Pilz überhaupt und ein wahrer Angsttraum der Erzieher. Alljährlich erreichen die Pilzberatungsstellen Anfragen, wenn wieder ein Kind davon genascht hat. Zum Glück ist die Aufregung meist unbegründet, denn der Nelkenschwindling ist auch im rohen Zustand völlig ungefährlich. Da aber Verwechslungen mit Giftpilzen möglich sind, sollen er und seine „Doppelgänger" ausführlich behandelt werden.

Der Nelkenschwindling ist ein recht kleiner Pilz mit ledergelblichem, glattem Hut, der feucht rötlichbraun aussieht und bei Trockenheit viel heller wird. Nach Schwindlingsart kann der Pilz eintrocknen (verschwinden) und nach Regenfällen wieder aufleben und weiterwachsen. Dreht man ihn um, so fällt auf, daß die hellen Lamellen weit entfernt stehen und sich stets eine lange und eine kurze Lamelle abwechseln. Von unten sieht man auch, besonders an frischen Exemplaren, den „ausgezackelten" Hutrand, ähnlich dem Rand einer Backform. Der dünne Stiel ist so elastisch, daß er sich umbiegen läßt, ohne zu zerbrechen. Der würzige Bittermandelduft des Nelkenschwindlings läßt sich gut feststellen, wenn man ihn eine Weile in der hohlen Hand oder in einem geschlossenen Gefäß behält.

Verwechslungsgefahr besteht mit kleineren Rißpilzen, die aber fasrige Hüte und sehr engstehende, später dunkle Lamellen besitzen. Andere Pilzchen mit dunklen Blättern scheiden ebenfalls aus. Auch vor den giftigen weißen Trichterlingen muß man sich vorsehen. Sie lassen sich durch sehr dichte, meist herablaufende Lamellen und den oft widerlichen Geruch unterscheiden. Außerdem haben weder Rißpilze noch Trichterlinge den so typischen knorpelig-zähen Stiel des Nelkenschwindlings.

Viele Pilzsammler fragen interessiert nach dem **Küchenschwindling**, dem „Echten Mousseron". Dieses Pilzchen mit pfenniggroßem Hut wächst sehr gesellig in Nadelwäldern, auf Dünen und in Trockenrasen. Den „echten" Knoblauchschwindling erkennt man leicht an seinem hellbraunen, runzeligen Hut, dem fädig-dünnen, glänzend rotbraunen Stiel und natürlich am würzigen Knoblauchgeruch.

Er läßt sich leicht trocknen und gilt als ausgezeichneter Würzpilz, besonders für Hammelbraten. Zur Aufbewahrung verwendet man ein extra Gläschen.

## Raslinge

Recht wenige Pilzfreunde zählen die ritterlingsähnlichen Raslinge zu ihren Sammelpilzen. Es lohnt sich aber, sie kennenzulernen, weil sie durch ihr kompaktes Wachstum ertragreich sind und auch gut schmecken.

Betrachtet man einen „Pilzklumpen" des **Frostraslings** (Tafel Winterpilze) von oben, sieht man dicht an dicht graubraune, speckig glänzende Hüte. Beim Anfassen spürt man die knorpelig-zähe Beschaffenheit der Hüte, die sich biegen und zusammendrücken lassen, ohne gleich zu zerbrechen.

Der Hutrand erscheint glasig, fast durchsichtig. Kennzeichnend ist der deutlich wahrnehmbare Mehlgeruch. Die hellen Stiele sind unten knollig verwachsen und bilden einen gemeinsamen Strunk. Frostraslinge gehören, wie der Name schon sagt, zu den letzten Pilzen des Jahres. Man findet sie zwischen Gras, in Wäldern, Parkanlagen und in Gärten.

Recht ähnlich sieht der ebenfalls wohlschmeckende **Büschelrasling** aus. Er ist größer, in der Farbe heller, hat keine weißen, sondern blaßgelbe Lamellen und ist geruchlos.

## Wachsblättler

Schon der Name deutet auf das wichtigste Kennzeichen hin, die wachsartigdicklichen Lamellen. Sie stehen weit entfernt und laufen meist am Stiel herab. Unter den Schnecklingen und Ellerlingen gibt es einige schmackhafte Speisepilze, während die Saftlinge mehr das Auge als den Gaumen erfreuen.

Die lebhaft gefärbten Saftlinge, treffend „Glasköpfe" genannt, haben klebrig-glänzende Hüte und durchscheinendes zerbrechliches Fleisch. Sie leuchten auf wenig bewirtschafteten Bergwiesen oder geben sich in Mooren ein buntes Stelldichein. Im Flachland trifft man sie recht selten an. Die meisten Arten sind zwar eßbar, aber ungenügend erprobt und kaum lohnend. Man sollte sie als Naturschönheit lieber stehen lassen.

Der wohlschmeckende **Wiesenellerling** (Tafel Herbstpilze III) ist nicht leicht zu erkennen und im Flachland auch nicht häufig. Wegen der dicken, herablaufenden Lamellen und der Färbung erinnert er etwas an einen blassen Pfifferling. Man findet ihn meist auf Wiesen, er liebt recht trockene Standorte.

Sein ebenfalls eßbarer Doppelgänger, der **Waldschneckling**, wächst im Wald meist unter Eichen. Er wird etwas größer und hat nach Schnecklingsart feine Flöckchen an der Stielspitze.
Nach den ersten Minusgraden erscheint der **Frostschneckling** stets gesellig in sandigen Kiefernwäldern und wächst oft bis in den Dezember hinein. Er ist eindeutig an seinem schleimigen, olivbraunen Hut und den dicken, gelben Lamellen erkennbar, die am gelben Stiel herablaufen. Jedes Jahr wieder erlebt der Pilzfreund überrascht sein Auftauchen. Erst dauert es eine Weile, bis der erste Pilz entdeckt ist, und dann sieht man sie plötzlich scharenweise in Nadelstreu und Moospolstern. Obwohl etwas mühsam einzusammeln, ist der Frostschneckling dem Sammler sehr willkommen, weil er noch schmackhafte Gerichte liefert, wenn die meisten anderen Pilze bereits vergangen sind.
Auch andere Schnecklinge sind eßbar bis auf die unangenehm riechenden Vertreter.
Der Frostschneckling soll überleiten zu den „echten" Winterpilzen.

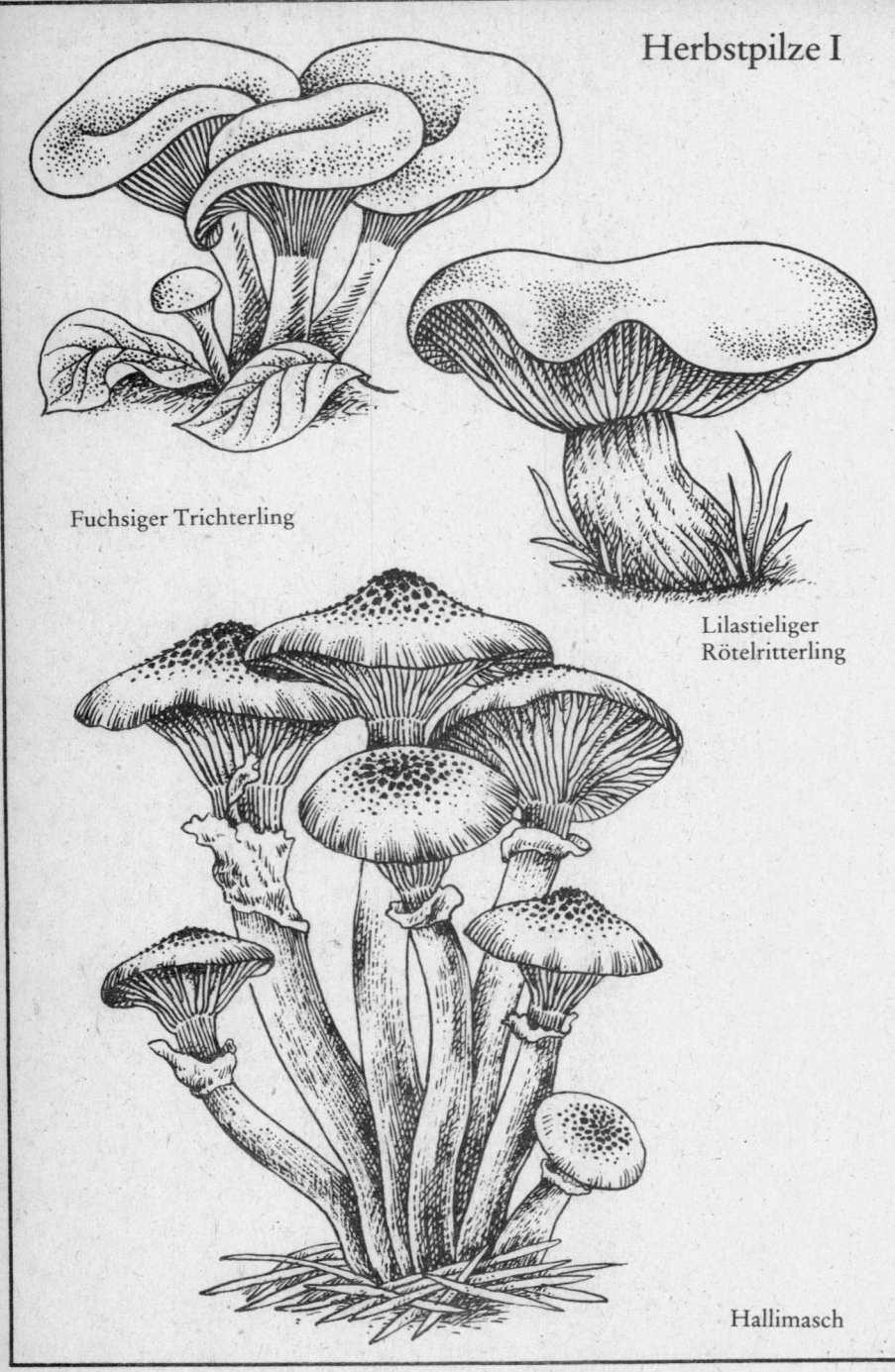

Herbstpilze I

Fuchsiger Trichterling

Lilastieliger
Rötelritterling

Hallimasch

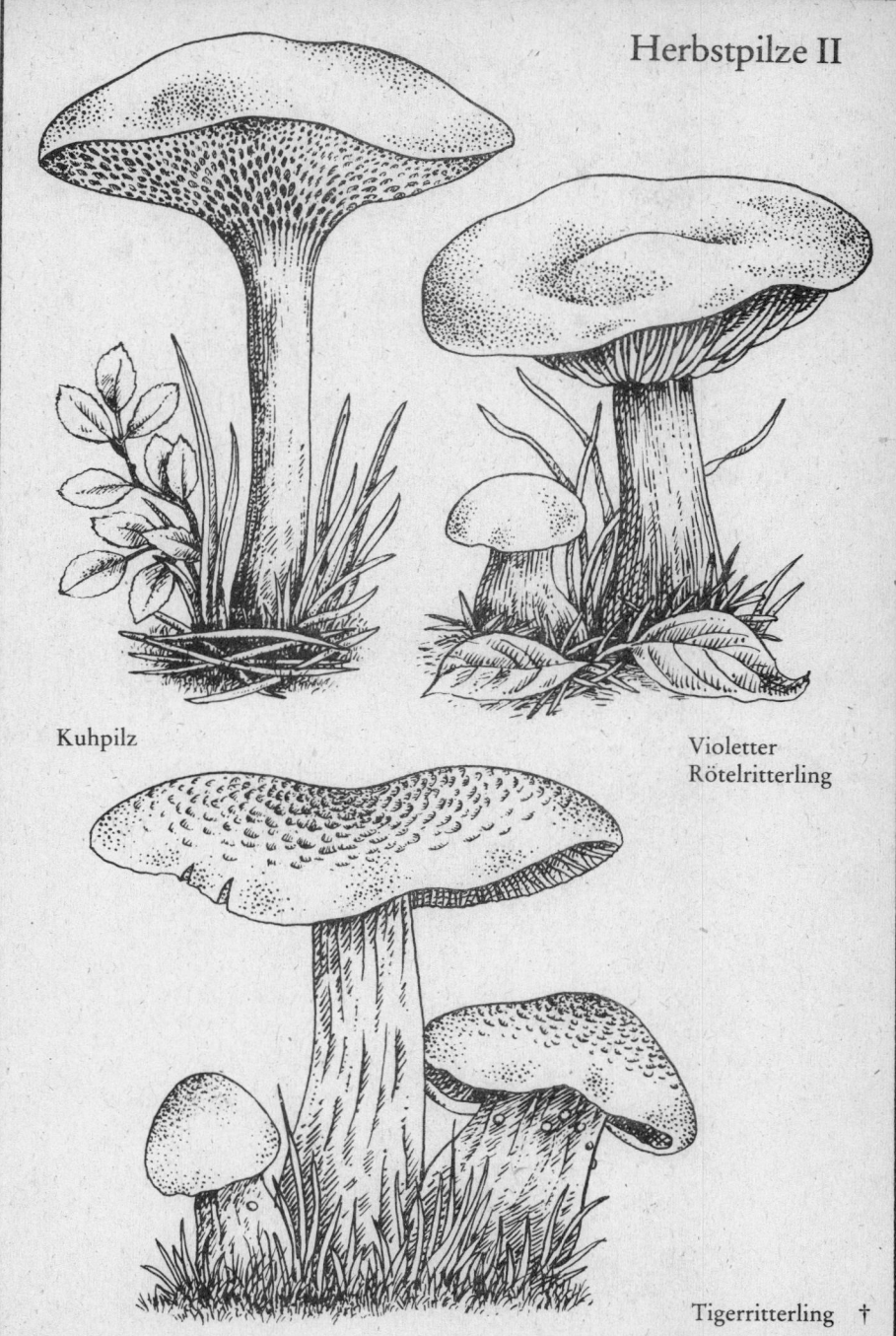

Kuhpilz

Violetter
Rötelritterling

Tigerritterling  †

# Herbstpilze III

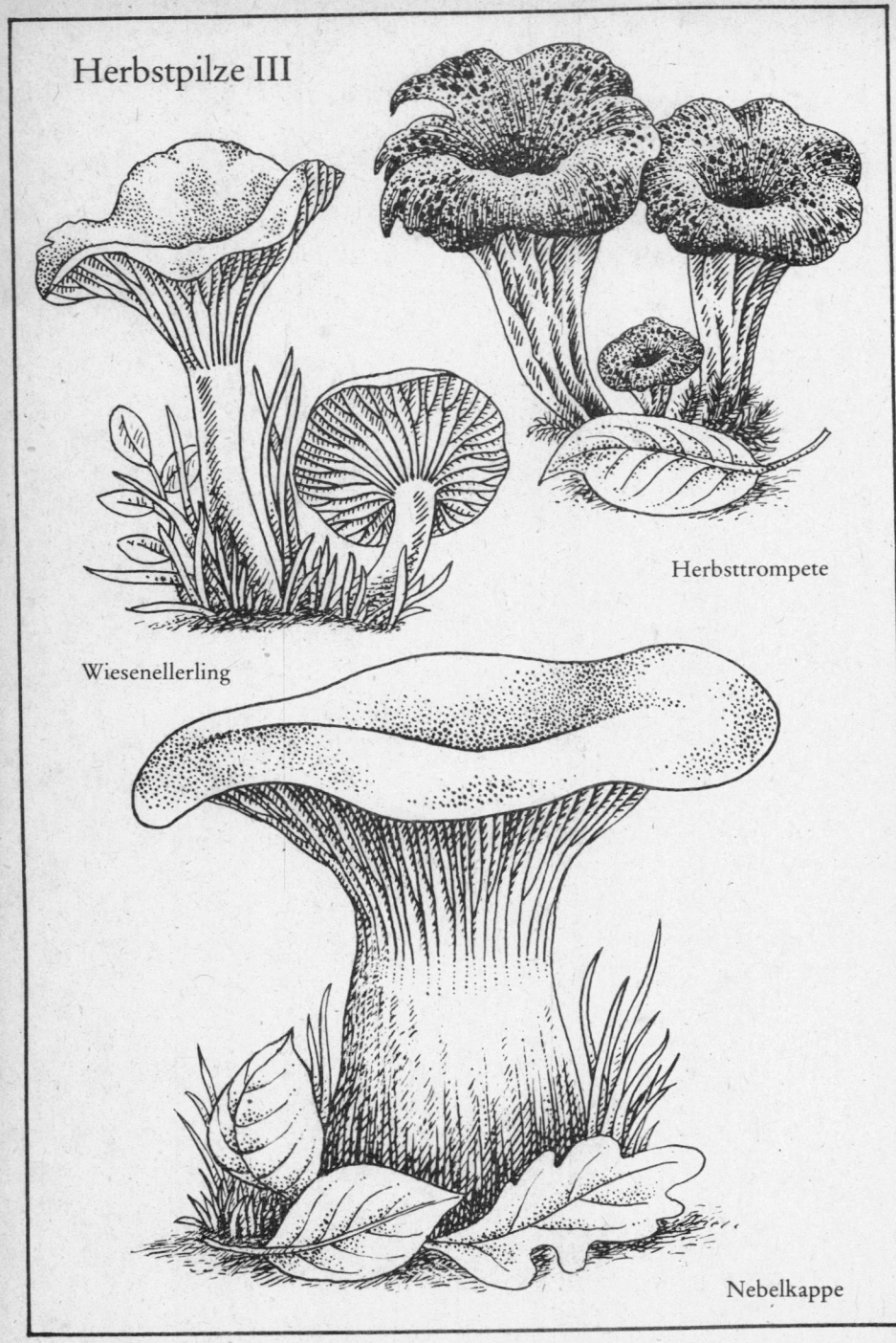

Herbsttrompete

Wiesenellerling

Nebelkappe

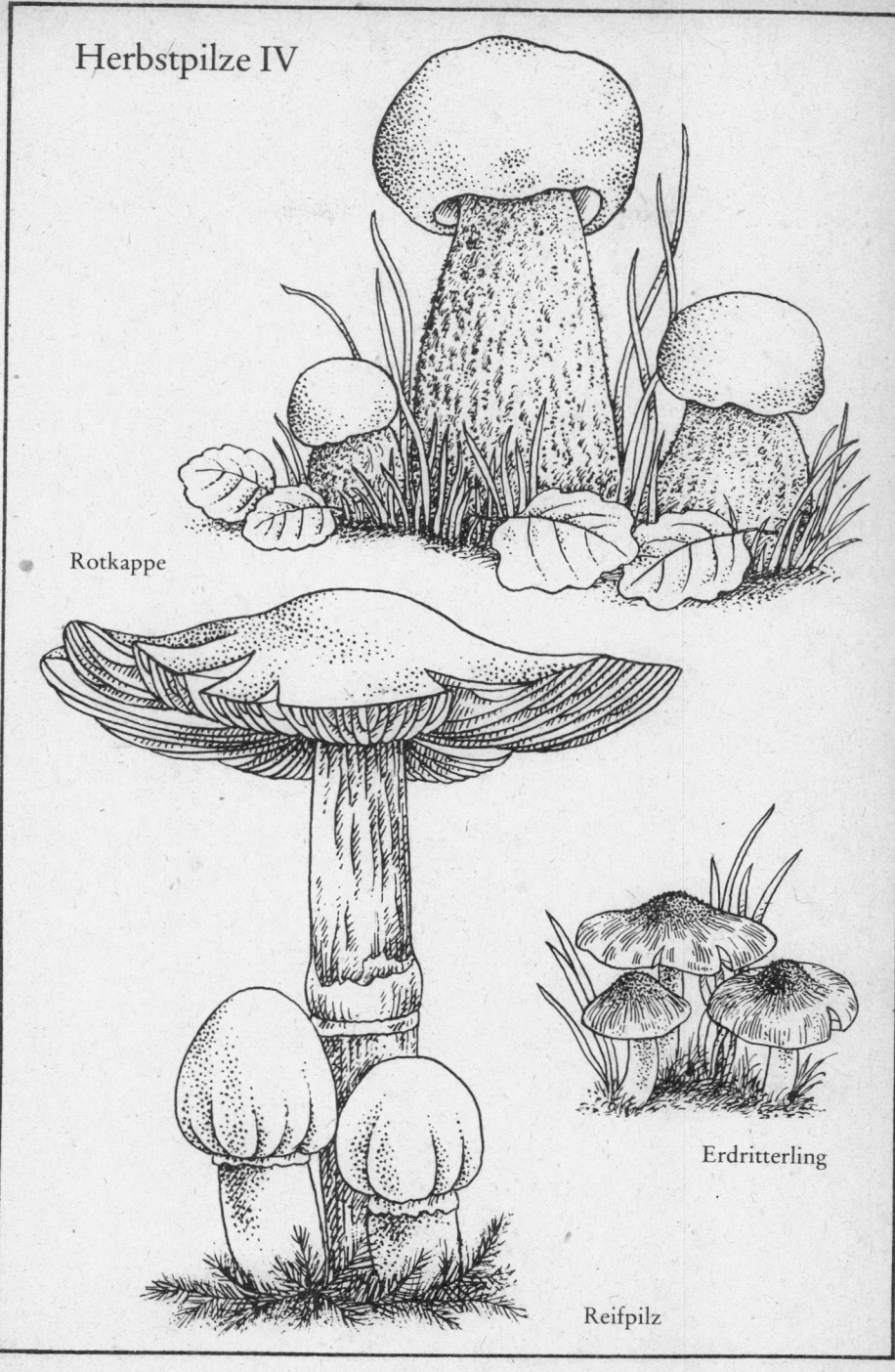

# Herbstpilze IV

Rotkappe

Erdritterling

Reifpilz

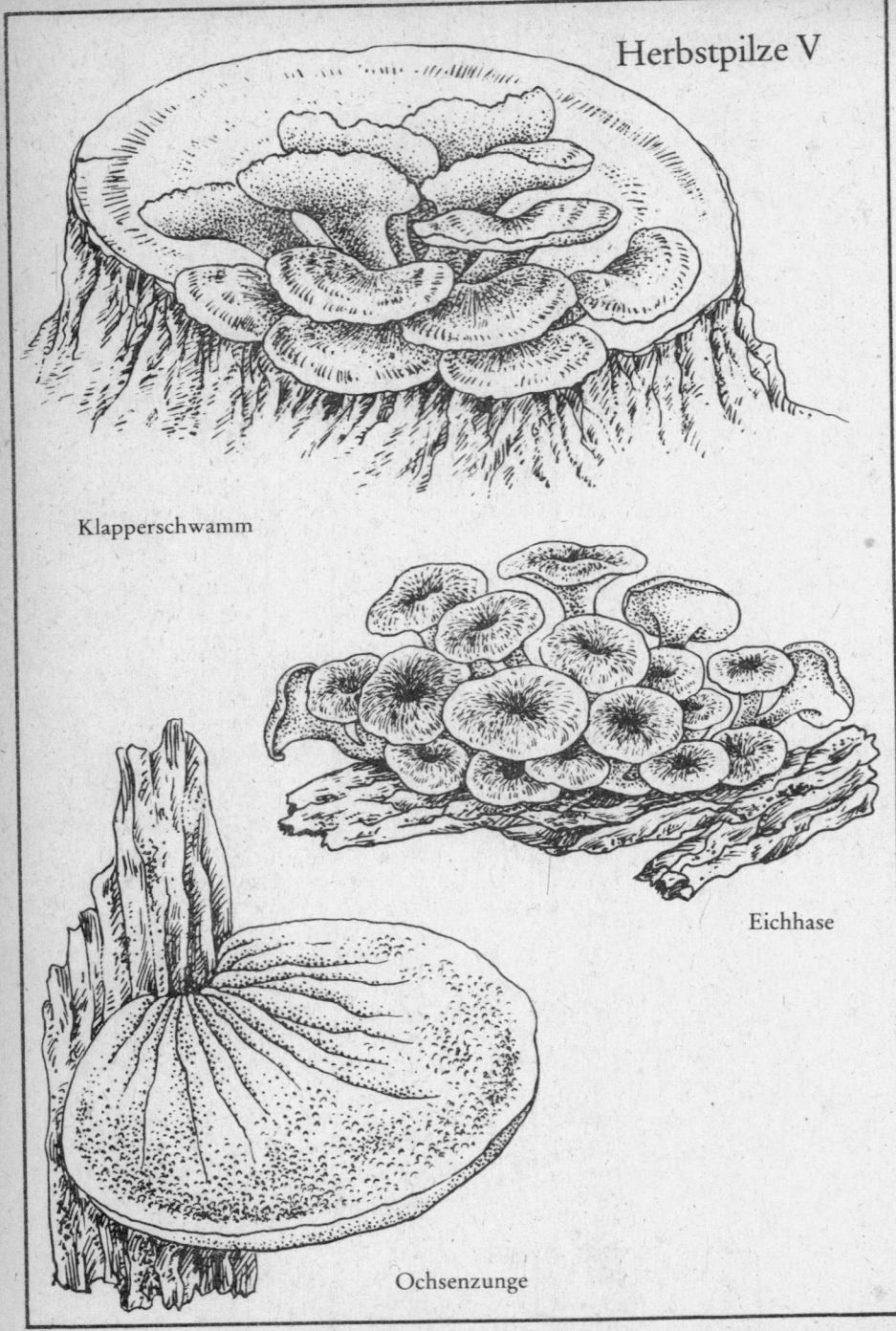

Herbstpilze V

Klapperschwamm

Eichhase

Ochsenzunge

# Winterpilze

Im Spätherbst, besonders nach den ersten Frösten, drängen die honiggelben Büschel des **Samtfußrüblings** oder Winterpilzes aus Baumstümpfen und lebenden Stämmen hervor (Foto 54). Er ist an seinen samtigen, braunschwarzen Stielen und dem Vorkommen in der kalten Jahreszeit leicht zu erkennen. In Auwäldern wächst er gern an Esche, Ulme und Erle. Manchmal entdeckt man an alten Weiden unzählige kleine und große Büschel.

Den Samtfußrübling kann man den ganzen Winter über sammeln, da ihm einige Minusgrade und Schnee nichts anhaben. Wenn er sich in glitzernder Schönheit (wie auf unserem Foto) präsentiert, erfreut er das Herz jeden Naturfreundes. Bei der Zubereitung dieses schmackhaften Speisepilzes läßt man die zähen Stiele weg.

Der **Austernseitling** (Tafel Winterpilze) ist vielen Hobbyzüchtern wohlbekannt. In manchen Gärten sieht man die Holzklötze stehen, an denen mit Beginn der kühlen Witterung die grauen oder blauen Pilzbüschel erscheinen. Eine besondere Freude aber ist es, die unverwechselbaren Pilze an alten Stubben, umgestürzten Stämmen und lebenden Bäumen aufzuspüren. Die muschelförmigen Hüte stehen übereinander und sind in der Farbe recht variabel.

Für die Küche kommen nur junge Exemplare oder weiche Ränder älterer Pilze in Frage. Die dicken, weißfilzigen Stiele werden abgeschnitten. Aus zu großen Hüten und sonstigem Pilzabfall wie Stielen und Putzresten läßt sich eine vorzügliche Pilzbrühe gewinnen.

Mit dem Austernseitling schließt sich der Kreis von Köstlichkeiten aus dem Frühlingswald bis zu den Winterpilzen.

# Winterpilze

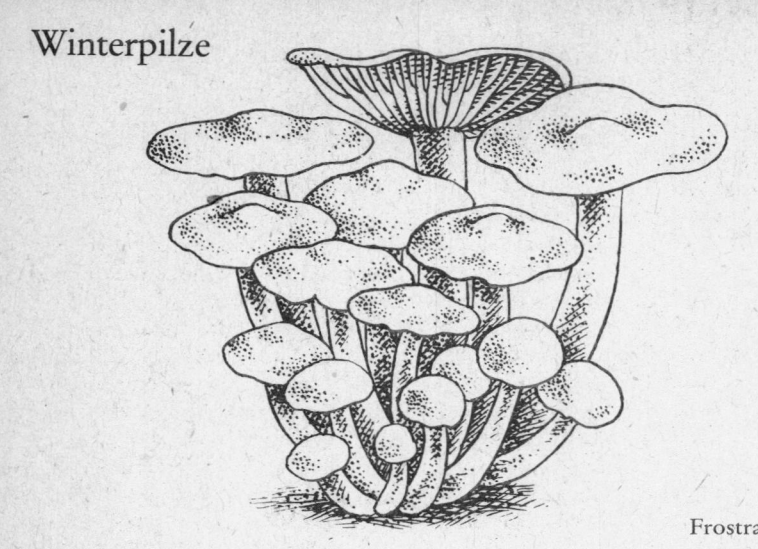

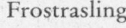
Frostrasling

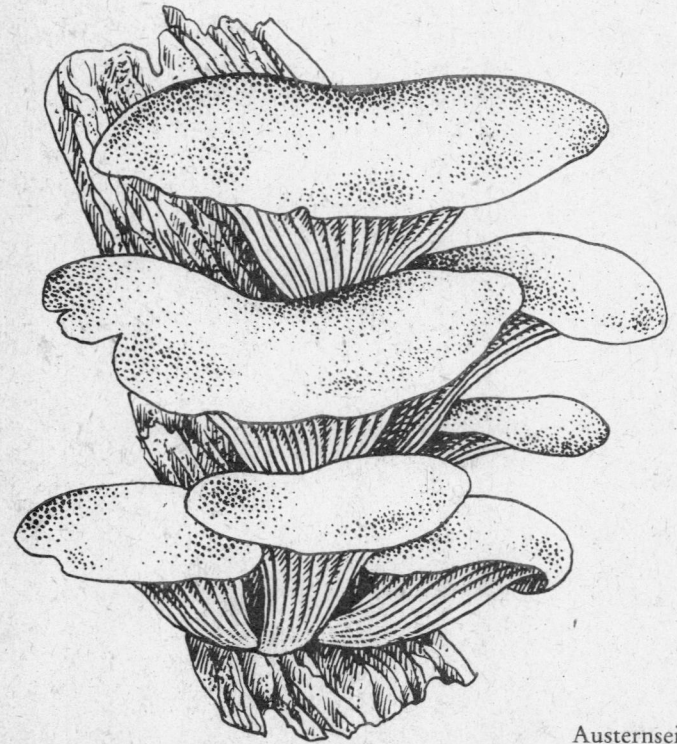
Austernseitling

# Ratschläge und Tips zum Pilzesammeln

## Ausrüstung

Für das Pilzesuchen gilt wie für eine ausgedehnte Wanderung, daß man sich mit festen Schuhen, strapazierfähiger Kleidung und Regenschutz ausrüstet. Beim Umherstreifen verläßt man schnell die Wege, stapft kreuz und quer durch den Wald und muß sich manchmal auch durch Unterholz kämpfen. Diesen Anforderungen sollten Kleidung und Schuhwerk gerecht werden.

Wer Pilze in appetitlicher Verfassung nach Hause bringen will, braucht feste, luftige Behältnisse. Am besten eignen sich geflochtene Körbe oder Spankörbe. Abzulehnen sind Netze, Taschen und Beutel aller Art, in denen das Sammelgut zusammengedrückt wird oder sich erhitzen kann. Eine grobe Unsitte ist das Sammeln in Plasttüten. Die zusammengequetschten Pilze erhitzen sich darin, werden unansehnlich-matschig und verderben leicht. Solche mißhandelten Pilze können ebenso zu Vergiftungen führen wie alter Fisch oder verdorbene Wurst.

Zur Ausrüstung gehört auch ein Messer (Klappmesser) und eventuell ein Tuch zum Abdecken und Säubern der Pilze. Wer Pilze bestimmen oder zum Pilzberater bringen will, sollte ein Extragefäß mitnehmen, z.B. eine größere Plastdose oder ein Stück Alufolie, aus dem bei Bedarf schnell ein Behälter wird.

## 1×1 des Pilzesammelns

- Grundsätzlich sollten nur Pilze gesammelt werden, die man sicher als eßbar kennt.
- Unbekannte, ungenießbare und giftige Pilze werden nicht umgestoßen oder sinnlos vernichtet. Seltene Arten bedürfen unserer Schonung, auch wenn sie eßbar sind.
- Als Speisepilze kommen nur junge oder gerade ausgewachsene Fruchtkörper in Frage.
- Besondere Vorsicht ist bei Pilzarten angebracht, die auch nach längerer Standzeit fast unverändert aussehen. Dazu gehören z.B. Morcheln, Nelkenschwindlinge und Schirmpilze.
- Allzu kleine Jungpilze läßt man schon wegen der Verwechslungsgefahr besser stehen.
- Überständige, durchwässerte, angeschimmelte oder gefrorene Pilze gehören nicht ins Sammelgut.
- Auf Holz wachsende Pilze schneidet man unter dem Hut ab, da ihre Stiele ohnehin hart sind.
- Bodenbewohner werden vorsichtig herausgedreht. Gelingt dies nicht, ohne daß ein Myzelballen an der Stielbasis zurückbleibt, schneidet man solche Arten besser auch ab. Meist handelt es sich um Streubewohner wie den Violetten Rötelritterling oder die Nebelkappe.
- Zur Bestimmung vorgesehene Arten werden niemals abgeschnitten, sondern möglichst unverletzt mit der Stielbasis dem Erdreich entnommen.
- Bevor die Pilze in den Korb kommen, werden sie grob geputzt. Dabei hält man den Stiel nach unten, damit der Schmutz nicht in Lamellen oder Röhren fällt.
- Pilze prüft man an Ort und Stelle auf Madigkeit. Im Längsschnitt sieht man am besten, wo das Messer anzusetzen ist.
- Wichtig ist auch das richtige Einschichten in den Pilzkorb. Die schwe-

ren Fruchtkörper packt man zuunterst oder an eine Seite, damit sie die empfindlichen oder spröden Arten nicht zerdrücken. Lamellen und Röhren zeigen stets nach unten. Zu verarbeitende Pilze und Bestimmungspilze werden getrennt gehalten.
- Bei der geringsten Unsicherheit sollte man sein Sammelgut in der Pilzberatungsstelle überprüfen lassen.

## Über Kauf und Verkauf von Pilzen

Nicht jeder hat die Zeit und Möglichkeit, sich selbst mit Pilzen zu versorgen. Wer im Handel oder bei Privatpersonen Pilze kauft, sollte über einige gesetzliche Bestimmungen informiert sein.*

In der DDR sind 55 Pilzarten zum Frischverkauf zugelassen. Die Pilze müssen in geeigneten, luftdurchlässigen Behältnissen (Stiegen, flache Körbe), getrennt nach Arten, angeboten werden. Voraussetzung für den Verkauf ist eine sachkundige Überprüfung und einwandfreie Qualität. Daher sind ungenügend gesäuberte, von Maden befallene, überständige, durchwässerte, angeschimmelte, angefaulte oder zerbröckelte Pilze vom Handel ausgeschlossen.

Sonderregelungen gelten für Pilze mit zähen oder holzigen Stielen. Stockschwämmchen und Hallimasch dürfen nur mit etwa 1 cm langem Stielrest gehandelt werden. Beim Nelkenschwindling, Riesenschirmpilz und Safranschirmpilz sind nur die Hüte zum Verkauf zugelassen.

Beim Erwerb von Pilzen im Einzelhandel kann von einer sachkundigen Überprüfung ausgegangen werden. Private Pilzverkäufer müssen eine sogenannte Rote Karte oder einen Freigabeschein vorweisen können. Die Rote Karte ist ein Prüfungsnachweis der Hygieneinspektion und eine Verkaufsberechtigung für bestimmte Pilzarten.

Den Freigabeschein erhält man nach Überprüfung des Sammelgutes in der Pilzberatungsstelle. Darauf werden die Personalien des Verkäufers, die freigegebenen Pilzarten und -mengen und der Verkaufstag vermerkt.

Wer regelmäßig Pilze verkaufen möchte, sollte besser eine Rote Karte erwerben. Interessierte Sammler wenden sich zur Überprüfung ihrer Kenntnisse an eine Pilzberatungsstelle oder die zuständige Kreis-Hygieneinspektion.

Der Bewerber muß nachweisen, daß er die Pilzarten, die er verkaufen will, und deren Doppelgänger sicher kennt. Außerdem erfolgt eine Belehrung über Güteanforderungen und einschlägige gesetzliche Bestimmungen.

Die zum Verkauf genehmigten Pilzarten werden in die Rote Karte eingetragen. Der Inhaber ist berechtigt, die in seiner Karte vermerkten Pilzarten eigenverantwortlich zu verkaufen.

Der Prüfungsnachweis muß jedes Jahr verlängert werden. Als Käufer sollte man sich die Rote Karte oder den Freigabeschein zeigen lassen. Der Kunde kann außerdem verlangen, daß ihm die Pilze deutlich gezeigt und einige längs durchgeschnitten werden.

Zur Herstellung von Trockenpilzen für den Verkauf bedarf es der Genehmigung der zuständigen Bezirks-Hygieneinspektion.

Wer Pilzkonserven oder Trockenpilze kauft, sollte die Verbrauchsfrist beachten, die auf den Pilzerzeugnissen vermerkt sein muß.

---

* Sie sind enthalten in der „Anordnung über den Verkehr mit Speisepilzen und daraus hergestellten Pilzerzeugnissen" vom 10. 12. 73 (GBl. I/74 Nr. 2, S. 9).

# Verarbeiten der Pilzernte

Kommt man spät vom Pilzausflug zurück, gerät man leicht in Zeitnot, denn Pilze sind rasch verderblich. Ist die Ausbeute gering, wird wahrscheinlich ein Mischgericht daraus. Hat man aber volle Körbe mitgebracht, verfährt man am rationellsten so:

Zuerst alle Pilze auspacken und nach Arten getrennt **sortieren**. So erhält man einen Überblick, was zu tun ist.

Unbekannte Pilze, die noch bestimmt werden sollen, werden gleich extra gelegt, so daß sie keinesfalls unter die „Eßpilze" geraten.

Nun kommen die leicht verderblichen Arten an die Reihe, die sofort zubereitet oder konserviert werden müssen. Tintlinge z. B. vertragen überhaupt keine Lagerung. Man kann fast zusehen, wie sie zerfließen. Auch Boviste sind am nächsten Tag unbrauchbar, da sie „pappig" werden und nicht mehr schmecken.

Weiterhin ist bei weichfleischigen Röhrlingen (Butterpilz, Goldröhrling, Birkenpilz) und einigen Lamellenpilzen (aufgeschirmte Champignons, Perlpilze) sofortige Verarbeitung angebracht.

Madige Pilze hebt man besser nicht auf, denn die Maden, besser Larven, „arbeiten" in abgeernteten Pilzen sehr schnell. Wahrscheinlich beginnt die „biologische Uhr zu ticken", die ihnen vorschreibt, noch rechtzeitig Fliege, Mücke oder Käfer zu werden. (Übrigens wurde festgestellt, daß über 300 verschiedene Insekten als Larvenform in Pilzen leben.)

Läßt sich eine **Lagerung** nicht umgehen, sollten die Pilze luftig und kühl aufbewahrt werden. Als Behältnisse eignen sich Tabletts, flache Stiegen, überhaupt große Flächen in kühlen Räumen, wo man Pilz für Pilz nebeneinander legen kann. Kühlschränke sind zum Aufbewahren von Frischpilzen nicht geeignet, da die Pilze leicht darin „ersticken" und so verderben können.

Manche Pilzarten kann man ohne Bedenken bis zum nächsten Tag aufheben. Dazu gehören die festfleischigen Röhrlinge wie Steinpilze, Maronen, Hexenpilze und Rotkappen, außerdem auch einige Blätterpilze mit trockenfleischiger oder recht fester Konsistenz, z. B. Hallimasch, Nelkenschwindlinge, Schirmpilze, Täublinge, Maipilze, Nebelkappen, Rötelritterlinge u. a.

Nur wenige Pilze haben eine so derbe Beschaffenheit, daß sie sogar zweitägige Lagerung vertragen. Da wären Pfifferlinge, Semmelstoppelpilze, Raslinge, Eichhasen und Austernseitlinge zu nennen. Natürlich ist Pilz nicht gleich Pilz, und auch die Lagerbedingungen sind sehr unterschiedlich. In jedem Falle aber gilt: So schnell wie möglich verarbeiten, nur so lange wie unbedingt nötig aufheben.

## Bevor man essen kann

### Putzen

Kommen Pilze vorgesäubert in den Korb, kann zu Hause ohne großen Aufwand zu Ende geputzt werden. Der Hut wird am schnellsten sauber, wenn sich die Haut abziehen läßt. Schleimige Huthäute sollten schon wegen der Appetitlichkeit auf jeden Fall entfernt werden. Hut und Stiel kann man auch mit dem Messer abkratzen oder recht gut mit einem feuchten Tuch abwischen.

Nun müssen alle madengängigen Teile, Druck- und Faulstellen ausgeschnitten werden. Lamellen und Röhren lassen sich mitverwenden, wenn sie nicht schwammig, madig oder stark verschmutzt sind. Lamellen zu reinigen ist das reinste Kunststück, Klopfen und Blasen hilft meist nicht viel. Am besten ist es, diesem Ärgernis durch sorgfältigen Transport vorzubeugen.

Alles, was dem Messer Widerstand entgegensetzt, ist auch für den Magen ungeeignet. Bei einigen Baumbewohnern wie Austernseitling, Schuppenporling oder Schwefelporling lassen sich manchmal nur die weichen Ränder verwerten. Holzige oder zähe Stiele werden abgeschnitten und eventuell zu Pilzpulver verarbeitet.

Putzreste sollten für den Fall einer Pilzvergiftung noch 1 bis 2 Tage aufgehoben werden. Sie können für die Aufklärung der Erkrankung wichtig sein.

Selbst gesammelte, gut geputzte Pilze braucht man meist nicht zu **waschen.** Bei einigen Arten wird man, trotz aller Vorsicht, auf Wasser nicht verzichten können. Grünlinge, Stadtchampignons oder Schneepilze beispielsweise stecken bei der Ernte oft tief im Boden und sind regelrecht mit Erdreich beladen. Auch Krause Glucken, Pfifferlinge und Morcheln können manchmal sehr verschmutzt sein. Gekaufte Pilze sollten auf jeden Fall gewaschen werden. Beim Waschen läßt man Pilze keinesfalls im Wasser liegen. Sie saugen sich schwammartig voll und verlieren sehr an Aroma. Pilze werden am besten im Sieb unter dem Wasserstrahl kurz abgespült.

Putzen und Kleinschneiden gehen oft Hand in Hand. Für die meisten Gerichte werden Pilze in dünne Scheibchen geschnitten oder fein gehackt. Flache Pilzhüte oder dicke Scheiben großer Pilze braucht man zum Panieren und Braten im Stück. Zum Einkochen bleiben die Pilze ganz oder werden halbiert.

## Vorbehandeln

Will man scharfe Milchlinge verwenden, ist eine besondere Behandlung erforderlich, um harzige, bittere und scharfe Stoffe zu entfernen. Sie werden kleingeschnitten, einige Stunden oder am besten über Nacht gewässert und dann in frischem Wasser fünf Minuten gekocht. Nach Abgießen des Kochwassers sind sie wie andere Pilze verwendbar.

Bei einer Reihe von Pilzarten wird Abbrühen empfohlen, um sie bekömmlicher zu machen. Es genügt, die Pilze 2 bis 4 Minuten in siedendem Wasser zu lassen. Das Kochwasser wird ebenfalls weggegossen. Bei der Beschreibung der einzelnen Pilzarten sind entsprechende Hinweise gegeben.

## Konservieren von Pilzen

Um im Winter genießen zu können, was die Pilzzeit beschert, wendet man verschiedene Verfahren an. Pilze kann man trocknen, einkochen, in Essig einlegen, tiefgefrieren, silieren, einsalzen und zu Pilzextrakt verarbeiten.

## Trocknen

Das Trocknen ist wohl die bekannteste und einfachste Methode, sich mit Pilzvorrat zu versorgen. Um haltbare, appetitliche Trockenpilze zu bekommen, ist nur einwandfreies Pilzgut zu verwenden. Da der Trockenvorgang einige Zeit beansprucht, sind leicht verderbliche und besonders wasserhaltige Arten wie Tintlinge, Schnecklinge, Dachpilze, Perlpilze oder Birkenpilze ungeeignet. Das Trocknen von Täublingen und Milchlingen lohnt sich nicht so recht, weil sie später wenig Würzkraft besitzen. Auch der Pfifferling kann zum Trocknen nicht empfohlen werden, da er sehr hart wird und bitterlich schmeckt, es sei denn, man verarbeitet ihn später zu Pilzpulver. Champignons eignen sich wenig, sie ziehen schnell wieder Wasser an und verschimmeln dann leicht.

Besonders wertvoll sind alle festfleischigen Röhrlinge (Steinpilze, Maronen,

Rotkappen), Ritterlinge, Morcheln, Nelkenschwindlinge und Herbsttrompeten. Rotkappen laufen im Schnitt zunächst dunkel an, werden beim Trockenprozeß aber wieder heller. Die stark blauenden Hexenpilze behalten dagegen ihre Farbe und sehen wenig appetitlich aus.

Auch die dünnfleischigen Hüte von Stockschwämmchen, Graublättrigem Schwefelkopf und Hallimasch trocknen und schmecken gut. Später sind sie eine Zierde für jedes Pilzgericht. Als ausgesprochene Würzpilze gelten Erbsenstreuling, Trüffel und Habichtspilz.

Zum Trocknen vorgesehene Pilze dürfen keinesfalls gewaschen werden oder durchfeuchtet sein. Sie werden sauber geputzt und in recht große, höchstens 4 mm dicke Scheiben geschnitten und zwar in Längsrichtung.

Zum Trocknen legt man sie nebeneinander (nicht übereinander) auf eine luftdurchlässige oder wasseraufsaugende Unterlage. Am besten eignen sich Trockensiebe vom Material der Fliegenfenster, weil die Pilzstückchen darauf besonders luftig liegen. Meist nimmt man Tabletts oder Holzbretter, die mit Papier ausgelegt werden. Natürlich kann man die Pilzstückchen oder dünne Hüte auch auf Schnüre fädeln.

Pralle Sonne und Wind sind die besten Helfer beim Trocknen. Luftfeuchtigkeit, Tau oder Regen wirken sich auf Aussehen und Qualität sehr negativ aus. Deshalb dürfen trocknende Pilze keinesfalls feucht werden oder nachts im Freien bleiben. Wichtig ist, daß man die Pilzstückchen mehrmals wendet, damit sie ringsherum trocknen können. Luftgetrocknete Pilze werden bei schwacher Wärme (50 bis 60 °C) in der geöffneten Backröhre nachgetrocknet.

Zeigt sich das Wetter ungünstig, muß man auf künstliche Wärmequellen ausweichen. Hier wird jeder nach seinen Möglichkeiten entscheiden, ob er die Pilze über der Zentralheizung oder der handwarmen Herdplatte trocknet oder lieber auf dem Kachelofen ausbreitet. In jedem Fall ist auf den nötigen Sicherheitsabstand zu achten.

Beim Trocknen von Frischpilzen in der Backröhre muß man sehr vorsichtig zu Werke gehen. Selbst bei kleinster Heizstufe und geöffneter Herdklappe ist nicht in jedem Herd die erforderliche Anfangstemperatur von 50 °C einzuhalten. Wenn die Pilzstückchen weich werden oder sich verfärben, war alle Mühe umsonst.

Der Trockenvorgang ist beendet, wenn die Pilze beim Schütteln rascheln und sich knackend brechen lassen. Sie kommen sofort nach dem Auskühlen in dicht schließende Behältnisse und werden kühl und trocken aufbewahrt. Die früher empfohlenen Leinensäckchen sind nicht geeignet, weil die Pilze feucht werden können und vor Insektenbefall nicht sicher sind.

Auch sorgfältig getrocknete Pilze sollten von Zeit zu Zeit kontrolliert werden. Stellt man fest, daß sich die Scheibchen verbiegen lassen, ist Nachtrocknen erforderlich. Sind sie aber schimmelig oder gar „lebendig" geworden, kann man sie nur noch wegwerfen.

Trockenpilze sind eine Rohware, sozusagen konzentrierte Frischpilze, man darf sie also keinesfalls roh essen. Schon ein paar Stückchen Hallimasch, nebenbei verspeist, können Schaden anrichten.

Trockenpilze werden vor der Verwendung einige Stunden in wenig Wasser eingeweicht und dann etwa 20 Minuten im Gericht mitgekocht. Manchmal ist auch eine extra Zubereitung erforderlich, z. B. bei Pilzen mit Rührei.

Die im Handel vorgeschriebene Verbrauchsfrist für Trockenpilze von 15 Monaten sollte auch im Haushalt eingehalten werden.

## Pilzpulver

Pilzpulver, besser Pilzgrieß, wird aus Trockenpilzen hergestellt. Sie müssen so splittertrocken sein, daß sie sich in der Hand zerkrümeln lassen. Zum Zerkleinern verwendet man eine ausgediente Kaffeemühle, am besten mit Mahlwerk. Bei Schlagmühlen ist Vorsicht angebracht, weil sich die Pilze leicht erhitzen und dadurch an Aussehen und Geschmack verlieren. Also lieber mehrmals kurzzeitig als einmal lange mahlen.

Trockenpilze kann man auch zermörsern oder mit dem Nudelholz so lange überrollen, bis sie fein genug sind. Um das lästige Stauben und Wegspritzen der Stückchen zu verhindern, legt man einen Bogen Papier darüber oder gibt sie in einen Beutel.

Trockenpilze sollten nur zu einem groben Pulver zerkleinert werden, weil es sich am besten verarbeitet. Pilzpulver bietet für den Hausgebrauch erhebliche Vorteile. Es ist von hoher Würzkraft und bequem in der Anwendung, weil das Einweichen entfällt. Pilzpulver ist leichter verdaulich als Trockenpilze, vielseitig verwendbar und platzsparend aufzubewahren. Außerdem lassen sich harte Trockenpilze wie Pfifferlinge, Semmelstoppelpilze und Habichtspilze auf diese Art optimal nutzen.

Aufbewahrung und Haltbarkeit sind wie bei Trockenpilzen angezeigt.

## Einkochen

Die Technik des Einkochens ist wohl in jedem Haushalt bekannt. Bei Pilzen verfährt man ebenso wie z. B. bei Bohnen oder Möhren. Zweimaliges Einkochen bei 100 °C oder Sterilisieren bei Temperaturen um 120 °C ist erforderlich, um anhaftende Sporen (Dauerformen) von Mikroorganismen zu vernichten.

Voraussetzung für haltbare Konserven sind Pilze bester Qualität. Man kann sie schneiden, halbieren oder ganz lassen. Besonders appetitlich sehen kleine Pilzhüte aus.

Die Pilze füllt man roh oder kurz abgebrüht in Gläser und gibt leicht gesalzenes Wasser oder die Blanchierflüssigkeit hinzu. Man schließt mit Ring und Deckel und spannt den Bügel auf. Beim traditionellen Einkochen werden die Pilze 1 Stunde bei 100 °C erhitzt. Man nimmt sie aus dem Topf und läßt sie 1 bis 2 Tage bei Zimmertemperatur stehen. Die vorhandenen Sporen haben nun die Möglichkeit, auszukeimen. Kocht man nach 24 bis 36 Stunden noch einmal 30 Minuten bei 100 °C, werden die verbliebenen Keime zuverlässig abgetötet, und die Konserven sind haltbar.

Temperaturen über 100 °C erreicht man nur in Druckgefäßen, z. B. im Schnellkochtopf.

Hier sind 12 bis 15 Minuten Sterilisierdauer ausreichend, denn im Topfinneren entstehen durch den Überdruck Temperaturen von 110 bis 125 °C. Um das leidige Auskochen der Gläser zu vermeiden, gießt man nur wenig Flüssigkeit auf, achtet auf festsitzende Bügel und läßt im verschlossenen Zustand (mit Glocke) abkühlen. Diese zeit- und energiesparende Konservierungsmethode ist durchaus empfehlenswert.

Natürlich ist es möglich, statt des leichten Salzwassers auch würzige Essiglösungen aufzugießen. Man bekommt dadurch sehr schmackhafte marinierte Pilze. Die Pilze dafür 5 Minuten in Salzwasser kochen, abtropfen lassen und in Gläser füllen. Parallel dazu wird nach Geschmack verdünnter, gesalzener Essig mit Gewürzen eigener Wahl (z. B. Pfefferkörner, Gewürzkörner, Lorbeerblatt, Zwiebel usw.) 10 Minuten gekocht und dann mit oder ohne die Gewürze aufgegossen. Wegen der Essigzugabe genügt ein einmaliges Einkochen von 30 Minuten bei 100 °C.

Stellt man sofort nach dem Kochprozeß offene Gläser fest, liegt der Fehler fast immer in defekten Deckeln, Ringen oder Gläsern. Solche Pilze werden, nach Überprüfung ihres einwandfreien Geruchs und Geschmacks, am besten sofort verbraucht. Sollte aber ein Glas nach längerer Zeit wieder offen sein, muß man den Inhalt wegwerfen.

Bevor die Konserven in den Keller kommen, beschriften wir mit Pilzart und Datum.

Eingekochte Pilze sollten bis zur nächsten Saison, spätestens aber nach 15 Monaten verbraucht sein. Bei gekauften Pilzkonserven kann man sich nach dem Endverbrauchsdatum richten.

## Essigpilze

Ausgesprochene Essigpilze, die in nur zugebundenen Gefäßen aufbewahrt werden, verlangen konzentrierte Essiglösungen als Konservierungsmittel, z. B. etwa $\frac{1}{2}$ Liter 5%igen Essig auf 1 kg Pilze.

Die gesäuberten Pilze werden grob zerschnitten und 10 Minuten in leicht gesalzenem Wasser vorgekocht, dann abgeseiht und 5 Minuten in dem mit Gewürzen nach Geschmack versehenen Essigaufguß gekocht. Dann füllt man die Pilze so in Gefäße, daß etwas Essiglösung übersteht. Nach dem Abkühlen wird mit Zellophan, Plast- oder Alufolie verschlossen.

Man spart zwar die Einkochzeit, wird aber beim Essen sehr „sauer" reagieren.

Solche Essigpilze sind, kühl aufbewahrt, mehrere Monate haltbar.

## Gefrierkonservieren

Viele Pilzsammler sind sich nicht sicher, ob Pilze tiefgefroren werden dürfen. Das ist durchaus möglich, wenn man so vorgeht wie bei Gemüse. Pilze werden also vor dem Tiefgefrieren 2 bis 4 Minuten in siedendem Wasser blanchiert, um Konsistenz, Geschmack und Farbe zu erhalten. Roh eingefroren, werden viele Arten schwammig oder zäh und schmecken bitterlich.

Eine Ausnahme bilden die winterharten Arten wie Samtfußrübling und Austernseitling, deren Qualität nicht leidet.

Wer erst einmal Gefrierschrank oder -truhe für die Pilzküche entdeckt hat, wird sich nicht nur über die gute Qualität, sondern auch über den Zeitgewinn freuen.

Das Kältefach in den Haushaltskühlschränken ist zum Gefrierkonservieren von Pilzen nicht geeignet.

Wie geht man am besten vor?

Rationelles Arbeiten und Sorgfalt sind beim Tiefgefrieren besonders wichtig. Erster Arbeitsgang ist das Einschalten des Gefriermöbels auf tiefste Temperaturen (Gefrieren) und Bereitstellen der Verpackungsmittel. Geeignet sind gut verschließbare Aluminium- und Plastgefäße oder Plastbeutel von Nahrungsmitteln. Ganze Hüte und dicke Pilzscheiben, die später paniert werden sollen, kann man gut in Alufolie einpacken. Ungeeignet sind Pack- und Pergamentpapier, Einmachzellophan, Konfektionsbeutel und gelochte Beutel. Zum Verschließen bieten sich Folienschweißgeräte, Patentverschlüsse, Weichdraht und Klebbänder an.

Die zum Tiefgefrieren vorgesehenen Pilze müssen sauber, frisch und festfleischig, d. h. von bester Qualität sein. Sie werden vorbereitet wie zum Garen.

Günstig ist das portionsgerechte Blanchieren im Sieb. Man nimmt nur so viel Wasser, daß die Pilze gerade bedeckt sind. Wird nacheinander in demselben Wasser blanchiert, erhält man eine schmackhafte Pilzbrühe, die ebenfalls eingefroren oder gleich verwendet werden kann.

Die Pilze kommen im Sieb zum raschen Abkühlen unter den kalten Wasserstrahl. Nach dem Abtropfen werden sie so verpackt, daß möglichst wenig Luft im Gefäß verbleibt, mit Pilzart und Datum beschriftet und zum Einfrieren auf den Rostverdampfer gelegt.

Die Gefrierdauer bei mindestens $-25\,°C$ soll je nach Schichtdicke (nicht mehr als 5 cm) 13 bis 22 Stunden betragen. Das Gefriergut kann bei einer Lagertemperatur von $-18\,°C$ 6 bis 10 Monate aufbewahrt werden.

Es ist durchaus möglich, vorgefertigte Pilzgerichte einzufrieren. Dann gibt man Zwiebeln, Gewürze und Beilagen aber erst beim späteren Zubereiten frisch hinzu. Solche Gerichte eignen sich auch nicht zu monatelanger Lagerung und sollten bald verbraucht sein.

Gefrierkonservierte Pilze sind nach dem Auftauen im Kühlschrank oder direkt beim Garprozeß wie frische Pilze verwendbar. Eiligen Pilzköchen sei empfohlen, das Gefriergut zum schnelleren Auftauen im Schnellkochtopf ganz kurz unter Dampf zu setzen.

Aufgetaute Pilze dürfen keinesfalls wieder eingefroren werden.

## Silieren von Pilzen

Dieses biologische Einsäuerungsverfahren ist uns von Sauerkraut und sauren Gurken, aber weniger von Pilzen bekannt. In Nord- und Osteuropa dagegen werden von alters her Pilze in großen Mengen siliert.

Dieses Verfahren ist besonders geeignet bei Massenanfall bestimmter Arten, bei Pilzen mit wenig Eigengeschmack (viele Täublinge) und Arten, die vorbehandelt werden müssen (Milchlinge).

Man braucht dazu Salz, Zucker, saure Milch, am besten Buttermilch oder Joghurt, und einen Steintopf. Nach kurzem Abkochen (5 Minuten), Abtropfen und Abkühlen werden die grob geschnittenen Pilze im Steintopf mit 15 g Salz, 10 g Zucker und 2 bis 3 Eßlöffel saurer Milch je Kilogramm Pilze gemischt. Wichtig ist festes Eindrücken oder Einstampfen, damit die Luft entweichen kann. Das Siliergut wird mit einem sauberen Tuch abgedeckt. Darauf legt man eine Holzscheibe oder einen umgekehrten Teller und beschwert mit einem Stein.

Die entstehende Lake muß die Pilze vollständig bedecken. Die Milchsäuregärung verläuft bei Zimmertemperatur 3 bis 4 Tage recht stürmisch und ist nach 8, spätestens nach 14 Tagen beendet. Das Ergebnis sind glasig weiße, feste Pilze, die angenehm säuerlich schmecken. Man kann sie als kalte Beilage auf den Tisch bringen oder nach kurzem Abspülen wie Frischpilze verwenden. Der Milchsäuregehalt läßt sich durch mehrstündiges Wässern stark reduzieren.

Milchsäure und andere Substanzen gewährleisten bei kühlem Standort bis 8 °C eine Haltbarkeit über mehrere Monate. Silierte Pilze sollten aber spätestens bis zum nächsten Sommer verbraucht sein.

Bekanntlich schmecken saure Gurken frisch aus dem Steintopf am allerbesten. Ebenso ist es bei den sauren Pilzen. Um diese Frische zu erhalten, kann man sie auch problemlos gefrierkonservieren.

## Einsalzen

Will man Pilze mit Salz haltbar machen, rechnet man auf 1 kg Pilze 50 bis 100 g Salz. Die kleingeschnittenen Pilze werden mit dem Salz vermischt oder schichtweise in Gläser oder Steintöpfe gedrückt. Obenauf kommt nochmals eine Schicht Salz. Die Gefäße werden verschlossen und kühl gestellt.

Salzpilze haben erhebliche Nachteile, weil sie vor der Verwendung erst 1 bis 2 Tage gewässert werden müssen und sehr an Wohlgeschmack verlieren. Bei uns wird das Einsalzen mehr als Notbehelf angesehen, wenn keine andere Konservierungsmöglichkeit besteht (z. B. im Urlaub).

In Osteuropa dagegen sind Salzpilze heute noch sehr geschätzt. Allerdings weiß man sie auch delikater herzustellen. Besonders beliebt ist der Birkenreizker, der natürlich – wie schon beschrieben – vorbehandelt werden muß. Neben dem Salz kommen noch Gewürze hinzu, z. B. Pfefferkörner, Piment, Lorbeerlaub und sparsam Wacholderbeeren.

Eine besondere Geschmacksnote erzielt

man durch Blätter von Sauerkirschen und Schwarzen Johannisbeeren. Sie werden in dicker Schicht auf den Boden des Steintopfes und zum Schluß noch einmal obenauf gelegt. Man deckt mit Tuch und Teller ab und beschwert mit einem Stein.

Ständig unter Lake und kühl aufbewahrt, halten sich Salzpilze gut über mehrere Wochen, sollten bei Anbruch des Gefäßes jedoch alsbald verbraucht werden.

Salzpilze kann man vor der Verwendung auch kurz abkochen und dann nochmals etwa 2 Stunden in frischem Wasser belassen.

Will man kleine Mengen direkt an das Gericht geben (Eintopf, Braten), ist der hohe Salzgehalt natürlich zu beachten und von weiteren Salzzugaben abzusehen.

## Pilzextrakt

Die Herstellung von Pilzextrakt ist ein umständliches und sehr zeitaufwendiges Verfahren. Es hat jedoch den Vorteil, daß man Pilze ausnutzen kann, die sonst kaum zu verwerten sind, z.B. massenhaft auftretende Arten, geringwertige oder zähe Pilze, sauberer Pilzabfall (harte Stiele, zu große Hüte), aber auch alle anderen Speisepilze. Je reichhaltiger die Mischung, desto würziger der Extrakt.

Das Pilzgut wird recht klein geschnitten und mit Salz etwa 30 Minuten im geschlossenen Topf gedünstet. Die entstehende Flüssigkeit gießt man ab und kocht die Pilze nochmals unter Wasserzugabe kräftig aus. Den Saft läßt man ablaufen und gießt ihn zur Dünstflüssigkeit. Wer Zeit und Interesse hat, kann den Pilzauszug nach dem Salzen (1 Teelöffel auf 1 l) bis zur Sirupdicke einkochen. Man erhält eine ausgezeichnete Würze für Suppen, Soßen und Fleischgerichte.

Es ist aber auch möglich, den Pilzauszug kochendheiß in recht kleine Flaschen zu füllen, die dann mit Gummikappen verschlossen werden. Eine geöffnete Flasche muß man allerdings sofort verbrauchen.

Pilzextrakt läßt sich zeitsparend im Schnellkochtopf gewinnen, wenn man die zerkleinerten Pilze mit wenig Wasser etwa 10 Minuten unter Druck setzt. Das Eindicken kann man mit Hilfe der Gänsepfanne erheblich beschleunigen.

# Pilzvergiftungen

Die Frage nach Herkunft und Art der Pilzgifte bewegt die Menschen seit langem. Im Altertum glaubte man, daß Pilze von Natur aus überhaupt nicht giftig seien, sondern daß sie erst Gift aufnehmen würden, wenn sie neben verrosteten Nägeln, verfaulten Lumpen, an Schlangenhöhlen oder unter Bäumen mit giftigen Früchten wüchsen. Diese Meinung war bis ins Mittelalter hinein weit verbreitet und findet sich in zahlreichen Schriften und Kräuterbüchern. Schon damals und auch in späteren Jahrhunderten wußte man die erregende, betäubende oder gar tötende Wirkung zur Bereitung von Liebestränken, Hexensalben oder Giftmischungen für die Beseitigung unliebsamer Personen zu nutzen. Zu allen Zeiten waren Könige, Päpste und einflußreiche Persönlichkeiten im Ränkespiel der Macht durch Giftanschläge bedroht, bei denen auch Giftpilze eine Rolle spielten.

Aus der Überlieferung und bis in die heutige Zeit hinein sind aber auch viele tragische Unfälle durch Pilze bekannt geworden. Trotz intensiver Aufklärung und einem dichten Netz von Beratungsstellen sind Pilzvergiftungen jedes Jahr wieder aktuell. Im Zeitraum von 20 Jahren (1962 bis 1982) wurden bei uns 5 254 Pilzvergiftungen registriert, von denen 97 tödlich verliefen. Nicht nur Irrtum und Unkenntnis, sondern auch gefährlicher Leichtsinn im Umgang mit Pilzen waren Ursachen dieser Unglücksfälle.

In Mitteleuropa gibt es immerhin etwa 90 giftige Pilzarten. Dazu kommen noch etwa 40 roh giftige, etwa 30 giftverdächtige und viele Pilze, deren Speisewert unbekannt ist. Beispielsweise hat man erst vor 30 Jahren die lebensgefährliche Giftigkeit des Orangefuchsigen Hautkopfes entdeckt, der bis dahin als harmlos galt.

## Wie schützt man sich vor Pilzvergiftungen?

Der Wunsch, sich auf einfache Art vor Schaden zu bewahren, ist uralt. Die antiken Gelehrten wußten über Kennzeichen zur Unterscheidung von Gift- und Speisepilzen zu berichten, beispielsweise sollten die giftigen einen schleimigen Überzug haben und schneller faulen als die eßbaren oder an ranzigem Aussehen, zerflossener Röte und anderem mehr zu erkennen sein. Sogar angebliche Entgiftungsmittel sind überliefert: „... Übrigens kann man die giftigen eßbar machen, wenn man sie in Olivenöl oder mit dem Zusatz eines Birnenstieles kocht", heißt es in einer alten Quelle. Ein mittelalterlicher Ordensbruder empfiehlt, die Pilze siebenmal zu kochen, um das Gift herauszubringen.

Selbst heute noch sind solche gefährlichen „Erkennungsmethoden" im Umlauf. So werden Zwiebelscheiben oder ein Silberlöffel zum Gericht gegeben, weil sie sich bei Anwesenheit von Giftpilzen angeblich dunkel färben. Könnte man sich auf derartige Mittelchen verlassen, wäre das Problem der Pilzvergiftungen gelöst. Vor diesen Methoden muß dringend gewarnt werden.

Giftige Pilze verraten sich auch nicht durch abschreckende Farben, unangenehmen Geruch oder Geschmack. Im Gegenteil, sie sehen oft recht verlockend aus und schmecken auch gut.

Fraßspuren an Pilzen sind ebenfalls keine Garantie für deren Harmlosigkeit.

Schnecken, Käfer und manch andere Tiere benagen auch den Grünen Knollenblätterpilz, der uns den Tod bringen kann.

Da es keine Faustregel gibt, um Giftpilze von Speisepilzen zu unterscheiden, bleibt nur eines: *Pilze genau kennenzulernen!* Fachkundige Hilfe bekommt man in Pilzberatungsstellen. Andernfalls muß man sich strikt auf die Arten beschränken, die man sicher als eßbar kennt. Meist sind es die beliebten Röhrlinge, bei denen lebensgefährliche Vergiftungen nicht zu befürchten sind. Will man ganz sicher gehen, läßt man Röhrenpilze mit roten Poren stehen und sortiert bittere Arten durch Geschmacksprobe aus.

Gehören auch Blätterpilze zum Sammelsortiment, sollte man sich unbedingt die Merkmale des tödlich giftigen Grünen Knollenblätterpilzes einprägen. 95 Prozent aller Todesfälle durch Pilze ließen sich dadurch verhüten!

Sammelt man außerhalb des heimischen Reviers, ist besondere Vorsicht angebracht. In anderen Gegenden oder Ländern können Pilze wachsen, die unseren bekannten Speisepilzen täuschend ähnlich, aber giftig sind.

Da viele gute Speisepilze im rohen Zustand giftig sind, sollte man den Rohgenuß, beispielsweise für Salatrezepte, und das Kosten halbgarer Gerichte vermeiden. Kleinkinder lassen sich, trotz aller Mahnungen, immer wieder zum Naschen gefundener Pilze verlocken. Da sie auf rohe Pilze außerordentlich empfindlich reagieren, ist besondere Vorsicht angebracht.

Wichtig ist auch der sachgemäße Umgang mit dem Pilz als leichtverderbliches und schwerverdauliches Lebensmittel. Häufige Ursachen von Erkrankungen sind verdorbene Pilze. Manchmal liegt der Fehler schon im Sammeln zu alter, durchwässerter oder gefrorener Exemplare. Hinzu kommen lange Transportwege in ungünstigen Behältnissen wie beispielsweise Plasttüten oder zu lange Lagerung.

Reste von Pilzgerichten gehören in den Kühlschrank und sollten spätestens am nächsten Tag verbraucht werden.

Gefahr besteht auch bei Pilzkonserven, die falsch hergestellt oder überlagert sind.

Da Pilze sehr schwer verdaulich sind, können allzu reichliche Mengen und falsche Zubereitung erhebliche Beschwerden verursachen.

Manche Menschen vertragen überhaupt keine Pilze oder reagieren auf bestimmte Arten allergisch. Hier muß jeder selbst herausfinden, was ihm bekommt.

Erkrankungen, die zwar durch verzehrte Pilze, aber nicht durch Pilzgifte hervorgerufen werden, nennt man „unechte" Pilzvergiftungen; sie können ebenfalls sehr ernsthaft sein.

## Giftpilze und ihre Wirkung

Giftige Inhaltsstoffe in den Pilzen haben sehr vielfältige Wirkung auf den menschlichen Organismus. In den meisten Fällen sind es Brechdurchfälle, die den Pilzkonsumenten alarmieren. Häufig weisen auch Verwirrtheit, Desorientierung und Rauschzustände mit Gehstörungen auf Pilzvergiftungen hin. Mehrere Gruppen von Pilzen rufen heftige Schweißausbrüche hervor. Weiterhin können Atemnot, Herzklopfen, Hautausschläge, Kollaps und Nierenschmerzen auftreten.

Die Unterschiedlichkeit der Symptome macht deutlich, daß bei Pilzvergiftungen eine Vielzahl artspezifischer Gifte wirksam wird, daß aber auch ganz verschiedene Pilzgifte ähnliche Wirkungen haben können.

Besteht der begründete Verdacht auf eine Pilzvergiftung, sollte sofort ein Arzt aufgesucht oder verständigt werden. Wenn erst nach vielen Stunden oder am nächsten Tag Brechdurchfälle auftreten, muß mit lebensgefährlichen Vergiftungen gerechnet werden. Dann kann jedes Zögern oder eine Fehleinschätzung fatale Folgen haben.

Zunächst zu den Giftpilzen, deren **Wirkung auf Magen- und Darmkanal** sich schon **nach kurzer Zeit** zeigt (15 Minuten bis 4 Stunden). Dazu gehören eine große Anzahl von roh und gekocht giftig wirkenden Pilzen aus den verschiedensten Gruppen des Pilzreiches wie Giftchampignon, Riesenrötling, Tigerritterling, Satanspilz, einige Täublinge und Milchlinge u. a.

Bei uns ist es der Giftchampignon (Karbolegerling), der am häufigsten solche Beschwerden auslöst. Die chemische Struktur der Magen-Darm-Gifte ist nicht bekannt, sicher aber sehr unterschiedlich. Ähnlich sind nur Wirkung und Krankheitsverlauf bei Vergiftungen mit diesen Pilzen. Solche Vergiftungen sind, trotz aller Dramatik für die Betroffenen, in der Regel nach einigen Tagen überstanden.

Besonders heimtückisch sind Vergiftungen durch den Grünen Knollenblätterpilz und die Frühjahrslorchel, da sich erste **Anzeichen erst nach 6 bis 24 oder gar bis 40 Stunden** einstellen. Der Verlauf wird auch bei diesen Pilzen zunächst von Brechdurchfällen gekennzeichnet. In der zweiten Phase treten Leber- und Nierenschäden in den Vordergrund, die schließlich zum Tod führen können. Bei der Lorchelvergiftung kommen noch Symptome einer Schädigung des Nervensystems hinzu.

Die Frühjahrslorchel nimmt unter den Giftpilzen eine Sonderstellung ein. Einerseits ruft sie schwere, nicht selten tödliche Vergiftungen hervor, andererseits wird sie von manchen Menschen ohne Schaden vertragen. Trotz wirksamer Vorbehandlung (Abkochen, Trocknen) sind Vergiftungen nicht sicher auszuschließen, zumal sich die Giftwirkung bei mehreren Mahlzeiten hintereinander

summieren kann. Die Tatsache, daß 30 Prozent aller Vergiftungen durch die Frühjahrslorchel tödlich verlaufen, sollte auch den letzten Lorchelanhänger abschrecken! Aus diesem Grund darf die Frühjahrslorchel in der DDR weder frisch, noch getrocknet, noch konserviert in den Handel gebracht werden.

Erst in jüngster Zeit erregte die Entdeckung eines gefährlichen, bisher unbekannten Giftpilzes großes Aufsehen. 1952 erkrankten in Polen 135 Personen nach dem Genuß des Orangefuchsigen Hautkopfes, von denen 19 starben. Besonders erschreckend ist die schleichende **Wirkung** der Toxine, die sich erst **Tage bis Wochen nach der verhängnisvollen Mahlzeit** zeigt. Bei uns ist bisher eine solche Vergiftung noch nicht bekannt geworden.

Ganz anderer Art sind Krankheitsbilder, die durch Panther- und Fliegenpilze ausgelöst werden. Hier stehen **Bewegungsstörungen und rauschartige Erregungszustände** im Vordergrund.

Zum Glück kann schon nach kurzer Zeit Alarm geschlagen werden, wenn sich der Vergiftete verständlich machen kann. Nicht selten wird er wegen seiner Benommenheit, der Gehstörungen und des auffälligen Verhaltens (Singen, Tanzen, Wutausbrüche) als betrunken angesehen. Mit solchen Vergiftungen ist trotzdem nicht zu spaßen, weil sich im „Rausch" Unfälle ereignen, das Allgemeinbefinden sich kurzzeitig verschlechtern kann und Schockzustände auftreten. Meist endet die Vergiftung im Tiefschlaf oder in stundenlanger Bewußtlosigkeit. Die Erkrankten erwachen nach 10 bis 15 Stunden, ohne sich an die Vorfälle zu erinnern.

Vergiftungen durch Pantherpilze – die Verwechslungspartner der eßbaren Perlpilze oder Grauen Wulstlinge – stehen in der DDR an erster Stelle, während Erkrankungen durch Fliegenpilze selten vorkommen.

Die Erforschung der Toxine mit berauschender Wirkung hat besonders beim Fliegenpilz eine bedeutsame Vorgeschichte. Heute nimmt man an, daß in ihm das „Ambrosia" der Göttergestalten aus der antiken Welt sowie das heilige Rauschmittel „Soma" altindischer Religionen zu sehen ist. Der Pilz spielt seit langem in verschiedenen Teilen der Erde eine bedeutende Rolle, um bei Zeremonien rauschartige Zustände mit übernatürlichen Visionen zu erzeugen. Im Mittelalter war er Bestandteil der berüchtigten „Hexensalben".

Vor dem Experimentieren mit Fliegen- oder Pantherpilzen muß dringend gewarnt werden. Einem Pilz sieht man nicht an, ob er viel oder wenig Giftstoffe enthält, außerdem sind die körperlichen Reaktionen nicht berechenbar; Angst, Depressionen und zerstörerisches Verhalten können sich einstellen.

Die eigentlichen „Drogenpilze" wachsen nicht bei uns, sondern sind in tropischen Gebieten zu Hause. Ihre Verwendung zu kultischen Zwecken ist uralt, davon zeugen Fresken und Pilzsteine aus der Zeit des alten Mayareiches. Noch heute sind bei den Indianern Mexikos Pilzfeste und nächtliche Pilzzeremonien weit verbreitet.

Stellen sich Minuten bis zu 2 Stunden nach dem Essen massive **Schweißausbrüche und Brechdurchfälle** ein, fällt der Verdacht sofort auf eine Muscarinvergiftung. Verursacher sind verschiedene Rißpilz- und Trichterlingsarten. Der Ziegelrote Rißpilz enthält 120- bis 360mal mehr Muscarin als der Fliegenpilz, in dem dieses Gift entdeckt wurde. Der Arzt hat mit dem Atropin einen wirksamen Gegenspieler in der Hand, so daß sich das Befinden des Erkrankten zusehends bessert. Schwere Vergiftungen können mit Herzversagen und Lungenödem enden.

Ist bei Vergiftungen Alkohol im Spiel, wird der normale Ablauf in der Regel beschleunigt, d. h. die Symptome treten eher und oft massiver auf.

Es gibt aber auch **Speisepilze**, die sich **mit Alkohol** nicht vertragen. Bekanntestes Beispiel ist der Graue Faltentintling, den man deshalb auch „Antialkoholikerpilz" nennt. Wird 24 Stunden vor und bis zu mehreren Tagen nach einem solchen Gericht Alkohol getrunken, stellen sich heftige Kreislaufreaktionen mit Hitzegefühl, Rötung des Gesichtes, Kopfschmerzen, Schwindel und eventuell Kollaps ein. Die Beschwerden klingen nach einigen Stunden wieder ab und hinterlassen in der Regel keine Schäden. Auch beim Netzstieligen Hexenpilz, dem Grünling und dem Keulenfußtrichterling wurden ähnliche Erscheinungen beobachtet.

Ein Problempilz ist der Kahle Krempling, der uns noch heute Rätsel aufgibt. Seine Rohgiftigkeit ist seit langem bekannt. Im rohen und halbgaren Zustand ruft er massive Magen-Darm-Störungen hervor. Zubereitet wurde er von vielen Menschen ohne Schaden gegessen, während andere ernsthaft erkrankten. Solche Vergiftungen werden derzeit als Allergien gedeutet. Der Kahle Krempling enthält Substanzen, auf die der Organismus bestimmter Personen nach wiederholter Einwirkung überempfindlich reagiert. Solche Erkrankungen zeigen sich kurz nach dem Essen (15 Min. bis 2 Std.) durch Benommenheit, Schwindel, Brechdurchfälle und Blutfarbstoff im Urin. In schweren Fällen wurde Kollaps mit Nierenversagen beobachtet. Da der Kahle Krempling in jedem Zustand zu Erkrankungen führen kann, gilt er heute als Giftpilz.

## Pilzvergiftungen in der Übersicht

| Name des Giftpilzes | Krankheitsbild | Erste Anzeichen nach |
|---|---|---|
| Grüner Knollenblätterpilz und weiße Verwandte Häublinge Giftschirmlinge | heftige Brechdurchfälle und Bauchkoliken; Blutdruckabfall, Pulsanstieg, Wadenkrämpfe, Schockzustände; allmähliche Zerstörung der Leber, Magen-Darmblutungen, Herz-Kreislauf- und Nierenversagen | 6 bis 24 (40) Stunden |
| Frühjahrslorchel | Brechdurchfälle, Benommenheit, Unruhe, Krämpfe, Störungen des Bewußtseins, Leberschmerzen, Gelbsucht, Kreislaufzusammenbruch, Leber- und Nierenversagen, Schädigung des Nervensystems | 6 bis 8 (24) Stunden |
| Orangefuchsiger Hautkopf und Verwandte | starker Durst, Kopf-, Glieder- und Lendenschmerzen, z.T. Brechdurchfälle; Nierenschädigung, Bewußtlosigkeit, Krämpfe, Nierenversagen, Anstieg der Symptome und chronischer Verlauf über Wochen und Monate | Tagen bis Wochen (selten Stunden) |
| Ziegelroter Rißpilz andere Rißpilzarten verschiedene Trichterlinge | starke Schweißausbrüche, Brechdurchfälle, Speichel- und Tränenfluß, enge Pupillen, Sehstörungen, verlangsamte Herztätigkeit, Atemnot, Herzversagen, Lungenödem | Minuten bis zu 2 Stunden |
| Pantherpilz Fliegenpilze | rauschartige Erregungszustände (Muskelzucken, Gehstörungen, Schreien, Toben, Tanzen, Halluzinationen), meist kein Erbrechen, Sehstörungen, Schlafsucht, Bewußtlosigkeit | 15 Minuten bis 2 (4) Stunden |
| Gift-Champignon Riesenrötling Tigerritterling Täublinge, Milchlinge | Brechdurchfälle mit Folgeerscheinungen unterschiedlichen Schweregrades | 15 Minuten bis 4 (selten 6 bis 8) Stunden |

# Erste Hilfe
# bei Pilzvergiftungen

Was ist zu tun, wenn sich Vergiftungssymptome zeigen, der Arzt aber noch nicht zur Stelle ist?

Zuerst wird versucht, die Giftstoffe aus dem Magen zu entfernen, bevor sie in die Blutbahn kommen.

Erbricht der Erkrankte nicht von selbst, sollte er durch Reizen des Gaumens (Finger in den Hals stecken) Erbrechen auslösen. Gelingt dies nicht, hilft man mit reichlichem Trinken von lauwarmem Salzwasser nach (1 Löffel Salz auf 1 Glas Wasser).

Bei kleineren Kindern ist von Salzwasser abzuraten, weil beim Ausbleiben des Erbrechens eine gefährliche Kochsalzvergiftung eintreten kann. Mit der Gabe von viel Wasser oder Saft kommt man meistens auch zum Ziel.

In diese Maßnahmen müssen alle Essenteilnehmer einbezogen werden, auch wenn sie noch beschwerdefrei sind.

Bewußtlosen darf keinesfalls etwas eingeflößt werden. Man bringt sie in stabile Seitenlage und sorgt für freie Atemwege.

Pilzreste und Erbrochenes werden aus Nachweisgründen sichergestellt.

Von der „Entgiftung" durch Milch oder Alkohol muß dringend abgeraten werden. Viele Giftstoffe lösen sich im Fett der Milch beziehungsweise im Alkohol und können so um so schneller in die Blutbahn gelangen.

Alle weiteren Maßnahmen leitet der Arzt ein.

*Wie soll das Essen gut werden, wenn es dem Koch keinen Spaß macht?*

*Diestelbarth*

# Zusammensetzung und Nährwert der Pilze

Die Beliebtheit der Pilze als Nahrungsmittel beruht in erster Linie auf ihrem hohen Gehalt an feinen Duft- und Aromastoffen. Läuft uns nicht bei dem Gedanken an ein delikates Pilzgericht das Wasser im Munde zusammen? Das intensive Pilzaroma entfaltet sich aber erst bei sachgerechter Zubereitung voll, erst die Kochkunst macht ein Pilzgericht zum Leckerbissen. Pilze haben sich in unserer Ernährung auch einen Namen gemacht als Würze von Suppen, Soßen und Bratensäften.

Wie ist es – abgesehen von den geschmacklichen Qualitäten – um ihren Nährwert bestellt?
Bekanntlich bestehen Pilze größtenteils aus Wasser, je nach Art zwischen 88 und 92 Prozent. Der verbliebene Anteil enthält Kohlenhydrate und hauptsächlich Eiweiß, an dessen Aufbau alle wesentlichen Aminosäuren beteiligt sind. Ein Blick auf die Tabelle zeigt deutlich, daß Pilze im Nährwert keinesfalls an Fleisch heranreichen, sondern etwa mit Gemüse vergleichbar sind.

**Zusammensetzung von Speisepilzen im Vergleich zu anderen Lebensmitteln (in Gramm je 100 g eßbarer Substanz)**

(nach Haenel)

| | Hauptnährstoffe | | | | | | |
|---|---|---|---|---|---|---|---|
| | Wasser | Gesamt-eiweiß | Fett | Kohlen-hydrate | Roh-faser | Mineral-stoffe | Energie (kJ) in 100 g eßbarer Substanz |
| Steinpilz | 89 | 2,8–5,4 | 0,4 | 4,8 | 1,1 | 1,0 | 150 |
| Champignon | 91 | 3–4,8 | 0,2 | 2,9 | 0,9 | 0,8 | 110 |
| Pfifferling | 92 | 1,5–2,6 | 0,5 | 3,0 | – | 0,7 | 110 |
| Möhre | 90 | 1,0 | 0,2 | 7,3 | 1,0 | 1,0 | 150 |
| Spinat | 92 | 2,5 | 0,3 | 3,4 | 0,6 | 1,9 | 110 |
| Kartoffeln | 78 | 2,1 | 0,1 | 19 | 0,5 | 1,1 | 360 |
| Roggenbrot | 39 | 6,4 | 1,0 | 51 | 1,5 | 1,5 | 1000 |
| Rindfleisch | 60 | 18 | 22 | – | – | 1,0 | 1200 |
| Ei | 74 | 13 | 11 | 0,7 | – | 1,1 | 710 |

Es trifft sich glücklich, daß geschmacklich wertvolle Speisepilze wie Champignon und Steinpilz mit einem Eiweißgehalt von 3 bis 6 Prozent an oberster Stelle stehen, während die meisten anderen Pilze etwas tiefer rangieren.
Wollte man aber seinen Eiweißbedarf nur mit Pilzen decken, müßte man täg-

lich, je nach Pilzart, 1 bis 2 kg verzehren, was dem Magen gar nicht bekäme.
Die Verdaulichkeit hängt mit von der Zubereitung ab. Bei richtiger Aufschlüsselung, d. h. genügend zerkleinert und gut gekaut, sind 72 bis 83 Prozent der Pilznährstoffe vom Körper verwertbar. Am besten werden die Nährstoffe in Form von Pilzpulver ausgenutzt. Doch selbst unverdauliche Ballaststoffe sind als Anregungsmittel für die Darmtätigkeit nicht unwichtig.

Speisepilze enthalten verhältnismäßig viel Mineralstoffe, insbesondere Kalium und Phosphor. Besonders hervorzuheben ist ihr geringer Fettanteil. Der Vitamingehalt besteht im wesentlichen aus dem antirachitisch wirkenden Provitamin $D_2$ (Ergosterol), das im Gemüse und Obst kaum gefunden wird. Daneben sind noch Vitamine der B-Gruppe und das Vitamin E in größerem Maße vorhanden. Ausgesprochen arm sind sie dagegen an Vitamin C.

# Hinweise für den erfolgreichen Pilzkoch

Viele Sammler und Liebhaber von Pilzen und Pilzgerichten kommen nur gelegentlich dazu, ihrer Leidenschaft zu frönen. Andere haben ihre „festen Pilzflecke", die sie jährlich regelmäßig aufsuchen. Häufig aber bringt man nur so nebenbei eine Handvoll Pilze mit nach Hause, doch schon das kann einen Leckerbissen ergeben. Wenige wohlschmeckende Morcheln, Champignons, Steinpilze oder Edelreizker, aber auch dünnfleischige, doch aromatische Nelkenschwindlinge, Stockschwämmchen, Tintlinge oder Samtfußrüblinge reichen aus, um eine Suppe für verwöhnte Gaumen zu bereiten. Auch ein Omelett, ein Rührei oder ein Bratklops mit Pilzen sind sehr zu empfehlen. Kaum zu glauben, welch einer Menge von Eiern oder Gehacktem ein solches Häuflein Pilze einen eigentümlichen Wohlgeschmack verleihen kann.

Gehört ein Pilzfreund zu den Spätaufstehern, so wird er, mit einigen Kenntnissen ausgestattet, bei der Nachlese noch eine recht ansehnliche Ernte von Blätterpilzen, Porlingen oder Bovisten eintragen können. Gerade solche Pilze eignen sich oft besonders zum **Braten,** ja für viele ist eben das **die** Zubereitungsart. So wäre es bei Riesen- bzw. Safranschirmpilzen, Edelreizkern, Brätlingen, Anisegerlingen, Riesen-Bovisten oder Schwefel- und Schuppigen Porlingen fast ein Frevel, nicht wenigstens einige Exemplare paniert oder naturell in der Pfanne zu braten. Aber auch kleingeschnitten gebraten sind viele Pilze ein Genuß. Alle trockenen Arten lassen sich so schmackhaft zubereiten.

Nicht weniger beliebt als das Braten ist wohl das **Dünsten.** Hierfür eignen sich vor allem weichfleischige Pilze, wobei für einige mit besonders aufdringlichem Aroma, wie z. B. manche Ritterlinge, vorheriges Blanchieren empfehlenswert ist.

Eine besondere Kunst ist es, durch geschickte Zusammenstellung von schwächer und stärker aromatischen Arten die gewünschte Geschmacksrichtung zu erreichen. Dabei wäre bei genügender Auswahl noch anzustreben, Pilze mit feinem Aroma, wie z. B. Steinpilze, nicht durch andere Arten mit starkem Eigengeschmack, wie z. B. einige Ritterlingsartige, aber auch Champignons, zu „erschlagen". Andererseits können einige Anisegerlinge, Stockschwämmchen, Nelkenschwindlinge, Hallimasch oder auch typische Würzpilze, wie z. B. Herbsttrompeten, Habichtspilze, „Maggipilze", einem allzu milden Gericht die richtige Note geben.

Gut überlegt sollte auch sein, inwieweit trockene, festfleischige Arten (wie viele Lamellenpilze) mit schleimigen, weicheren gemischt werden. Die Beschaffenheit des Pilzgemüses wird dadurch wesentlich bestimmt.

Eine weitere Möglichkeit, dem Gericht einen besonderen Charakter zu verleihen, ist es, sein Aroma durch angebratene Zwiebeln und Speck oder auch Gewürze wie Pfeffer, Paprika, Kümmel, Thymian, Liebstöckel, Estragon abzurunden oder sogar zu bestimmen.

Trotzdem wird sich bei entsprechendem Angebot der Feinschmecker natürlich artenreine Vorräte für spezielle Gerichte anlegen. So könnten z. B. Pfifferlinge für Wildgerichte, Morcheln für Soßen und Geflügelgerichte, Steinpilze für Fleischgerichte und Suppen, Grünlinge, Stockschwämmchen, Reizker ebenfalls für Suppen – ganz zu schweigen von den vielseitigen Champignons – konserviert aufbewahrt werden und dienen noch außerhalb der Pilzsaison zur Krönung einer Mahlzeit.

Natürlich empfiehlt sich bei geeigneten Exemplaren das Trocknen. Auch kleine Mengen lohnen.

Der erfolgreiche, schon erfahrene Pilzfreund wird sicherlich auch daran denken, daß Pilze, sauer eingelegt oder eingekocht, eine besondere Delikatesse sein können. Auch hierfür ist jedoch eine geschickte Auswahl ganz wesentlich. Vor allem festfleischige Exemplare eigentlich aller Arten kommen in Frage, wobei geschmacklich weniger wertvolle völlig ausreichen. Das Aroma der sauren Pilze wird entscheidend von der Säure und den zugegebenen Gewürzen und Kräutern bestimmt. Etwas anders ist das schon bei den Blätterpilzen, bei denen einige Arten ihr starkes Aroma durchaus in den Geschmack einbringen. Vor der Nebelkappe ist sogar zu warnen, denn sie „schafft" jedes Gewürz, und das in nicht wünschenswerter Richtung. Champignons, Rötelritterlinge, Reizker, auch verschiedene Täublinge u. a. sind dagegen für diese Zubereitungsart zu empfehlen (siehe auch Abschnitt „Konservieren").

Nachfolgend zusammengefaßt nochmals einige grundsätzliche Hinweise zur Zubereitung von Pilzen:

– Pilze sind schwerverdauliche Nahrung! Vor allem das in ihnen enthaltene Chitin wird im menschlichen Verdauungstrakt nicht aufgeschlossen. Deshalb sollte man nicht zu reichliche Portionen (nicht mehr als eine normale Fleischportion) zu sich nehmen und die Pilze immer gut kauen.

– Die beliebtesten und unkompliziertesten Garungsarten sind das Braten und das Dünsten. Dünsten sollte man Pilzarten mit angenehm zartem oder auch mit kräftigem Eigengeschmack sowie saftige und weichfleischige Arten, Braten hebt das Aroma von ansonsten milden bis faden Pilzen. Im allgemeinen sollten Garzeiten zwischen 10 und 15 Minuten eingehalten werden, roh giftige Arten sind mindestens 30 Minuten zu erhitzen. Zu langes Braten oder Dünsten kann andererseits dazu führen, daß das Gericht an Geschmack verliert.

– Pilzgerichte dürfen nicht vor Ablauf der Garzeit abgeschmeckt werden. Das Kosten selbst kleiner Mengen roher oder halbgarer Pilze kann zu Magen- und Darmbeschwerden führen.

– Spezielles Geschirr für die Pilzzubereitung ist nicht nötig. Pfannen und Tiegel aus Metall, Glas- oder Tongeschirr sind gleichermaßen brauchbar. Mitunter zu lesende einschränkende Empfehlungen rühren wohl von der unbegründeten Besorgnis her, daß Reaktionen der Pilzinhaltsstoffe mit dem Gefäß zu Unverträglichkeiten führen würden.

– Fertige Pilzgerichte lassen sich bis zum nächsten Tag aufbewahren, wenn man sie gleich nach dem Erkalten in den Kühlschrank stellt. Denn schon ein mehrstündiges Stehenlassen bei Zimmertemperatur gibt Bakterien die Gelegenheit, sich zu vermehren und die Mahlzeit zu verderben. Deshalb dürfen Pilzgerichte auch nicht mehrmals aufgewärmt werden.

– Verwendet man Trockenpilze, so gilt, daß dann nur ein Zehntel bis ein Fünftel des für Frischpilze angegebenen Gewichtes genommen wird. Die Trockenpilze werden über Nacht eingeweicht und eventuell kurz aufgekocht. Das Wasser enthält dann viele Geschmacksstoffe und sollte mit verwendet werden. Trockenpilze in größeren Mengen sind besonders geeignet für Suppen, Aufläufe, Pilzgemüse, in kleineren Mengen zum Würzen. Pilzpulver ist bestens geeignet als Würzmittel, zum Panieren, als Einstreu in Suppen, Gehacktes oder zur Herstellung von Brühen.

— Es gibt keinerlei sichere „Hausmittel" zur einwandfreien Erkennung von Giftpilzen in Pilzgerichten. Allein gute Pilzkenntnisse helfen. Im Zweifelsfall immer den Pilzberater fragen!

Die nachfolgenden Rezepte sind nach Pilzarten in die Kapitel
Mischpilze,
Champignons,
Steinpilze und Röhrlinge,
Parasolpilze und andere Blätterpilze,
Pfifferlinge,
Morcheln und Boviste
eingeteilt, wobei innerhalb der Kapitel lose nach Vorspeisen, Suppen und Hauptgerichten geordnet wurde. Alle Rezepte sind, wenn nicht anders angegeben, für 4 Personen berechnet.

# Grundrezepte

## Pilzbrühe (Pilzwürze)

300 bis 500 g Pilzabfälle oder
zähe Pilze,
1 Zwiebel,
Suppengrün,
Pfeffer, Salz

Die beim Putzen anfallenden harten
Stiele, Pilze, die zum Schmoren zu fest,
aber wohlschmeckend sind, können für
eine kräftige Brühe genutzt werden.
Dazu kocht man die zerkleinerten Pilze
mit dem Suppengrün, Pfeffer sowie Salz
30 Minuten lang in ungefähr 1 l Wasser
und gießt die Brühe dann durch ein
Sieb. Natürlich kann auch hier beliebig
variiert werden, indem man z. B. Fleischbrühe statt Wasser nimmt, mit verschiedenen Kräutern verfeinert oder weitere
Gewürze wie z. B. Paprika, Kümmel,
Muskat oder Majoran hinzufügt. Erlaubt
ist also, was gefällt, nur sollte man nicht
vergessen, daß das Ergebnis eine Pilzbrühe sein muß.
Wenn man eine solche Brühe oder auch
Blanchierwasser (außer vom Hallimasch)
eindickt und kräftig salzt, so kann das
Produkt (steril in Flaschen abgefüllt) als
Pilzwürze dienen und längere Zeit aufgehoben werden.

## Pilzsuppe

1 bis 2 Zwiebeln,
50 g Speck,
250 bis 500 g Pilze,
Pfeffer, Salz,
1 l Wasser oder Brühe

Die Zwiebeln feinhacken, den Speck
würfeln und beides in einem Topf anrösten. Die Pilze putzen, kleinschneiden,
zu Speck und Zwiebeln geben und 5 bis
10 Minuten dünsten. Mit Pfeffer und
Salz würzen, mit der Brühe auffüllen
und noch 10 Minuten kochen. Die
Suppe kann mit Wein oder saurer Sahne
verfeinert und mit einer Mehlschwitze
oder Sahne legiert werden.

## Weiße Pilzsoße (Grundsoße)

2 Eßl. Butter, 1 Eßl. Mehl,
¼ l Fleischbrühe,
1 Glas Weißwein,
Zitronenschale,
50 g Champignons,
Salz, Zitronensaft,
3 Eigelb

Aus Butter und Mehl eine helle Mehlschwitze bereiten. Mit Fleischbrühe und
Weißwein auffüllen, etwas Zitronenschale, kleingeschnittene Champignons
und Salz hinzufügen und ca. 10 Minuten
kochen. Vom Feuer nehmen und unter
Rühren Zitronensaft und Eigelb hinzufügen. – Diese Soße gibt man zu Kalbfleisch und Geflügel. Sie dient als
Grundlage für andere Soßen.

# Braune Pilzsoße (Grundsoße)

500 g Kalbsknochen,
150 g Suppengrün,
200 g Sellerie,
Möhre,
Petersilienwurzel,
2 Zwiebeln,
1 Knoblauchzehe,
50 g Fett,
1 Teel. Zucker,
60 g Mehl,
1 ½ Glas Rotwein,
50 g Tomatenmark,
150 g Mischpilze,
1 Lorbeerblatt,
Thymian,
Pfeffer, Salz

Das kleingeschnittene Wurzelwerk, das Suppengrün, die Zwiebeln, den Knoblauch und die zerkleinerten Knochen in dem Fett kräftig anrösten. Mit 1 Liter Wasser auffüllen, pfeffern, salzen und kochen. Inzwischen den Zucker mit etwas Fett in der Pfanne bräunen, mit Mehl bestäuben und so lange weiterrösten, bis auch das Mehl braun ist. Diese Mehlschwitze mit der Brühe verrühren. Danach den Wein dazugeben. Tomatenmark, feingehackte Pilze, Lorbeerblatt, etwas Thymian und Pfeffer hinzufügen und ungefähr 2 bis 3 Stunden weiter kochen. Schließlich die Knochen herausnehmen und alles durch ein feines Haarsieb gießen. – Diese Soße dient als Grundlage für andere Soßen.

# Gedünstete Pilze

500 g Pilze,
1 Zwiebel,
Pfeffer, Salz,
40 g Fett

Die Pilze putzen, wenn nötig waschen und kleinschneiden. Die Zwiebel feinhacken und in heißem Fett anrösten. Die Pilze dazugeben und in der austretenden Flüssigkeit dünsten, bis sie gar sind. Dabei mit Pfeffer und Salz abschmecken. Tritt wenig Wasser aus, sollte man einen Deckel auflegen. Wer etwas mehr Soße mag, kann beim Dünsten eine Tasse Fleischbrühe, saure Sahne oder ein Glas Weißwein hinzufügen und nach Wunsch mit ein wenig Mehl andicken. Auch beim Würzen und der Zugabe von Kräutern läßt sich viel variieren, doch sollte der Geschmack der verwendeten Pilze im Vordergrund stehen. Überhaupt kann man bei vielfältigem Pilzangebot durch entsprechende Zusammenstellung der Pilzarten die Geschmacksrichtung bestimmen.
Eine besonders herzhafte Note erhält das Gericht bei Verwendung von 50 bis 150 g geräuchertem, durchwachsenem Speck, der mit den Zwiebeln angebraten werden muß.

# Gebratene Pilze naturell

4 Parasolpilzhüte (große Champignons, Edelreizker, Riesenbovist- oder Steinpilzscheiben, Brätlinge),
Salz, Pfeffer,
50 g Butter oder Margarine

Nur trockene, saubere Pilze verwenden und diese putzen, ohne sie zu waschen. Dann die Hüte mit Salz und eventuell auch mit Pfeffer bestreuen und von beiden Seiten in heißer Margarine braten, bis sie gar sind. Auf diese Art zubereitet, kommt das eigene Aroma dieser Pilze am besten zur Geltung. Auch andere feste Pilze mit wenig Wasser (wie Pfifferlinge, Morcheln, Täublinge, Stäublinge usw.) kann man auf ähnliche Weise braten, sollte sie jedoch vorher zerkleinern. Je nach Geschmack kann die Zubereitung variiert werden, indem man mit angebratenem durchwachsenem Speck und Zwiebeln ergänzt, mit Kümmel, Muskat, Paprika, Majoran, Thymian usw. würzt und mit frischen Gartenkräutern wie Petersilie, Dill, Schnittlauch, Kresse oder Borretsch und auch mit Wildkräutern wie Löwenzahn, Sauerampfer, Schafgarbe usw. abrundet. Hat man nur wenige Pilze gefunden, würzen sie so vorbereitet ein Rührei oder auch eine Suppe ganz vorzüglich.

## Salzpilze

1 kg Pilze (Reizker, Champignons, Steinpilze; andere müssen vorher gekocht werden),
ca. 75 g Salz,
2 Lorbeerblätter u.a. Gewürze wie Estragon, Basilikum, Sellerie und Pfeffer

Vorrangig festfleischige Pilze waschen, abtropfen lassen und möglichst im ganzen mit Salz und Gewürzen vermischt in einen Steintopf füllen. Sie werden möglichst luftfrei zusammengedrückt und mit einem Teller und einem Stein beschwert. Die sich bildende Lake muß überstehen.

## Saure Pilze (siliert)

1 kg Pilze (Reizker, Ritterlinge, Täublinge, Träuschlinge, Austernseitlinge, evtl. auch Röhrenpilze),
15 g Zucker, ca. 15 g Salz,
1 Eßl. Joghurt oder saure Sahne und Gewürze wie Pfefferkörner, Estragon, Lorbeerblatt u.a.

Die möglichst festfleischigen, jungen Pilze putzen, waschen und in Wasser 5 Minuten kochen. Dann die Pilze abseihen und abtropfen lassen. Das Kochwasser wegschütten und die Pilze mit Zucker sowie Salz vermischt in einen Steintopf füllen. Um den Beginn der Gärung zu erleichtern, gibt man noch etwas saure Sahne hinzu. Dann werden die Pilze vorsichtig so zusammengedrückt, daß keine Luftblasen eingeschlossen sind, mit einem Teller unter der sich absetzenden Flüssigkeit gehalten und mit einem Stein beschwert. Notfalls etwas Salzwasser (ca. 30 g/l) nachgießen und kühl stehen lassen. Nach Beendigung der Gärung müssen die Pilze im Schnitt glasig, aber fest und säuerlich im Geschmack sein. Sie sind in der Lake Monate haltbar, können aber auch tiefgekühlt aufbewahrt werden. Man reicht sie als Vor- oder Zuspeise, kann sie aber auch für Pilzsalate verwenden und sogar braten.

# Schmackhaftes Allerlei: Mischpilzgerichte

## Pilzsoße mit saurer Sahne

1 Zwiebel,
30 g Schweinefett,
250 g Pilze,
Pfeffer, Salz,
¼ l Knochenbrühe,
¼ l saure Sahne,
30 g Margarine

Die Zwiebel feinwiegen und in heißem Fett glasig dünsten. Die gesäuberten, kleingeschnittenen Pilze zugeben und einige Minuten dünsten. Nun mit frisch gemahlenem Pfeffer und Salz würzen und mit Brühe auffüllen. Aufkochen lassen, die saure Sahne hinzufügen und unter Erhitzen glattrühren. Die Margarine unterrühren und die Soße kochen, bis sie dick genug ist.

## Pilzsalat mit Tomatensoße

500 g feste Mischpilze (Champignons, Täublinge, Milchlinge, Raslinge, evtl. Träuschlinge),

2 kleine Zwiebeln,
100 g Tomatenmark,
20 g Margarine,
2 Eßl. Sonnenblumenöl,
1 kleine Zitrone,
1 Lorbeerblatt,
Pfeffer, Salz

Die Zwiebeln feinhacken und in Margarine anschwitzen, die gereinigten Pilzhüte darin dünsten und mit Lorbeerblatt, Pfeffer, Salz und etwas Zitronensaft würzen. Alles abkühlen lassen und mit einer Soße aus Tomatenmark, Öl und Zitronensaft vermischen. Kühl servieren.

## Pilzsalat mit Vinaigrette

500 g feste Mischpilze,
1 Tasse 5%iger Weinessig,
2 hartgekochte Eier,
1 Zwiebel,
1 Eßl. Senf,
4 Eßl. Sonnenblumenöl,
3 Eßl. feingehackte Kräuter (Estragon, Petersilie, Kerbel, Schnittlauch u.a.),
Pfeffer, Salz, Zucker

Die Pilze säubern, in formschöne Stücke schneiden und in 3 Eßlöffel Öl dünsten, bis fast kein Wasser mehr vorhanden ist. Inzwischen Zwiebeln sowie Eier feinschneiden, mit dem Essig und dem Öl gründlich mischen, die Kräuter unterrühren und mit Pfeffer, Salz und Zucker abschmecken. Die Pilze auskühlen lassen, mit der Soße vermengen, zwei Stunden ziehen lassen und kühl servieren.

# Kulajda

(Südböhmische Pilzsuppe)

300 g Pilze (am besten Blätterpilze),
200 g Kartoffeln,
2 Eier,
1 l Knochenbrühe,
¼ l saure Sahne,
1 Eßl. Mehl,
1 Handvoll Dill,
½ Teel. Kümmel, Essig, Salz

Die Pilze putzen und in formschöne Stücke schneiden. Die Kartoffeln schälen und würzen. Beides in der Knochenbrühe fast gar kochen. Dabei Kümmel hinzufügen. Dann das Mehl mit der Sahne verquirlen und in die Suppe rühren, noch einmal 5 Minuten kochen. Die Suppe vom Feuer nehmen und die verquirlten Eier hineinrühren, mit etwas Essig sowie Salz abschmecken, den gehackten Dill hinzufügen und sofort servieren. Die Eier können auch als „verlorene Eier" in die Suppe gegeben werden.

# Kartoffelsuppe mit Pilzen

400 g Kartoffeln,
200 g Mischpilze,
60 g geräuchertes Bauchfleisch,
40 g Margarine,
1 Zwiebel,
1 l Fleischbrühe,
Petersilie,
Schnittlauch,
Kerbel, Sellerieblätter,
Salz

Den Speck würfeln, anbraten und beiseite stellen. Die Margarine zerlassen und die feingehackte Zwiebel andünsten. Dann die gesäuberten, kleingeschnittenen Pilze hinzufügen und weiterdünsten. Schließlich mit der Brühe

ablöschen, den gebratenen Speck sowie die feingehackten Kräuter und die in dünne Scheiben geschnittenen Kartoffeln hineingeben. Ungefähr noch 15 Minuten köcheln lassen und abschmecken. Etwas von den Kräutern zuletzt frisch über das Gericht streuen.

# Hochzeitssuppe nach Soproner Art

*Für die Suppe:*
1 Huhn,
500 g Rinderknochen,
300 g Wirsingkohl,
100 g Pilze (Steinpilze, Champignons, aber auch Mischpilze),
200 g Möhren,
100 g Pastinaken,
50 g Petersilienwurzel,
½ Sellerieknolle,
1 Zwiebel,
1 Knoblauchzehe,
Ingwer,
Pfeffer,
Salz,
125 g Fadennudeln
*Für die Klöße:*
200 g Schweineleber,
2 Semmeln,
2 Eier,
1 Zwiebel,
2 Eßl. Semmelbrösel,
1 Strauß Petersilie,
1 Stengel Majoran,
30 g Schmalz,
Salz, Pfeffer

In einem großen Topf das Huhn und die Knochen in ungefähr 3 Liter Wasser mit etwas Salz zum Kochen bringen. Nach 1 Stunde das geputzte, kleingeschnittene Gemüse, die gesäuberten Pilze, Zwiebel, Knoblauchzehe sowie Gewürze zugeben und weiterkochen, bis das Huhn gar ist. Die Brühe durch ein Sieb gießen, das Hühnerfleisch zerkleinern, das Gemüse in Stücke schneiden und alles wieder in die Brühe geben. Für die Klöße die kleingeschnittene Zwiebel und die gewiegten Kräuter in wenig Fett bräunen. Die Leber und die eingeweichten Semmeln sehr fein durch den Wolf drehen. Alle Zutaten miteinander verkneten. Klößchen formen und in Salzwasser garen. Die Leberklößchen und die extra in Salzwasser gekochten Nudeln in die Suppe geben und heiß servieren.

# Feine Lebersuppe mit Pilzen

1 Enten- oder Gänseleber,
100 bis 200 g Mischpilze (Champignons, Steinpilze, Maipilze, Stockschwämmchen, auch 15 g Trockenpilze),
1 Möhre,
1 Petersilienwurzel,
½ Sellerieknolle,
½ Kohlrabi,
½ Tasse saure Sahne,
2 Eßl. Sonnenblumenöl,
10 g Margarine,
1 Eßl. Mehl,
feingehackte Petersilie,
Salz, Pfeffer

Leber und Gemüse in ¾ l Wasser mit etwas Salz kochen. Die kleingeschnittenen Pilze in dem Öl 10 bis 15 Minuten andünsten, mit etwas Salz und Pfeffer würzen. Aus Margarine, Mehl und Petersilie eine helle Mehlschwitze bereiten. Mit dem Kochwasser der Leber auffüllen, dann die Pilze zugeben und kurz aufkochen. Die gegarte Leber in mundgerechte Stücke schneiden und in heißem Öl kurz anbraten. Dann die Leber in die heiße Suppe geben und die saure Sahne kurz vor dem Auftragen hinzufügen.

# Barszcz Wigilijny
(Rote-Bete-Weihnachtssuppe)

*Für die Suppe:*
100 g getrocknete Mischpilze (Steinpilze, Maronen),
1 kg rote Bete,
2 Eßl. Weinessig,
1 Eßl. Zitrone, Zucker, Salz
*Für die Teigtaschen (uszka):*
150 g Mehl,
2 Eier, Salz
*Für die Füllung:*
100 g Butter,
2 große Zwiebeln,
1 Eßl. frische Weißbrotkrumen,
1 Eiweiß, Salz

Zubereitung der Suppe: Die Pilze in ungefähr 1 Liter Wasser einweichen und dann unbedeckt kochen lassen, bis der größte Teil des Wassers verdampft ist. Die Pilze und das Kochwasser getrennt aufbewahren. Inzwischen die roten Bete reiben und mit genügend Wasser (ca. 1 Liter) und Salz ungefähr 45 Minuten kochen. Dann durch ein Sieb schütten, ausdrücken und nur die Brühe verwenden. Diese wird mit der Pilzbrühe in einem Topf noch einmal aufgekocht und dabei mit Zitrone, Essig Salz und einer Prise Zucker abgeschmeckt.
Zubereitung der uszka („Kleine Ohren"): In einer Pfanne werden die feingeschnittenen Zwiebeln in Butter glasig gedünstet. Dazu dann die Brotkrumen geben, anrösten und schließlich die Pilze daruntermischen, kurz andünsten und alles durch den Fleischwolf drehen. Diese Masse wieder in einer Pfanne mit heißer Butter weiterdünsten, bis sie möglichst trocken ist. Schließlich salzen, vom Feuer nehmen und ein Eiweiß darunterrühren. Für den Teig werden zunächst ein ganzes Ei und ein Eiweiß mit 1 Eßlöffel Wasser und etwas Salz in einer Schüssel glattgerührt. Dann das Mehl dazusieben und den Teig mit den

Händen kneten, sehr dünn ausrollen und in Quadrate von ca. 4 cm Kantenlänge schneiden. Etwas Füllung in die Mitte eines Quadrates legen, ein Dreieck falten, die Ränder festdrücken und die fertigen Taschen in leise wallendes Wasser legen. Die garen „uszka" herausheben, auf die Teller verteilen und die heiße Suppe darübergießen.

## Pilze mit Reis

250 g Mischpilze (keine schleimigen Arten),
200 g Reis,
1 Zwiebel,
50 g Schinkenspeck,
Pfeffer, Salz,
1 Eßl. Öl,
20 g Butter,
Petersilie,
geriebener Käse

Die Pilze putzen und kleinschneiden, Hallimasch blanchieren. Die feingehackte Zwiebel und den gewürfelten Schinkenspeck in der Pfanne anbraten. Die Pilze dazugeben und dünsten, bis das Wasser verdampft ist, mit Salz und Pfeffer abschmecken. Den Langkornreis unter fließendem Wasser abspülen und in viel Salzwasser ca. 10 bis 15 Minuten leise kochen. Dann in ein Sieb gießen und mit kaltem Wasser kurz abspülen. Eine feuerfeste Glasform mit Butter ausstreichen und den Reis mit den Pilzen vermengt hineingeben. Im Ofen garen, bis das restliche Wasser verkocht und der Reis nicht zu weich, aber körnig ist. Vor dem Auftragen mit Petersilie und Käse bestreuen.

## Mischpilze mit Speck

800 g Mischpilze (am besten Lamellenpilze),
200 g geräucherter, durchwachsener Speck,
1 Zwiebel,
einige Blätter Liebstöckel,
½ Teel. gemahlener Kümmel,
Pfeffer, Salz

Die Pilze putzen und kleinschneiden. Den Speck in dünne Scheiben schneiden und in einer Pfanne ausbraten. Dann die Scheiben herausnehmen und in dem Speckfett die feingehackten Zwiebeln goldgelb anbraten. Die Pilze dazugeben und dünsten. Nach ca. 10 Minuten die Speckscheiben wieder hinzufügen, mit dem Kümmel, Pfeffer sowie Salz würzen und weitere 10 Minuten dünsten. Wenn das Wasser fast verdampft ist, mit dem feingewiegten Liebstöckel bestreuen und heiß mit Pellkartoffeln oder Schwarzbrot als Beilage servieren.

## Pilzfladen

100 g Mischpilze (Champignons, Perlpilze, Austernseitlinge, Stockschwämmchen, Täublinge, Milchlinge),
2 Eier,
1 Strauß Petersilie,
60 g Mehl,
10 g Fett,
Pfeffer, Salz

Die Pilze in kleine Stücke schneiden. Die kleingehackte Petersilie in Fett anbraten, die Pilze dazugeben und dünsten, bis die Flüssigkeit verdampft ist. Die Eier im Wasserbad unter Rühren mit dem Schneebesen erwärmen und schließlich mit Mehl schaumig schlagen. Den Schaum unter die Pilze mengen, mit Mehl bestreut in einer gefetteten Pfanne glattdrücken und von beiden Seiten bei milder Hitze braten. Die Masse in Würfel schneiden und als Einlage für Brühen oder Suppen verwenden.

# Röhrenpilze

Die meisten Röhrlinge sind eßbar. Der
Anfänger meide Röhrenpilze mit roten
Poren und bittere Arten.

■ 1   Birkenpilz

■ 2   Goldröhrling

■ 3   Derbes Rotfüßchen

■ 4   Körnchenröhrling

■ 5  Marone

■ 6  Steinpilz

■ 7  Rotkappe

# Nicht verwechseln:

## Steinpilz und Gallenröhrling

Für den Steinpilz sind der milde Geschmack, das feine weißliche Adernetz
am Stiel (Lichtflecke) und die später
gelbgrünlichen Poren charakteristisch.
Der Gallenröhrling schmeckt bitter, hat
ein grobes dunkles Adernetz und später
rosa Poren.

8   Gallenröhrling

# Vorsicht bei Röhrenpilzen mit roten Poren!

Die eßbaren Hexenpilze erkennt man an den braunen Hüten und dem stark blauenden Fleisch.
Der giftige Satanspilz hat einen steingrauen Hut und schwach blauendes Fleisch.

■ 10  Satanspilz

■ 11 Netzstieliger Hexenpilz

■ 12 Flockenstieliger Hexenpilz

# Nicht verwechseln:

## Morcheln und Lorcheln

Zur Unterscheidung achte man auf die unterschiedliche Hutgestaltung.
Der wabig-grubige Morchelhut mit Längs- und Querrippen wirkt recht regelmäßig.
Lorcheln dagegen haben hirnartig gewundene oder gelappte Hüte.

■ 13   Frühjahrslorchel

■ 14    Speisemorchel

■ 15    Spitzmorchel

# Nicht verwechseln:

## Maipilz und
## Ziegelroter Rißpilz

Der cremeweiße Maipilz riecht auffallend nach Mehl und rötet nicht. Sein giftiger Doppelgänger sieht nur jung weißlich aus, rötet aber bald und riecht nicht nach Mehl.

■ 16   Ziegelroter Rißpilz

# Champignons (Egerlinge)

Die meisten Arten sind vorzügliche
Speisepilze.
Zu achten wäre auf Giftchampignons.
Sie verraten sich durch kräftige Gelbfär-
bung in der Knolle (Schnitt!).

■ 18  Giftchampignon

■ 19  Großer Waldchampignon

■ 20  Kompostchampignon

■ 21  Anischampignon

# Der Grüne Knollen-blätterpilz und seine Doppelgänger

Den tödlich giftigen Grünen Knollen-blätterpilz erkennt man an den stets weißen Blättern und der Scheide am knolligen Stielgrund.
Champignons haben jung graurosa, später braunschwarze Blätter und nie eine Scheide an der Knolle.
Grünlinge und Grüne Täublinge haben weder eine Manschette noch eine Scheide am Stiel.

■ 22   Grüner Knollenblätterpilz (tödlich giftig)

■ 23  Anischampignon

■ 24  Grünling

■ 25  Grüner Birken-Täubling

# Nicht verwechseln:

## Perlpilz –
## Grauer Wulstling –
## Pantherpilz

Die eßbaren Wulstlinge haben eine
deutlich geriefte Manschette und eine
kräftige, nicht abgesetzte Knolle.
Den giftigen Pantherpilz erkennt man
am breit gerieften Hutrand, der ungerief-
ten Manschette und der kleinen, wulstig
abgesetzten Knolle.

■ 26   Pantherpilz

■ 27 Grauer Wulstling

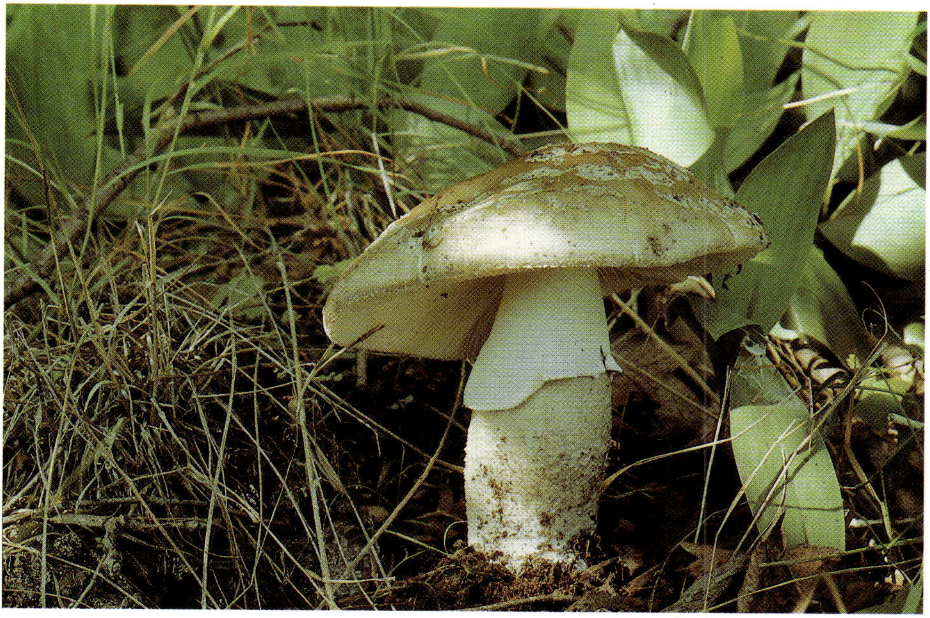

■ 28 Perlpilz

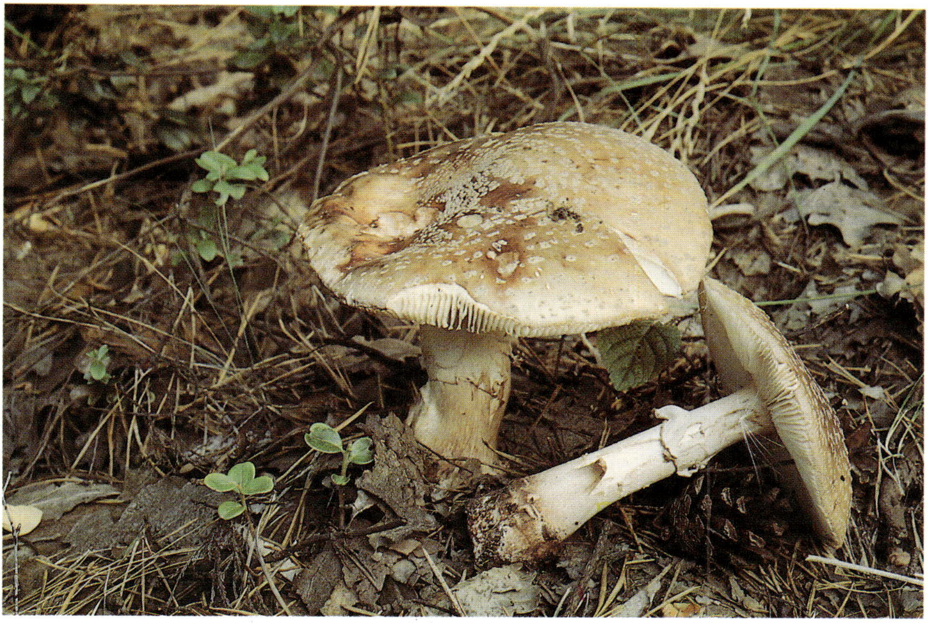

# Schirmpilze

Die meisten großen und mittleren
Schirmpilzarten sind eßbar. Vorsicht bei
kleinen rötlichen Schirmlingen!

■ 29 Riesenschirmpilz

## 30 Safranschirmpilz

## 31 Rosablättriger Schirmpilz

# Ritterlinge und Verwandte

Zu ihnen gehören bekannte Speisepilze
(Maipilz, Grünling, Schneepilz, Röhren-
ritterling ...), aber auch giftige Vertreter
(z. B. Weiße Trichterlinge, Tigerritterling).

■ 32   Schneepilz

■ 33  Lilastieliger Rötelritterling     ■ 34  Feldtrichterling

■ 35  Grünling     ■ 36  Nelkenschwindling

# Täublinge und Milchlinge

Für Täublinge und die meisten Milchlinge gilt, daß mild schmeckende Arten
eßbar, die scharfen und bitteren ungenießbar sind.

■ 37   Gelber Graustieltäubling

■ 38   Taubentäubling

■ 39   Zinnobertäubling

■ 40   Edelreizker

■ 41   Wolliger Milchling          ■ 42   Bruchreizker

# Bauchpilze

Zahlreiche Boviste und Stäublinge sind
eßbar. Man achte auf weiße Innenmasse,
angenehmen Geruch und frische Exemplare.

■ 43   Kartoffelbovist

■ 44   Erdstern

■ 45  Riesenbovist

■ 46  Flaschenstäubling

■ 47  Wiesenstäubling

# Porlinge, Leisten- und Korallenpilze

■ 48 Schuppiger Porling

■ 49 Schwefelporling

50 Pfifferling

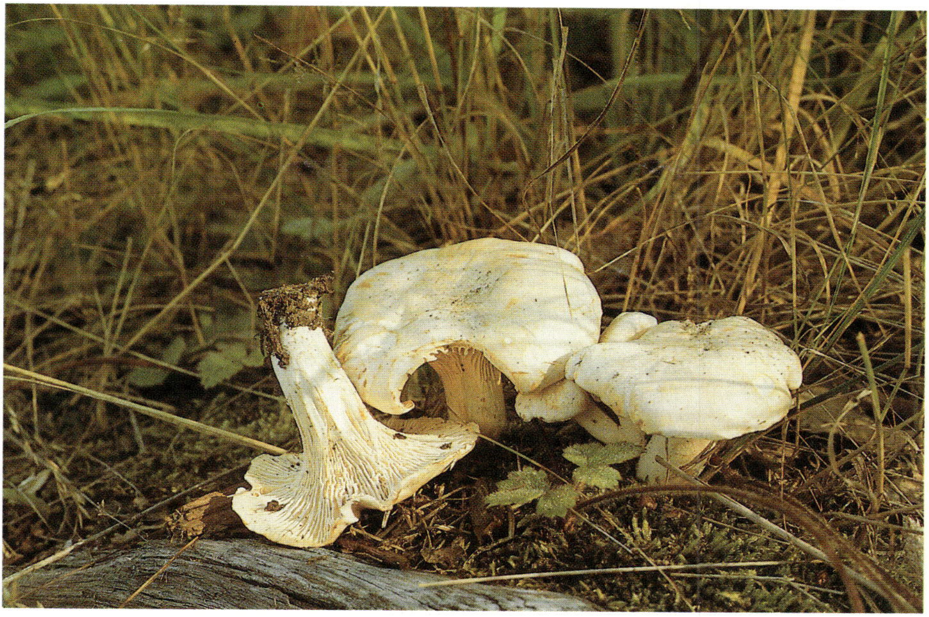

51 Krause Glucke

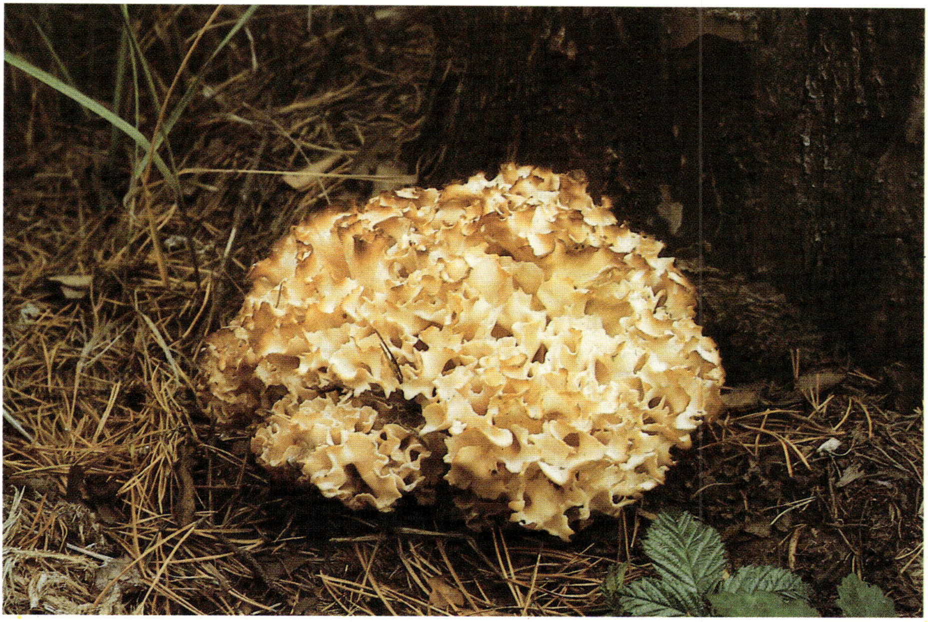

# Stubbenpilze

Der Samtfußrübling ist an den braun-schwarzen Stielen und dem Vorkommen im Winterhalbjahr leicht zu erkennen. Beim Stockschwämmchen auf die dunkle Randzone am Hut, die bräunlichen La-mellen und den beringten schuppigen Stiel achten.

Der eßbare Graublättrige Schwefelkopf läßt sich am milden Geschmack von an-deren Schwefelköpfen unterscheiden. Beim Hallimasch sind der kräftige Wuchs, die Faserschüppchen auf dem Hut und besonders der weiße Sporen-staub wichtig.

■ 52 Stockschwämmchen

■ 55 Graublättriger Schwefelkopf

■ 56 Grünblättriger Schwefelkopf

■ 53 Hallimasch

■ 54 Samtfußrübling

# Morcheln mit Leberfülle

Hallimasch mit Schinken

Pilze haltbar gemacht:
sterilisiert, getrocknet oder als Pulver,
gefrierkonserviert, siliert. Jede Konserve
mit Art und Datum versehen!

## Pilzkoteletts

300 g Mischpilze,
2 Semmeln,
3 Eier,
Semmelbrösel,
Fett,
Pfeffer, Salz

Die Pilze putzen und kleinschneiden, in heißem Fett andünsten und mit Pfeffer und Salz würzen. Die Semmeln einweichen und passieren. Pilze, Semmeln und Eier gut mischen. Koteletts daraus formen, in Semmelbröseln wenden und in heißem Fett braten.

## Hubnik

500 g Mischpilze,
4 Eier,
4 Semmeln,
3 Knoblauchzehen,
1 Tasse Milch,
2 Eßl. Grieß,
100 g Butter,
Pfeffer, Salz,
1 Sträußchen Petersilie

Die Pilze putzen, waschen, in Scheiben schneiden und in Butter andünsten. Die Semmeln in Milch einweichen und ausdrücken. Nun 50 g Butter zerlassen, die verquirlten Eier, die Pilze, die Semmeln, den zerdrückten Knoblauch sowie Pfeffer und Salz hineingeben. Alles miteinander vermischen und auch den Grieß hinzufügen. Diese Masse in eine gefettete Form füllen, mit Butterflöckchen belegen und in der Röhre goldbraun überbacken. Mit Petersilie garnieren und mit frischem Kopfsalat als Beilage servieren. Hubnik ist ein volkstümliches Gericht in der ČSSR.

## Steirischer Schwammerlsterz

400 g Mischpilze,
200 g Maisgrieß,
1 Zwiebel,
1 Knoblauchzehe,
50 g Butter,
Pfeffer, Salz

Die Pilze putzen, waschen und kleinschneiden. Die Zwiebel in Würfel schneiden und in Butter bräunen. Die Pilze hineingeben und dünsten, bis sie gar sind. Die Knoblauchzehe zerquetschen und mit ihr sowie Pfeffer und Salz die Pilze würzen. Den Maisgrieß in ½ Liter kochendes Salzwasser rieseln lassen und zu einem festen Brei kochen. Den Brei dann in eine Pfanne mit heißer Butter geben, mit 2 Gabeln in Stücke reißen und fertig garen. Der Sterz wird heiß zu den Pilzen gegeben und sofort aufgetragen.

## Kuba

250 g Mischpilze (oder auch 35 g Trockenpilze),
250 g Eiergräupchen,
1 Zwiebel, 1 Knoblauchzehe,
30 g Gänsefett, 50 g Butter,
Majoran, Salz,
1 Tasse Fleischbrühe

Die Pilze putzen und 5 Minuten in Wasser kochen. Trockenpilze werden vorher ca. 2 Stunden eingeweicht. Die Gräupchen mit kaltem Wasser abspülen, die Zwiebel feinhacken und zusammen mit den Gräupchen in dem Gänsefett goldgelb anbraten. Dann mit kochendem, gesalzenem Wasser auffüllen und zugedeckt kochen, bis die Eiergraupen halbgar sind. Zwischendurch mit zerdrücktem Knoblauch sowie einer Prise Majoran würzen. Dann die Graupen abgießen und eine Schicht davon in eine gebutterte Auflaufform geben. Darauf dann kleingehackte Pilze schichten und so fortfahren, obenauf mit Graupen abschließen. Mit zerlassener Butter beträufeln, etwas Fleischbrühe zugießen und 30 Minuten im vorgeheizten Ofen backen. Dazu werden saure Gurken gegessen.

Kuba ist ein volkstümliches tschechisches Weihnachtsgericht. So wird man, wenn man keine Samtfußrüblinge oder Austernseitlinge findet, wohl Trockenpilze verwenden müssen.

## Belorussische Schmorkartoffeln mit Pilzen

600 g Mischpilze,
400 g Kartoffeln,
150 g geräucherter Speck,
4 Zwiebeln,
1 Bund Petersilie,
1 Lorbeerblatt,
Pfeffer, Salz

Die geputzten Pilze blanchieren und kleinschneiden. (Das Blanchieren kann auch unterbleiben.) Die Zwiebeln feinhacken und mit 50 g Speckwürfeln goldgelb rösten. Die Pilze hinzufügen und 10 Minuten andünsten. Die Kartoffeln schälen, in große Stücke schneiden und in einer Pfanne in dem restlichen Speck anbraten. Dann die Pilze zusammen mit den Kartoffeln in einen Schmortopf geben, etwas Wasser dazugießen (besser Fleischbrühe), Petersilie, Lorbeerblatt, Pfeffer sowie Salz hinzufügen und auf kleiner Flamme zugedeckt gar dünsten. – Dieses einfache Gericht kann man auch mit getrockneten Pilzen zubereiten, die dann vorher eingeweicht werden müssen.

## Tschechischer Pilzschmarren

400 g Mischpilze,
400 g altbackenes Brot,
1 Zwiebel,
20 g Margarine, 100 g Butter,
Pfeffer, Salz

Die Pilze putzen und kleinschneiden. Die Zwiebel feinhacken und in Margarine goldgelb werden lassen. Dazu dann die Pilze geben und 10 Minuten dünsten, dabei mit Pfeffer sowie Salz würzen. Das dunkle Brot reiben und eine Schicht davon in eine gebutterte Auflaufform streuen. Darauf eine Schicht Pilze und dann wieder eine Schicht Brotkrumen geben. Die Krumen jeweils mit kleinen Butterflöckchen belegen – und so weiter. Den Abschluß bilden Brotkrumen mit Butterflöckchen. Das Ganze in der Röhre backen und mit Blattsalat auftragen.

Pilzschmarren ist ein althergebrachtes, volkstümliches tschechisches Gericht.

## Pilzkartoffeln mit saurer Sahne

400 g Kartoffeln,
400 g Mischpilze,
3 Zwiebeln,
100 g Margarine,
1 Tasse saure Sahne,
1 Eßl. Mehl,
1 Strauß Petersilie u. a. Kräuter,
Pfeffer, Salz

Die geschälten Kartoffeln in Würfel schneiden und in etwas heißer Margarine halbgar braten. Die Pilze putzen, 5 Minuten kochen, abtropfen lassen, kleinschneiden, mit den Kartoffeln vermischen und fertig braten. Die Zwiebeln in

Ringe schneiden, in etwas Margarine anrösten und mit dem Mehl, der dicken sauren Sahne, dem restlichen Fett sowie Pfeffer und Salz zu den Kartoffeln geben. Alles miteinander vermengen und zugedeckt 10 Minuten in den vorgeheizten Ofen stellen. Mit gehackten Kräutern bestreuen.

## Tomaten-Pilz-Auflauf

250 g Mischpilze,
250 g Tomaten,
500 g gekochte Kartoffeln,
2 Eier,
1 Zwiebel,
75 g geriebener Käse,
2 Eßl. Öl,
50 g Butter, Pfeffer, Salz

Die Pilze kleinschneiden, die Zwiebel feinhacken und in Öl andünsten, die Pilze dazugeben und gardünsten, bis das Wasser verdampft ist. Die Kartoffeln in Scheiben, die Tomaten in Viertel schneiden und abwechselnd mit den Pilzen schichtweise in eine gefettete Form füllen, dabei pfeffern und salzen. Die Eier mit etwas Brühe verquirlen und über den Auflauf geben. Jetzt noch Käse darüberstreuen, Butterflöckchen auflegen und im vorgeheizten Backofen garen (30 bis 40 Minuten). Dazu kann man Weißbrot essen.

## Schwammerlgulasch

1 kg Mischpilze,
500 g Kartoffeln,
2 Zwiebeln,
½ Tasse saure Sahne,
1 Eßl. Tomatenmark,
1 Teel. Kümmel,
1 Teel. Edelsüßpaprika,
Salz,
Öl

Die Pilze putzen und in Scheiben schneiden. Die Zwiebeln kleinhacken und in heißem Öl hellgelb andünsten. Dann die Pilze hinzufügen und 5 Minuten dünsten. Die Kartoffeln schälen, in kleine Würfel schneiden und mit dem Tomatenmark, Paprika, Kümmel sowie Salz zu den Pilzen geben. Nun noch ca. 20 Minuten zugedeckt dünsten, bis die Kartoffeln gar sind. Kurz vor dem Servieren die saure Sahne unter den Pilzgulasch rühren.

## Kartoffelauflauf mit Pilzen

600 g Kartoffeln,
150 g Mischpilze,
3 Zwiebeln,
½ Tasse dicke saure Sahne,
100 g Butter,
50 g Schweinefett,
50 g Speck,
1 Eßl. Mehl,
Salz

Die rohen Kartoffeln schälen, reiben, Salz sowie Mehl daruntermischen. Eine Zwiebel und den Speck würfeln, glasig dünsten und ebenfalls unter die Kartoffelmasse mengen. Die Pilze mit heißem Wasser überbrühen, abtropfen lassen und kleinschneiden. Die restlichen Zwiebeln feinhacken und in Butter goldgelb dünsten, die Pilze hinzufügen und 15 Minuten dünsten. In eine gefettete Pfanne die Hälfte der Kartoffelmasse geben, darauf die Pilze füllen und obenauf wieder Kartoffeln. Den Auflauf im vorgeheizten Ofen 10 Minuten backen. Dann die dicke saure Sahne darübergeben und überbacken, bis sich eine braune Kruste bildet. Zum Schluß Butterflöckchen auflegen und heiß servieren.

# Kartoffelklößchen mit Pilzfüllung

800 g Kartoffeln,
250 g Mischpilze (auch festere Arten oder 30 g getrocknete Pilze),
1 Zwiebel,
100 g Butterschmalz,
1 Tasse saure Sahne,
1 Tasse Fleischbrühe,
1 Teel. Mehl,
Salz

Die Kartoffeln schälen, roh reiben und ausdrücken. Zur Festigung nach Belieben etwas Mehl sowie 1 Ei untermischen. Die Pilze säubern und kleinhakken. Die Zwiebel in feine Würfel schneiden und in etwas Butterschmalz goldgelb bräunen. Die Pilze hinzufügen, salzen und dünsten, bis das Wasser fast verdampft ist. Die Kartoffelmasse salzen, Plinsen formen und jeweils etwas von der Pilzfüllung daraufgeben. Dann längliche Klöße daraus formen und in heißem Butterschmalz von beiden Seiten anbraten. Inzwischen in einer Bratpfanne eine helle Mehlschwitze bereiten, mit der Fleischbrühe langsam auffüllen und die saure Sahne hineinrühren. Nun die braun gebratenen Kartoffelklößchen hineinlegen und im Ofen zugedeckt 20 Minuten dünsten lassen. – Diese Pilzklößchen werden in der Belorussischen SSR heiß als Vorspeise serviert.

# Eierkuchen mit Sauerkraut-Pilz-Füllung

*Für die Eierkuchen:*
200 g Mehl,
1 Ei,
½ l Milch,
½ Teel. Zucker,
4 Eßl. Speckfett, Salz

*Für die Füllung:*
400 g Sauerkraut,
200 g Mischpilze (auch Träuschlinge, Austernseitlinge),
1 Zwiebel,
1 Ei,
50 g Schweinefett,
Salz
½ l saure Sahne

Die Hälfte der Milch mit Ei, Zucker, Salz sowie dem Mehl verrühren, bis der Teig glatt ist. Dann die restliche Milch unterrühren und 1 Stunde stehen lassen. Inzwischen das Sauerkraut ausdrücken und in wenig Wasser garschmoren. Die Pilze putzen und kleinschneiden. Die Zwiebel feinhacken und in wenig heißem Fett goldgelb bräunen. Die Pilze dazugeben und dünsten, bis die Flüssigkeit fast verdampft ist. Das Ei hartkochen, kleinschneiden und mit dem Kraut und den Pilzen vermischen. Die Füllung mit Salz abschmecken. Die Eierkuchen in Speckfett anbraten, die Füllung in die Mitte der Kuchen legen, diese rechteckig zusammenfalten und von allen Seiten braun braten. Dazu dicke saure Sahne reichen.

# Kartoffelbratlinge mit Pilzsoße

1 kg Kartoffeln,
300 g Mischpilze (auch festere Arten oder 40 g Trockenpilze),
100 g Margarine,
1 Ei,
1 Zwiebel,
3 Eßl. Mehl,
¼ l Fleischbrühe,
Salz

Die gewaschenen Kartoffeln mit der Schale halbgar kochen, abpellen, durch die Kartoffelquetsche drücken und salzen. Die geputzten Pilze feinhacken, salzen und in etwas Margarine dünsten. Dann $2/3$ davon mit den Kartoffeln und dem rohen Ei gut verkneten. Ein Brett mit Mehl bestreuen und den Teig ca. 1 cm dick ausrollen, in Streifen von etwa 2 cm × 4 cm schneiden und diese in heißer Margarine von beiden Seiten goldgelb braten. Für die Pilzsoße aus 1 Eßlöffel Mehl sowie 1 Eßlöffel Butter eine helle Schwitze bereiten, diese mit der Fleischbrühe löschen und 15 Minuten auf kleiner Flamme kochen lassen. Die in feine Würfel geschnittene Zwiebel in etwas Margarine glasig werden lassen und mit den restlichen Pilzen zur Soße geben, salzen und nochmals aufkochen lassen. Diese Soße gesondert zu den heißen Kartoffelbratlingen servieren. So zubereitet sind sie eine belorussische Spezialität.

## Kohlrouladen mit Pilzfülle

500 g Weißkohl,
400 g Mischpilze,
2 Zwiebeln,
60 g Tomatenmark,
$1/4$ l saure Sahne,
$1/4$ l Fleischbrühe,
1 Eßl. Mehl,
20 g Butter,
50 g Margarine,
Salz

Den Kohlkopf säubern (den Strunk herausschneiden) und in Salzwasser halbgar kochen. Danach den Kohl in Blätter teilen und die Blattrippen klopfen. Die Zwiebeln kleinhacken und in etwas Margarine goldbraun werden lassen. Die Pilze putzen, kleinschneiden, salzen und in heißer Margarine dünsten, bis das Wasser fast verdampft ist. Nun mit den gerösteten Zwiebeln mischen, Portionen auf die Kohlblätter verteilen und diese zusammenwickeln. Die Kohlrouladen in

heißer Margarine anbraten, mit Tomaten-Sahne-Soße auffüllen und ca. 30 Minuten dünsten. Für die Soße aus Butter und Mehl eine helle Schwitze bereiten und mit Fleischbrühe glattrühren. Dann die saure Sahne hinzufügen, aufkochen lassen, das Tomatenmark hineingeben und noch 10 Minuten weiterkochen. Mit Salz abschmecken. – Dazu Reis oder Salzkartoffeln reichen.

## Piroggen mit Pilzfüllung

*Teig für 10 Piroggen:*
400 g Mehl,
$1/4$ l Milch,
10 g Hefe,
1 Ei,
1 Eßl. Zucker,
2 Teel. Margarine,
Salz, Öl
*Pilzfüllung:*
500 g Mischpilze (auch Austernseitlinge oder 70 g Trockenpilze),
1 Zwiebel,
$1/2$ Tasse weiße Grundsoße,
1 Eßl. Fett,
Pfeffer, Salz

Für den Hefeteig alle Zutaten gut vorwärmen. Die Hefe in der Milch auflösen und mit der Hälfte des feingesiebten Mehles verrühren. Den Teig ca. 45 Minuten warm stellen; wenn er beginnt, sich nach dem Gehen zu setzen, das übrige Mehl sowie Salz, Zucker und Margarine hinzufügen. Den Teig gründlich durchkneten, bis er schön glatt ist, dann nochmals zum Gehen warm stellen. Wenn sich der Teig nach ca. 2 Stunden wiederum gesetzt hat, auf einem bemehlten Brett mit lockerer Hand kleine Kugeln von ca. 50 g daraus formen. Diese 5 Minuten ruhen lassen und dann in kleinfingerdicke runde Fladen ausrollen.
Für die Pilzfüllung die Pilze putzen, wa-

schen und 5 Minuten in klarem Wasser kochen, abseihen und abtropfen lassen. Dann durch den Wolf drehen und in heißem Fett dünsten, bis die Flüssigkeit fast verdampft ist. Die Zwiebel feinhacken, anrösten und zusammen mit der weißen Grundsoße, Pfeffer sowie Salz unter die Pilze mischen. Die Füllung auf die ausgerollten Fladen geben, die Ränder aufeinanderlegen, andrücken und die Piroggen oval formen. Diese dann mit Öl einpinseln, mit der Naht nach unten auf ein gefettetes Backblech legen. 20 Minuten warm stellen, dann mit geschlagenem Ei bestreichen und ca. 10 bis 15 Minuten im vorgeheizten Ofen backen. – Die Piroggen können auch in heißem Fett schwimmend gebacken werden.

## Kalbsrouladen mit Pilzfüllung

800 g Kalbskeule,
200 g Mischpilze (Austernseitlinge, Maronen, Butterpilze, Stockschwämmchen, auch Hallimasch, Graublättrige Schwefelköpfe oder 15 g getrocknete Pilze),
150 g geräucherter Schinken,
1 hartgekochtes Ei,
100 g Fett,
Pfeffer, Salz,
Petersilie

Die Pilze kleinschneiden, Hallimasch blanchieren und in Fett mit etwas Pfeffer und Salz dünsten, bis das Wasser verdampft ist. Aus der Kalbskeule 4 Fleischscheiben von je 200 g schneiden und flachklopfen. Die Pilze mit dem in Würfel geschnittenen Schinken, dem kleingeschnittenen Ei sowie der Petersilie gut vermischen und auf die gesalzenen Fleischscheiben streichen. Die Scheiben zusammenrollen, mit Faden umwickeln und in Fett braten.

## Rindsrouladen mit Sahnesoße

(für 6 Personen)

1 kg Rouladenfleisch,
750 g Mischpilze,
½ kg Zwiebeln,
½ Tasse weiche Weißbrotkrumen,
100 g Butterschmalz,
¼ l Fleischbrühe,
1 Tasse saure Sahne,
Mehl,
Salz, Pfeffer

Für die Füllung die kleingeschnittenen Zwiebeln in dem Schmalz glasig dünsten, die feingehackten Pilze hinzugeben und erhitzen, bis die Flüssigkeit verdunstet ist. Die Brotkrumen hineinrühren und mit Pfeffer und Salz abschmecken. Die Fleischscheiben kräftig klopfen, pfeffern und salzen. Die Füllung hineinwickeln, zubinden und in Mehl wälzen. Die Rouladen in heißer Butter von allen Seiten kräftig anbraten, dann herausnehmen, den Fond mit Fleischbrühe ablöschen und bei starker Hitze das Angesetzte abschaben. Die Rouladen wieder hineinlegen und zugedeckt gar dünsten. Anschließend die saure Sahne zur Soße gießen, glattrühren, kurz erhitzen und abschmecken. – Als Beilage dieses polnischen Gerichtes dienen Buchweizengrütze oder Reis.

## Herányer Tokány

(Siebenbürger Nationalgericht)

250 g Rindfleisch,
250 g magere Schweinekeule,
150 g Kalbsniere,
150 g Mischpilze (Steinpilze, Maronen, Butterpilze u.a. Röhrlinge, aber auch Champignons, Pfifferlinge, Nelkenschwindlinge),
100 g Räucherspeck,

¼ l herber Weißwein,
1 Tasse saure Sahne,
100 g Zwiebeln,
1 Eßl. Mehl,
1 Teel. scharfer Paprika,
Pfeffer, Kümmel,
Majoran, Salz

Die Nierchen aufschneiden, säubern und gründlich waschen, das Fleisch von Sehnen befreien und in Streifen schneiden. Den Speck würfeln, die Zwiebeln feinhacken und mit dem Speck in der Pfanne glasig andünsten. Das Rindfleisch dazugeben und mit den Gewürzen unter Rühren anbraten. Dann mit dem Weißwein ablöschen und zugedeckt dünsten. Nach ca. 20 Minuten das Schweinefleisch hinzufügen. Die Pilze säubern, kleinschneiden und zusammen mit den Nierenstreifen in die Pfanne geben, wenn das Schweinefleisch fast gar ist. Zugedeckt weiterdünsten, bis alles Fleisch gar ist. Danach die mit Mehl verrührte saure Sahne zugießen und noch einmal kurz aufkochen lassen. – Mit Nockerln servieren.

# Schweinskoteletts mit Pilzen und Semmelknödeln

4 Koteletts,
200 g Pilze (Champignons, Steinpilze, Maronen gemischt),
1 Zwiebel,
¼ l Knochenbrühe,
100 g Margarine,
50 g Schweineschmalz,
1 Eßl. Mehl,
Kümmel, Salz

Die Pilze putzen und in Scheiben schneiden, dann in heißer Margarine dünsten und mit Kümmel sowie Salz würzen. Die Koteletts klopfen, am Kno-

chen einschneiden, salzen und in heißem Schmalz von beiden Seiten braun anbraten. Die Zwiebel in kleine Würfel schneiden und kurz mitbraten. Dann mit etwas Brühe ablöschen und die Koteletts gar dünsten. Danach das Fleisch aus der Pfanne nehmen und warm stellen. Das Mehl hineinstäuben und hellgelb anschwitzen. Die restliche Brühe unterrühren, aufkochen lassen und schließlich die Pilze dazugeben. Noch einmal kurz erhitzen, mit Kümmel sowie Salz abschmecken und mit Semmelknödeln zu den Koteletts servieren.

# Gefüllte Pfannkuchen auf holländische Art

*Für den Teig:*
150 g Mehl,
3 Eier,
½ l Milch,
Salz
*Für die Füllung:*
400 g Hackfleisch vom Rind,
200 g Mischpilze (evtl. auch Austernseitlinge oder Champignons),
1 große Zwiebel,
½ l Hühnerbrühe,
2 Teel. Zitronensaft,
70 g Margarine,
2 Eßl. Mehl,
geriebene Muskatnuß,
Pfeffer, Salz

Die kleingeschnittene Zwiebel in der Margarine hellgelb bräunen, dann die feingehackten Pilze dazugeben und dünsten, bis die Flüssigkeit fast verdampft ist. Aus der Pfanne nehmen und nun das Hackfleisch fein verteilt anbraten, bis es nicht mehr rot ist. In einem Topf mit Margarine und Mehl eine helle Schwitze bereiten, die Brühe dazugießen und unter gründlichem Rühren zum Kochen bringen. 30 Minuten weiterkochen, bis die Soße dick ist, dann mit Muskat, Zitronensaft, Pfeffer sowie Salz kräftig abschmecken. Die Pilze und das Fleisch hinzugeben und nochmals kurz erhitzen.

Für den Teig rechtzeitig die Zutaten gründlich mischen und 30 Minuten ruhen lassen. Dann daraus in der Pfanne 2 Eierkuchen jeweils nur von einer Seite backen und zwischen diese die Füllung schichten. Dabei zeigen die gebackenen Seiten nach außen. Den Pfannkuchen wie eine Torte aufschneiden.

## Zander „Jean Bart"

1 Zander (1½ kg),
250 g Mischpilze (Champignons, Steinpilze, Täublinge),
1 Glas Weißwein,
2 Zwiebeln,
Petersilie,
50 g Reibkäse,
3 Eßl. geriebene Semmel,
50 g Butter,
Pfeffer, Salz,
¼ l Weißweinsoße
*Für die Soße:*
50 g Butter,
2 Eßl. Mehl,
1 Glas Weißwein,
½ Tasse süße Sahne,
1 Eidotter,
¼ Zitrone,
Salz

Den Zander filetieren und aus den Resten eine Brühe kochen. Die Filets in eine große Pfanne legen, mit kleingeschnittenen Pilzen, Zwiebeln, Petersilie und Pfeffer bestreuen. Ein Glas Wein und eine Tasse Brühe darübergießen, zudecken und ohne zu kochen andünsten. Die Filets herausnehmen und in eine feuerfeste Form legen. Die Dünstflüssigkeit mit der inzwischen bereiteten Weinsoße verrühren und über den Fisch gießen. Mit Käse, Semmelbröseln und zerlas-

sener Butter versehen in der Röhre überbacken.

Für die Soße aus Butter und Mehl eine helle Schwitze bereiten, mit etwas Fischbrühe verrühren, Weißwein dazugießen, salzen und 15 Minuten leise kochen lassen. Inzwischen das Eidotter mit der Sahne verquirlen und langsam in die nicht mehr kochende Flüssigkeit einrühren. Mit Zitrone abschmecken.

## Karpfen in saurer Sahne mit Pilzen

2 kg Karpfen,
200 g Mischpilze (Champignons, Steinpilze, Täublinge, Raslinge, Nelkenschwindlinge),
¼ l saure Sahne,
1 Tasse süße Sahne,
1 Glas Weißwein,
4 kleine Zwiebeln,
4 Eßl. Mehl,
80 g Butter,
1 Strauß Petersilie,
Pfeffer, Salz

Den Karpfen säubern, schuppen und quer in Stücke schneiden. Aus den Resten eine Brühe bereiten. Die Fischstücke in eine Pfanne legen und mit Weißwein und etwas Brühe begießen. Sodann mit feingeschnittenen Pilzen, Zwiebeln und Petersilie sowie Pfeffer bestreuen. Anschließend zugedeckt weichdünsten, ohne zu kochen. Inzwischen das Mehl in die saure und süße Sahne quirlen. Die Karpfenstücke herausnehmen und warm halten, die Sahne in die Fischsoße geben und aufkochen lassen. Die Soße abschmecken, über den Fisch gießen und mit Salzkartoffeln servieren.

# Vielseitige Champignons

## Jägersoße

150 g Champignons,
1 Zwiebel,
80 g Butter,
1 Sträußchen Petersilie,
½ Glas Weißwein,
⅛ l braune Grundsoße,
2 Eßl. Tomatenmark (kein Ketchup!),
1 Glas Weinbrand,
1 Eßl. Estragonblätter,
Pfeffer, Salz

In etwas heißer Butter die feingehackte Zwiebel glasig werden lassen, dann die blättrig geschnittenen Pilze und die feingewiegte Petersilie zugeben und dünsten. Anschließend mit dem Weißwein ablöschen, den Weinbrand und die Grund- sowie die Tomatensoße zugeben, mit Pfeffer und Salz würzen und 10 Minuten kochen. Nun die restliche Butter unterrühren, die feingeschnittenen Estragonblätter zugeben, die Soße vom Feuer nehmen und schnell mit dem Schneebesen glattrühren. – Die Soße kann heiß zu kurzgebratenem Fleisch gereicht werden.

## Italienische Soße

¼ l braune Grundsoße,
50 g Champignons,
50 g roher Schinken,
50 g Tomatenmark,
½ Glas Weißwein,
2 Zwiebeln,
1 Sträußchen Petersilie,
75 g Butter,
Pfeffer, Salz

Einen Teil der Butter in der Pfanne erhitzen und die feingehackte Zwiebel darin glasig dünsten. Dann die kleingeschnittenen Pilze und die feingewiegte Petersilie, Pfeffer und Salz hinzufügen und weiterdünsten. Mit dem Weißwein ablöschen und mit der fertigen Grundsoße auffüllen. Das Tomatenmark und den in feine Würfel geschnittenen Schinken hineinrühren und noch 10 Minuten kochen. Den Rest der Butter mit dem Schneebesen unter die heiße Soße rühren und zu Kurzgebratenem geben.

## Sauce suprème

200 g Champignons,
1 Tasse Hühnerbrühe,
¼ l weiße Grundsoße,
½ Tasse süße Sahne,
1 Eßl. Zitronensaft,
Salz

Die feingeschnittenen Champignons in der Hühnerbrühe 15 Minuten kochen.

Dann die Brühe abseihen, mit der Grundsoße, der Sahne und dem Zitronensaft gründlich mit dem Schneebesen verrühren, mit Salz abschmecken und heiß zu gekochtem Geflügel servieren.

## Gefüllte Champignonhüte

8 halbgeschlossene große Champignons (auch große Schirmpilze und Boviste),
150 g Kalb- oder Schweinefleisch,
1 Semmel,
2 Eier,
⅛ l saure Sahne,
⅛ l Milch,
100 g Butter,
Semmelbrösel,
1 Teel. Senf,
Kümmel, Pfeffer,
Zwiebelpulver, Speisewürze,
Salz

Die Pilze putzen und die Stiele herausbrechen, Boviste aushöhlen. Die Pilzreste kleinschneiden und in etwas Butter andünsten. Das Fleisch durch den Wolf drehen, die Semmel in Milch einweichen und zerdrücken. Alles mit Eigelb und Gewürzen gut durchmischen. Nicht zu kräftig abschmecken. Diese Masse in die Pilzhüte geben und diese in eine mit Butter ausgestrichene feuerfeste Form setzen. Alles mit Semmelbröseln bestreuen und mit Butterflocken belegen. Dann mit dicker saurer Sahne begießen und 20 Minuten im vorgeheizten Ofen garen. Heiß mit Toastbrot servieren.

## Champignons in Kognak

500 g kleine Champignons,
1 große Zwiebel,
1 Knoblauchzehe,
1 großes Glas Kognak,
3 Eßl. Zitronensaft,
40 g Butter,

frisch gemahlener schwarzer Pfeffer,
1 Lorbeerblatt,
1 Zweig Rosmarin, Nelkenpulver,
wenig Salz

Die Zwiebel feinhacken und in heißer Butter glasig dünsten. Dann die geputzten kleinen Champignons ganz in die Pfanne geben und 2 Minuten dünsten. Nun mit dem größten Teil des Kognaks ablöschen, den Zitronensaft, die durch die Knoblauchpresse gedrückte Knoblauchzehe sowie die Gewürze hinzufügen und zugedeckt 10 Minuten garen. Die Pilzköpfe herausnehmen, etwas abkühlen lassen und mit Kognak flambiert servieren. Dazu gebutterten Toast reichen.

## Pilze in Olivenöl

300 g Champignons (auch Steinpilze oder Edelreizker),
1 kleine Zitrone,
3 Eßl. Olivenöl,
1 Strauß Petersilie,
2 Knoblauchzehen,
Thymian,
schwarzer Pfeffer

Möglichst kleine, ganze Pilze gründlich säubern. Die Gewürze und Kräuter sehr fein zerkleinern und mit dem Saft der Zitrone sowie dem Öl kurz erhitzen. Die Champignons hineingeben und vorsichtig erhitzen, bis sie gar sind. Nach dem Abkühlen noch einmal abschmecken. – So zubereitet werden Champignons in Griechenland als Vorspeise gereicht.

## Champignonsalat

400 g kleine, feste Champignons,
2 Zwiebeln,
2 hartgekochte Eier,

1 Eßl. Zitronensaft,
1 Eßl. Öl,
Pfeffer, Salz

Die Pilze sauber putzen, dann in heißes Wasser mit etwas Zitronensaft geben und garkochen. Die Zwiebeln in dünne Ringe, die gekochten Pilze blättrig schneiden, mit Öl vermischen, mit Pfeffer sowie Salz abschmecken und, in einer Schüssel angehäuft, mit Achteln von hartgekochten Eiern garnieren.

## Champignons in Zitronensoße

400 g Champignons,
4 Eigelb,
100 g Butter,
1 Zitrone,
¼ l Fleischbrühe,
Pfeffer, Salz

Die Butter in einem Topf erhitzen, die gesäuberten Pilze ganz hineingeben, den Zitronensaft zufügen und bei kleiner Hitze dünsten. Die Fleischbrühe mit Pfeffer und Salz abschmecken sowie mit dem Eigelb verrühren. Die Brühe mit der Pilzflüssigkeit in einer Schüssel mischen, die Pilze hineinlegen und in ein Wasserbad stellen. Wenn die Soße genügend eingedickt ist, sofort mit Toastbrot servieren.

## Champignons auf griechische Art

350 g kleine feste Champignons,
¼ l herber Weißwein,
Saft von ½ Zitrone,
2 Eßl. Olivenöl,
2 Sellerieblätter,
2 Stengel Petersilie,

1 Zweig Thymian,
1 Lorbeerblatt,
1 Teel. Koriandersamen,
1 Teel. Pfefferkörner,
1 Prise Salz

Den Wein mit der Zitrone, den Kräutern und Gewürzen ca. 15 Minuten kochen, dann die gründlich gesäuberten kleinen Pilze mit geschlossenen Hüten hineingeben und noch 5 Minuten leise weiterkochen lassen. Die Pilze in der Brühe erkalten lassen und kalt servieren.

## Geflügelsalat mit Champignons

½ Broiler,
150 g Champignons (evtl. Steinpilze, doch keine anderen),
2 Sardellenfilets,
100 g Mayonnaise,
½ Zitrone,
2 Eßl. Weinbrand,
Edelsüßpaprika,
Pfeffer, Salz

Den Broiler in Salzwasser kochen oder Reste verwenden und das ausgelöste Fleisch in kleine Würfel schneiden. Die Pilze säubern, blanchieren und kleinschneiden. Beides mit den feingehackten Sardellenfilets vermengen. Die Mayonnaise mit dem Weinbrand und dem Zitronensaft sowie den Gewürzen verrühren, abschmecken und über das Geflügelfleisch mit den Pilzen geben. Kurze Zeit kühl gestellt ziehen lassen, noch einmal abschmecken und auf Salatblättern gehäuft und mit Oliven garniert auftragen.

## Minsker Salat

200 g Champignons (auch Hallimasch,
Täublinge, Austernseitlinge),
200 g Sauerkraut,
4 Kartoffeln,
1 Zwiebel,
2 Eßl. Öl,
1 Teel. Zitronensaft,
1 Teel. Zucker,
1 Sträußchen Petersilie,
etwas frischer Dill,
Salz

Schöne kleine Pilze sauber putzen und
in heißem Wasser mit etwas Zitronensaft
garkochen, abgießen, abtropfen lassen
und kühl stellen. Die Kartoffeln mit
Schale in Salzwasser kochen, abgießen,
pellen und abkühlen lassen. Kartoffeln
und Pilze in Scheiben schneiden, beides
mit dem Sauerkraut sowie etwas Öl mischen, mit Zucker und Salz abschmekken. In einer Schüssel mit Kräutern garniert servieren.

## Fisch-Pilz-Salat
## mit gesulzten Eiern
## à la Munkácsy

250 g Fischfilet (Zander, Hecht, aber
auch Seelachs, Kabeljau o. a. Seefische),
200 g Tomaten,
200 g Sellerieknolle,
150 g Champignons,
½ Tasse Remouladensoße,
1 l klare Fleischbrühe,
Weinessig,
Gelatine,
1 Eßl. gehackter Estragon,
Pfeffer, Salz,
¼ l Senfsoße

Das Fischfilet in kochendes Salzwasser
legen und 20 Minuten ziehen lassen,
ohne zu kochen. Die Champignons in
Wasser mit etwas Essig je nach Größe
5 bis 10 Minuten kochen. Den Sellerie
schälen, in größere Stücke schneiden
und ebenfalls ca. 20 Minuten kochen. Alles abtropfen lassen und in Würfel
schneiden. Die Tomaten überbrühen,
abziehen, das weiche Innere entfernen,
ebenfalls in Würfel schneiden. Die Remouladensoße mit etwas in heißem Wasser gelöster Gelatine mischen. Estragon,
Pfeffer sowie Salz hinzufügen und vorsichtig mit allen vorbereiteten Zutaten
vermengen. Diesen Salat in Kegelform
in einer großen Schüssel aufhäufen. Die
Eier einzeln aufschlagen, von einer
Kelle in kochendes Essigwasser gleiten
lassen und 3 Minuten kochen. Nur sehr
frische Eier halten dabei schön die
Form. Die Eier eisgekühlt in kleinen
Formen mit einem aus Fleischbrühe,
Weinessig sowie Gelatine bereiteten
Aspik übergießen. Nach dem Erstarren
stürzen und um den Salatkegel legen.
Mit Senfsoße servieren.

## Gratinierte
## Champignonsuppe

150 g Champignons,
½ l Hühnerbrühe,
2 Eßl. geriebener Käse (Emmentaler),
1 kleine Zwiebel,
1 Eßl. Sherry (evtl. ein Schuß Weißwein),
1 Semmel,
20 g Butter,
Pfeffer, Salz

Schöne kleine Champignons säubern
und blättrig schneiden. Die Zwiebel
feinhacken und in der Butter glasig dünsten. Die Pilze hinzufügen und 5 Minuten unter Rühren dünsten. Dann mit
heißer Brühe auffüllen, mit Pfeffer und
Salz würzen und noch 5 Minuten ko-

chen lassen. Die Suppe mit etwas Sherry, eventuell auch Weißwein, abschmecken und in Tassen füllen. Aus der Semmel 4 kleine Scheiben schneiden, toasten und je eine in jede Tasse legen. Den geriebenen Käse daraufstreuen und im vorgeheizten Ofen 5 bis 10 Minuten überbacken.

## Kalbshirnsuppe mit Pilzen

1 Kalbshirn (auch Hirn vom Rind),
150 g Champignons (auch Steinpilze, kleine Täublinge),
1 l Knochenbrühe,
½ Tasse saure Sahne,
1 Eßl. Mehl,
10 g Butter oder Margarine,
1 Eßl. Sonnenblumenöl,
Salz, Pfeffer

Das Hirn von der Haut befreien und 10 Minuten in Salzwasser kochen. Dann eine Hälfte davon in Würfel schneiden und die andere durch ein Sieb passieren. Aus der Butter und dem Mehl eine helle Mehlschwitze bereiten, mit der Knochenbrühe auffüllen und das passierte Hirn hineinquirlen. Inzwischen die blättrig geschnittenen Pilze mit wenig Salz und Pfeffer in Öl dünsten und dann in die Suppe geben. Alles kurz aufkochen, anschließend die Hirnstückchen und die saure Sahne hinzugeben und die Suppe auftragen.

## Italienischer Nudeltopf

250 g Rindfleisch,
250 g Schweinefleisch,
250 g Champignons,
250 g Sellerie,
250 g Rosenkohl,
250 g Porree,
250 g Hörnchennudeln,
100 g Zwiebeln,
1 Glas Rotwein,
¾ l Knochenbrühe,
2 Eßl. Öl,
1 Bund Petersilie,
1 Eßl. Rosenpaprika,
Rosmarin, Thymian,
schwarzer Pfeffer, Salz

Das Gemüse vorbereiten: Die Champignons putzen, waschen und blättrig schneiden. Den Sellerie schälen und stifteln; den Porree putzen und in Streifen schneiden; den Rosenkohl zu Röschen putzen. Das Fleisch von Fett und Sehnen befreien und in Würfel schneiden. Die Zwiebeln feinhacken und zusammen mit dem Fleisch in heißem Öl anrösten. Dabei mit dem Rosenpaprika bestreuen, mit Rosmarin, Thymian, gemahlenem schwarzen Pfeffer und Salz würzen. Dann mit dem Rotwein ablöschen. Das vorbereitete Gemüse und die Pilze zu dem Fleisch in den Topf geben, dann mit der Brühe auffüllen und zugedeckt ungefähr 30 Minuten bei kleiner Hitze kochen. Inzwischen die Nudeln gesondert in Salzwasser garen, abgießen, abspülen und in den Eintopf geben. Noch 5 Minuten ziehen lassen. Nachwürzen, mit Petersilie bestreuen und heiß auftragen.

## Hühnersuppe à la Ujházi

1 Broiler oder Suppenhuhn,
100 g Champignons,
1 Sellerieknolle,
1 kleine gelbe Rübe (auch Mohrrübe möglich),
1 Petersilienwurzel,
100 g feine, dünne Nudeln,
5 Pfefferkörner,
Ingwer,
Petersilie,
Salz

Den Broiler sorgfältig waschen, zerkleinern und in 1 Liter Wasser mit etwas Salz kochen. Inzwischen Rübe, Sellerie, Petersilienwurzel und Pilze in dünne Streifen schneiden. Wenn der Broiler halbgar ist, das Gemüse mit in den Topf geben. Dazu kommen in einem Leinensäckchen die Pfefferkörner, etwas Ingwer und die frische Petersilie. Nun wird weiter gekocht, bis das Fleisch gar ist. Inzwischen die Nudeln in Salzwasser garen, abseihen und dann zur fertigen Suppe geben.

## Krebssuppe

200 g Krebsfleisch (aus der Büchse),
100 g Champignons,
½ l Brühe,
2 Tassen süße Sahne,
1 Eiweiß,
1 Zwiebel,
20 g Butter,
1 Eßl. Mehl,
2 Eßl. Sherry,
1 Eßl. Zitronensaft,
Pfeffer, Ingwer, Salz

Die Zwiebel kleinhacken und in Butter glasig dünsten, die blättrig geschnittenen Champignons dazugeben und 5 Minuten dünsten. Dann mit Mehl bestäuben, kurz weiterdünsten und mit der Brühe auffüllen. Etwas Pfeffer, Salz, Ingwer sowie das Krebsfleisch hinzufügen und nach Zugabe von 1½ Tassen Sahne kurz aufkochen. Den Sherry und den Zitronensaft unterrühren. Die restliche Sahne zusammen mit dem Eiweiß steifschlagen, auf die Suppe geben und servieren.

## Champignonbratlinge

750 g Champignons,
2 Zwiebeln,
1 Ei,

50 g Margarine,
50 g Butter,
2 Eßl. Semmelbrösel,
Salz

Die Champignons putzen, 5 Minuten in Salzwasser kochen und durch den Wolf drehen. Die Zwiebeln kleinschneiden und in Margarine goldgelb dünsten. Dann die Zwiebeln mit dem Ei unter die Pilzmasse mischen und Klopse formen, mit Semmelbrösel panieren und in heißer Margarine braten. Diese Bratlinge werden in Belorußland mit zerlassener Butter und Salzkartoffeln gegessen.

## Paprikafrüchte Rositta

8 Paprikafrüchte,
500 g Champignons,
125 g Langkorn-Reis,
50 g Sultaninen,
50 g Pistazien,
1 Zwiebel,
½ l Fleischbrühe,
50 g Butter oder Margarine,
Pfeffer, Salz

Die Paprikafrüchte säubern, den Boden mit Stiel herausschneiden, die Kerne entfernen und Früchte blanchieren. Die Zwiebel feinhacken und in heißer Butter glasig dünsten. Auch die Champignons feinschneiden, zu den Zwiebeln in die Pfanne geben, mit Pfeffer und Salz würzen und dünsten, bis das Wasser weitgehend verdampft ist. Den Reis im Sieb mit Wasser waschen, dann in der Pfanne anrösten und anschließend im Topf mit Fleischbrühe fast gar kochen. Nun den Reis zu den Pilzen geben, nachwürzen und alles zusammen noch 5 Minuten dünsten. Zum Schluß die Pistazien und Sultaninen untermischen und die Masse heiß in die warmgestellten Paprikafrüchte füllen.

# Pudding à la Padua

(8 Personen)

250 g Champignons (auch Täublinge,
Milchlinge, Röhrlinge),
500 g Zuckererbsen,
1 kleiner Blumenkohl,
250 g Gänseleber,
8 Eier,
$\frac{1}{4}$ l Milch,
50 g Mehl,
150 g Parmesankäse,
50 g Butter,
Salz

Mit der Butter und dem Mehl eine helle
Schwitze herstellen und diese mit der
Milch verrühren. Dann vom Feuer nehmen. Die geputzten Pilze kleinschneiden und in wenig Butter andünsten. Die
Leber zerkleinern und in Butter anbraten. Den Blumenkohl in Salzwasser kochen und in Röschen zerschneiden. Die
Erbsen in Butter dünsten. Inzwischen
die Eigelb mit der abgekühlten Milch-
soße glattrühren und dann die Pilze, das
Gemüse und die Leber dazugeben. Mit
Salz abschmecken und die Hälfte des geriebenen Käses sowie das steifgeschla-
gene Eiweiß dazugeben. Die ausge-
kühlte Masse gut mischen und in eine
mit Butter ausgestrichene feuerfeste
Form füllen. Ungefähr 1 Stunde im Ofen
backen. Anschließend mit dem restlichen Käse bestreuen und mit heißer Butter begießen.

# Zucchini-Champignon-Pfanne

500 g Schweinefilet,
500 g Zucchini,
500 g Champignons,
50 g geräucherter Speck,
40 g Butter oder Margarine,
2 Zwiebeln,
1 Sträußchen Petersilie,
weißer Pfeffer, Salz

Den Speck in Würfel schneiden und in
der Pfanne anbraten, die kleingeschnittenen Zwiebeln dazugeben und goldbraun
werden lassen. Die blättrig geschnittenen Champignons sowie in Scheiben geschnittene Zucchini hinzufügen, salzen,
pfeffern und gardünsten. Indessen das
Schweinefilet in kleine Streifen schneiden und in Margarine schnell braten.
Dann das Fleisch unter das Gemüse mischen, nachwürzen und mit feingewiegter Petersilie bestreuen. Mit Reis als Beilage servieren.

# Schiffchen nach Herzoginnenart

400 g Hackfleisch vom Rind (auch
gehacktes Fleisch vom Huhn),
100 g Champignons,
evtl. ½ Trüffel,
1 Tasse süße Sahne,
30 g Margarine,
Pfeffer, Salz

Die Champignons putzen und feinhakken. Dann pfeffern, salzen und in Margarine dünsten. Abkühlen lassen, mit
dem feingehackten Fleisch mischen und
mit Pfeffer sowie Salz würzen. Nun die
Sahne steif schlagen und unter die
Fleischmasse ziehen. Diese dann in fertig gebackene Teigschiffchen aus Mürbe-
teig füllen und, wenn vorhanden, mit
Trüffelstückchen belegen.

111

# Palatschinken mit Pilzen

250 g geräucherter Schinken und
Bratenreste,
125 g Champignons,
1 Zwiebel,
50 g Butter oder Margarine,
Majoran, schwarzer Pfeffer, Salz
*Für die Soße:*
1 Tasse süße Sahne,
2 Eier,
2 Eßl. geriebener Käse,
Salz
*Für den Teig:*
200 g Mehl,
¼ l Milch,
3 Eier,
Salz,
50 g Butter

Die Pilze putzen, waschen und feinhakken. Die Zwiebel feinwürflig schneiden und in heißer Butter goldgelb bräunen. Dann die Pilze dazugeben und dünsten, bis die Flüssigkeit fast verdampft ist. Den Schinken und die Bratenreste durch den Wolf drehen, mit den Pilzen mischen und mit Majoran, Pfeffer sowie Salz würzen. Für den Teig die Zutaten mit der Milch verrühren und 30 Minuten stehen lassen. In einem Tiegel in heißer Butter dünne Palatschinken von beiden Seiten knusprig braten. Die Palatschinken mit der Füllung bestreichen, zusammenrollen und in eine gebutterte Pfanne schichten.
Für die Soße die Sahne mit den Eidottern, dem geriebenen Käse sowie etwas Salz gut vermischen. Das Eiweiß zu Schnee schlagen und mit der Soße über die Palatschinken geben. Dann alles im vorgeheizten Backofen überbacken. Heiß mit Tomatensalat als Beilage servieren.

# Verlorene Eier à la Kapisztrán

300 g Karpfenrogen,
200 g Champignons (oder Steinpilze, auch 30 g Trockenpilze möglich),
250 g Zwiebeln,
8 Eier,
8 Brötchen,
100 g Margarine,
60 g Schweinefett,
1 Teel. Edelsüß-Paprika,
Gewürzpaprika,
1 Sträußchen Petersilie,
1 Eßl. Essig,
Salz
*Für die Soße:*
8 Eßl. Paprikamark,
¼ l saure Sahne,
1 Zwiebel,
1 Eßl. Öl,
Salz

Die Pilze putzen, waschen, blanchieren und feinhacken oder durch den Wolf drehen. Eine Zwiebel feinhacken und in etwas Butter andünsten, die Pilze hinzufügen und 10 Minuten weiterdünsten. Den Rogen von Häutchen befreien und zerkleinern. Die Zwiebeln in feine Würfel schneiden und mit Margarine andünsten. Den Rogen dazugeben, mit Paprika sowie Salz würzen und dünsten, bis das Wasser verdampft ist. Von den Brötchen das obere Drittel abschneiden, Brötchen aushöhlen und in Butter bräunen. Inzwischen „Verlorene Eier" bereiten. Dazu die möglichst frischen Eier einzeln aufschlagen und in kochendes Essigwasser gleiten lassen, 3 Minuten kochen. Die gerösteten Brötchen mit Pilzfarce ausstreichen. Darauf dann den gedünsteten Rogen mit Zwiebeln geben und obenauf ein „Verlorenes Ei" legen. Das Ganze mit heißer Paprikasoße übergießen und mit gehackter Petersilie bestreuen. Alle Zutaten müssen heiß und die Brötchen schön knusprig sein.

Für die Paprikasoße die feingehackte Zwiebel in heißem Öl hellgelb dünsten, das Paprikamark dazugeben und alles mit der sauren Sahne verrühren sowie mit Salz abschmecken. Unter Rühren 2 Minuten kochen lassen.

## Gefüllte Seezunge

4 Seezungen (auch andere Plattfische möglich),
250 g Champignons,
150 g Mandeln,
1 Zwiebel,
4 Schalotten,
3 Glas Weißwein,
1 Tasse süße Sahne,
1 Eigelb,
100 g Margarine,
4 Eßl. geriebene Semmel,
Kerbel,
Pfeffer,
Salz

*Fisch:* Die Seezungen abziehen, filetieren, mit wenig Pfeffer und Salz einreiben und schnell in heißer Margarine von beiden Seiten kurz anbraten. Die Filets mit der vorbereiteten Fülle bestreichen, zusammenwickeln und in die Pfanne zurücklegen. Nun mit einem Glas Weißwein ablöschen, mit einigen Butterflöckchen belegen und zugedeckt 10 Minuten ziehen lassen, nicht kochen.

*Füllung:* Die Champignons säubern und kleinschneiden. Die Zwiebel feinhacken und in Butter glasig dünsten, die Pilze dazugeben und unter Rühren 6 Minuten dünsten. Jetzt 2 Eßlöffel Weißwein, 2 Eßlöffel Sahne, Kerbel, Pfeffer, Salz sowie ein Eigelb miteinander verrühren und zu den Pilzen geben, die Semmelbrösel darunterziehen und dünsten, bis die richtige Festigkeit erreicht ist.

*Soße:* Die feingehackten Schalotten in Butter andünsten, daß sie hellgelb wer-

den, dann mit dem Weißwein sowie der Sahne zu dem Fischfond geben, kurze Zeit einkochen lassen und über den Fisch gießen. Inzwischen die gestiftelten Mandeln rösten und den Fisch damit bestreuen.

## Paprika-Pilz-Nierli

2 Kalbsnieren,
250 g Champignons,
250 g Paprikafrüchte,
30 g Fett,
50 g Butter,
Pfeffer, Salz

Die Paprikafrüchte entkernen, in Streifen schneiden und in heißem Fett anbraten. Dann die blättrig geschnittenen Champignons hinzufügen, mit Pfeffer sowie Salz würzen und bei mittlerer Hitze knapp 10 Minuten dünsten. Die Nieren sorgfältig säubern und waschen, in kleine Würfel schneiden und in heißem Fett rasch anbraten, dann bei mäßiger Hitze fertig garen und zu dem Gemüse geben. Alles noch einmal leicht erhitzen, abschmecken und mit Reis servieren.

## Wiener Hechtschiffchen

400 g Hecht,
400 g Champignons,
1 Tasse Béchamelsoße,
4 Sardellenfilets,
60 g Butter,
Pfeffer,
1 Eßl. Zitronensaft,
Salz
*Für den Teig:*
150 g Mehl,
75 g Butter,
1 Ei,
Salz

Den Hecht sauber entgräten, filetieren, in Würfel schneiden, mit etwas Zitrone beträufeln und salzen. Dann in Butter hellgelb dünsten. Die Pilze putzen, ebenfalls in kleine Würfel schneiden und in Butter dünsten, bis die Flüssigkeit verdampft ist. Dabei pfeffern und salzen. Hechtwürfel und Pilze mit Béchamelsoße binden und in die Teigschiffchen füllen. Die Sardellenfilets werden in dünne Streifen geschnitten und über die Schiffchen gelegt.

Für die Teigschiffchen die Zutaten verkneten und den Teig 1 Stunde rasten lassen. Dann ca. 2 mm dünn ausrollen und in kleine gebutterte Schiffchenformen drücken. Die Schiffchen im heißen Ofen goldgelb backen. Natürlich können auch andere Formen verwendet werden, aber dann sind es eben keine „Schiffchen".

## Gefüllter Fasan

2 Fasanen,
200 g durchwachsener Speck,
150 g Gänseleber,
150 g Champignons (auch Steinpilze),
¼ Sellerieknolle,
1 Möhre,
1 kleine Porreestange,
1 Zwiebel,
1 Knoblauchzehe,
1 Teel. Tomatenmark,
1 Sträußchen Petersilie,
1 Lorbeerblatt, Majoran,
Thymian, 2 Nelken,
Pfeffer, Salz,
¼ l Rotwein,
1 Glas Weinbrand,
2 Semmeln,
2 Eier,
100 g Schweinefett,
2 Äpfel,
2 Bananen,
100 g Haselnüsse,
2 Teel. Hagebuttenmarmelade
Zitronensaft

Die Fasanen ausnehmen, säubern und salzen, innen mit Majoran sowie Pfeffer einreiben. Etwas gewiegte Zwiebel und gewürfelten Speck in der Pfanne glasig werden lassen und die kleingeschnittenen Pilze darin dünsten, bis das Wasser fast verdampft ist. Die in Würfel geschnittene Gänseleber in Fett schnell anbraten. Die Semmeln in Wasser einweichen, ausdrücken, mit den Eiern, den Pilzen sowie der Leber mischen, mit feingewiegter Petersilie, Pfeffer und Salz würzen und das Gemisch in die Fasanen füllen. Diese dann mit Speckscheiben umwickeln. Nun Sellerie, Möhre, Zwiebel sowie Porree in Scheiben schneiden und in wenig heißem Schweinefett anbraten. Dann mit gemahlenem Pfeffer, Lorbeerblatt, Nelken, Thymian, Salz sowie zerdrücktem Knoblauch würzen, die Fasanen hineinlegen und zugedeckt im Ofen schmoren. Ab und zu wenden sowie mit etwas Wasser und Rotwein begießen. Kurz vor dem Garwerden den Speck entfernen und die Fasanen im offenen Topf knusprig braten. Die Vögel aus der Pfanne nehmen und warm stellen. Der Bratenansatz wird gelöst, der Fond mit Rotwein aufgefüllt, Tomatenmark hinzugesetzt, die Soße reduziert, gewürzt und durch ein Sieb gegossen (das überflüssige Fett abschöpfen). Jetzt die Fasanen mit dem Weinbrand flambieren, tranchieren und mit der Füllung auf einer vorgewärmten Platte anrichten. Etwas heiße Soße darübergießen und mit Kartoffelkroketten garnieren. – Mit einem gut gekühlten Fruchtsalat aus geriebenen Äpfeln und Nüssen, in dünne Scheiben geschnittenen Bananen oder Apfelsinen sowie etwas Hagebuttenmarmelade und Zitronensaft servieren.

# Chicken à la King

(Hühnerragout)

1 kleiner Broiler,
150 g Champignons,
¼ l Hühnerbrühe,
⅛ l süße Sahne,
1 kleine Paprikafrucht,
2 Eigelb,
1 Eßl. Sherry,
3 Eßl. Butter,
Zitronensaft,
Pfeffer, Salz

Das Hühnchen säubern und in Wasser mit Salz und Pfeffer gar kochen. Entbeinen und das Fleisch in Würfel schneiden. Die Butter erhitzen und die in Würfel geschnittene Paprikafrucht darin anbraten. Danach das Hühnerfleisch und die kleingeschnittenen Champignons hinzufügen. Mehl darüberstäuben, kurz weitererhitzen und mit der Brühe und der Sahne ablöschen. Mit Zitrone, Sherry, Pfeffer und Salz abschmecken. Das Ganze vom Feuer nehmen und mit dem Eigelb verrühren. Heiß servieren und Toastscheiben dazu reichen.

# Brathühnchen mit Füllung Savarin

2 kleine Broiler,
150 g Champignons,
125 g gekochter Schinken,
1 großer Pfirsich,
1 große Tomate,
1 Glas Weißwein,
1 Sträußchen Petersilie,
1 Chillischote,
schwarzer Pfeffer, Salz,
20 g Butter,
4 Eßl. Öl,
1 Teel. Zitronensaft

Die Hühnchen waschen, abtrocknen und innen und außen mit Pfeffer sowie Salz

einreiben. Die Champignons säubern und 5 Minuten in wenig Wasser mit Zitronensaft kochen. Dann abtropfen sowie abkühlen lassen und in Streifen schneiden. Den gekochten Schinken ebenfalls streifig schneiden. Die Tomate abbrühen und enthäuten, den Pfirsich ebenfalls abziehen und beides in Würfel schneiden. Alles in etwas heißer Butter 1 bis 2 Minuten dünsten, schließlich mit dem Weißwein ablöschen und noch 5 Minuten weiterdünsten. Dazu nun die feingehackte Petersilie, die gründlich zerkleinerte Chillischote sowie etwas Salz geben. Die Hühnchen mit der Masse füllen und zunähen. Diese dann im vorgeheizten Ofen in heißem Öl ungefähr 1 Stunde goldbraun braten. Zwischendurch öfter wenden und mit Öl begießen. Dazu kann man Crôutons reichen.

# Züricher Geschnetzeltes

350 g Kalbsschnitzel,
350 g Kalbsnieren,
350 g Champignons,
¼ l süße Sahne,
¼ l Knochenbrühe,
2 Glas trockener Weißwein,
50 g Butterschmalz, 60 g Margarine,
1 Zwiebel,
Pfeffer, Salz

Die Nieren werden gründlich gewaschen, abgezogen und in feine Scheiben geschnitten. Dann Butterschmalz in der Pfanne heiß werden lassen und die Nierchen von beiden Seiten kurz anbraten. Das Schnitzelfleisch ebenfalls in dünne kleine Scheiben schneiden und in Margarine unter öfterem Wenden kurz anbraten, mit Pfeffer und Salz würzen. Die Zwiebel feinhacken und in Butter glasig dünsten, mit der Brühe sowie dem Weißwein ablöschen. Etwas einkochen lassen und mit Pfeffer und Salz würzen.

Inzwischen die festen Pilze blättrig schneiden, würzen und ebenfalls kurz anbraten. Alles zusammen in die Soße geben und fertig garen, zuletzt die süße Sahne zugeben. Mit den Gewürzen sowie wenig Zitronensaft abschmecken und mit Reis oder Rösti servieren.

*Rösti zu Züricher Geschnetzeltem*
800 g gekochte Kartoffeln,
Öl, Salz
Die kaltgewordenen Kartoffeln grob reiben. Das Öl in einer Pfanne erhitzen, die Kartoffeln hineingeben, salzen, einige Male wenden und schließlich zu einem Kuchen zusammendrücken. Noch einmal als Ganzes wenden und goldbraun gebraten auftragen.

# Rindslende Wellington

1 kg Rinderfilet,
200 g Champignons (auch Austernseitlinge, Schopftintlinge, Raslinge),
2 Tomaten (auch Tomatenmark),
1 Zwiebel, Zwiebellauch,
1 Bund Petersilie,
½ Tasse braune Grundsoße,
½ Glas Rotwein,
150 g geräucherter Speck,
60 g Schweineschmalz, 40 g Butter,
Pfeffer, Salz,
500 g Blätterteig,
2 Eigelb

Das Lendenstück enthäuten und mit Speckstreifen längs zur Faser in regelmäßigen Abständen spicken, so daß beim Aufschneiden ein schönes Muster entsteht. Dann salzen, pfeffern und in heißem Schmalz von allen Seiten kräftig braun anbraten. Danach kalt stellen. Nun für die Füllung die Zwiebeln sowie den Lauch kleinschneiden, die Champignons putzen und feinhacken. Dann die Zwiebeln und den Lauch in heißer Butter andünsten, die Pilze hinzufügen und 5 Minuten dünsten. Anschließend die Tomaten überbrühen, abziehen, das weiche Innere entfernen, die Tomaten in Würfel schneiden und zu den Pilzen geben. Außerdem die Grundsoße, den Rotwein, Pfeffer sowie Salz hinzufügen und dünsten, bis die Masse dick genug ist. Schließlich die gehackte Petersilie daruntermischen und abkühlen lassen. Inzwischen den Blätterteig vorbereiten und rechteckig ausrollen. Auf die Mitte der Teigplatte die Hälfte der Pilzfarce streichen, das Filet darauflegen und auf dieses den Rest der Füllung geben. Die Ränder des Teiges mit Eigelb bestreichen und diesen so über das Filet klappen, daß die Farce schön um das Fleisch verteilt ist. Die Teigränder andrücken, die Hülle mit Eigelb bestreichen und mit ausgestochenen Teigfiguren schmücken. Das Ganze im vorgeheizten Ofen bakken und heiß servieren. Als Beilage dienen sautierte Champignons und Madeirasoße oder Champignons in brauner Grundsoße.

Zur Rindslende Wellington paßt ein kräftiger Rotwein. Dieses Gericht soll erstmalig nach der Schlacht von Waterloo im Gasthof „Belle-Alliance" zu Ehren des Herzogs von Wellington zubereitet worden sein.

# Boeuf Stroganoff

800 g Rinderfilet,
300 g Champignons,
200 g Zwiebeln,
⅛ l frische Sahne,
⅛ l saure Sahne,
¼ l Fleischbrühe,
1 Teel. Senf,
4 Eßl. Sonnenblumenöl,
2 Eßl. Butter,
Pfeffer, Salz

Die Zwiebeln in Scheiben schneiden und in dem Öl glasig dünsten. Die Brühe und die Sahne dazugeben, mit

Senf, Pfeffer und Salz würzen und köcheln lassen, bis die Soße dick genug ist.

Das Filet von Haut- und Fettresten befreien und in dünne, kleinfingerlange Streifen schneiden. Diese Streifen in heißem Öl kurz anbraten, mit Pfeffer und Salz würzen und in die Soße geben. Nun die Pilze in Scheiben schneiden, in heißer Butter anbraten und ebenfalls unter die Soße mischen. Danach das Ganze noch einmal erhitzen, abschmecken und heiß mit Strohkartoffeln servieren. – Vor dem Auflegen der Strohkartoffeln kann noch mit Wodka oder Weinbrand flambiert werden.

In der russischen Küche wurde anstelle des Öls oft ausschließlich Butter genommen und das Fleisch in Mehl gewendet.

## Aprikosen-Pilz-Topf

250 g Rinderfilet,
250 g Schweinefilet,
250 g Champignons,
250 g Aprikosen,
2 Schalotten,
1 Glas Weißwein (Riesling),
2 Glas Weinbrand,
1 Tasse saure Sahne,
80 g Butter,
1 Eßl. Mehl,
1 Sträußchen Pfefferminze,
schwarzer Pfeffer, Salz

Rind- und Schweinefleisch in kleinfingerlange Streifen schneiden, pfeffern (aus der Mühle) und mit Mehl bestäuben. Die Butter in der Pfanne erhitzen, bis sie schäumt, und schnell die Filetstreifen darin anbraten. Dann das Fleisch aus der Butter nehmen, beiseite stellen und nun die in Scheiben geschnittene Zwiebel glasig dünsten. Die sorgfältig geputzten, blättrig geschnittenen kleinen Champignons zu den Zwiebeln geben und 5 Minuten mitdünsten. Dann mit Weinbrand und Wein ablöschen, das Fleisch wieder in die Pfanne geben und kurze Zeit weiterdünsten. Die Aprikosen werden, nachdem sie vorher gebrüht, enthäutet sowie halbiert wurden, nun mit etwas saurer Sahne hinzugefügt. Jetzt noch 2 bis 3 Minuten fertiggaren, mit grobgehackter Pfefferminze bestreuen und mit Reis servieren.

## Provenzalischer Rindfleischtopf

800 g Rindfleisch,
125 g Champignons,
4 Zwiebeln,
4 Karotten,
4 kleine Tomaten,
6 grüne Oliven,
2 Zehen Knoblauch,
$\frac{1}{4}$ l Fleischbrühe,
$\frac{1}{4}$ l Weißwein,
50 g Butter,
Selleriekraut,
Petersilie, Thymian (je 2 Stengel),
Pfeffer, Salz

Das Fleisch in Würfel schneiden, die Zwiebel feinhacken, die Karotten längs halbieren und in der heißen Butter anbraten. Dabei salzen und pfeffern und schließlich mit der Brühe ablöschen. Die Tomaten enthäuten und kleinschneiden, den Knoblauch zerdrücken, die Kräuter zum Strauß binden und alles dazugeben. Mit dem Weißwein auffüllen und zugedeckt 1 ½ Stunden leise schmoren lassen. Inzwischen die gesäuberten Pilze in Scheiben schneiden und mit den Oliven in Salzwasser blanchieren. Schließlich die Kräuter entfernen, die Pilze sowie die Oliven hinzufügen, noch einmal kurz aufkochen, abschmecken und heiß servieren.

# Australische Lettuce Rolls

250 g Hackfleisch vom Schwein,
100 g Krabben,
125 g Champignons,
75 g Eßkastanien,
100 g Bambussprossen,
5 Schalotten,
8 Blätter Kopfsalat,
3 Eßl. Sherry,
2 Eßl. milde Sojasoße,
1 Eßl. Öl,
Salz

Das Hackfleisch zerkrümeln und in heißem Öl braun braten. Die Pilze, Eßkastanien, Bambussprossen, Schalotten sowie Krabben feinschneiden, zu dem Fleisch geben, noch eine Minute dünsten und dann mit Öl, Sojasoße und Sherry mischen. Je einen Eßlöffel dieser Masse auf ein Salatblatt geben, dieses dann zusammengefaltet als Vorspeise servieren.

# Rehrücken mit Gänselebercreme und Champignons

1 Rehrücken,
500 g Gänseleber,
150 g geräucherter Speck,
100 g Schweineschmalz,
100 g Butter,
¼ l süße Sahne,
¼ l Béchamelsauce,
¼ l Aspik,
½ Glas Rotwein,
2 Glas Weinbrand,
3 hartgekochte Eier,
250 g Champignons,
1 kleine Zwiebel,
Kardamom,
Ingwer,
Salbei,
Majoran,
Thymian,
weißer und schwarzer Pfeffer, Salz

Den Rehrücken schön zurechtschneiden, die Haut abziehen und längs zur Faser gleichmäßig mit Speckstreifen spicken. Dann mit schwarzem Pfeffer, etwas Thymian sowie Salz einreiben und in heißem Fett schnell ringsherum anbraten. Anschließend in der vorgeheizten Röhre unter häufigem Begießen halbenglisch braten (ungefähr 20 Minuten), aus dem Ofen nehmen und gut abkühlen lassen. Inzwischen die feingehackte Zwiebel in heißem Fett andünsten, die in Scheiben geschnittene Gänseleber pfeffern, schnell braten, dann erst salzen und nach dem Abkühlen durch ein Sieb passieren. Nun die Butter schaumig schlagen und nacheinander die kalte Béchamelsauce, die Lebermasse, 1 Glas Weinbrand, 2 Eßlöffel aufgelöste Gelatine sowie die Schlagsahne unterrühren. Mit weißem Pfeffer, einer Prise Kardamom, Ingwer, Majoran, Salbei sowie Salz würzen und mit dem Schneebesen kräftig verrühren, bis die Lebercreme schön glatt ist.
Jetzt den Rehrücken auslösen, den Knochen säubern und das Fleisch in Scheiben schneiden. Danach den Rückenknochen mit einem Teil der Lebercreme bestreichen, mit den Fleischscheiben ebenso verfahren und nun so auf den Knochen legen, daß der Rücken eine natürliche Form erhält. Anschließend den Rest der Creme mit Hilfe eines Spritzbeutels so auf dem Rücken verteilen, daß ein gleichmäßiges Muster entsteht und die Schnittstellen verdeckt sind. Inzwischen die kleinen Champignons ganz in Butter dünsten und erkalten lassen. Danach den Rücken auf einer Bratenplatte mit den Pilzen und mit aufgeschnittenem Ei schön garnieren. Schließlich wird der Rücken noch mit einer Aspiksoße, die mit ½ Glas Rotwein sowie Weinbrand aufgekocht wurde, bestrichen.
Die Garnierung kann durch Johannisbeergelee und Apfelsinenspalten ergänzt werden.

# Traditionell beliebt –
# Steinpilze und andere Röhrlinge

## Bunter Sommersalat

250 g Steinpilze (auch Champignons),
150 g Spargel,
150 g grüne Gurke,
150 g Tomaten,
150 g Tomatenpaprika,
2 Köpfe Blattsalat,
2 bis 3 Eßl. Salatöl,
1 Eßl. 5 %iger Speiseessig,
Pfeffer, Salz

Kleine feste Pilze säubern, blättrig schneiden, schnell in heißem Öl anbraten, pfeffern, salzen und kalt stellen. Die Paprikafrüchte überbrühen, abziehen, Kerngehäuse entfernen und in Streifen schneiden. Die Tomaten ebenfalls überbrühen, abziehen, halbieren und vorsichtig ausdrücken, den Stielansatz entfernen und die Tomaten in Scheiben schneiden. Die zarten Spargelstücke in Salzwasser kochen und abtropfen lassen. Die Gurken in Scheiben schneiden und alles unter Beigabe von Essig, Pfeffer sowie Salz vorsichtig vermengen. Nun die zarten Blätter des Kopfsalates möglichst unzerdrückt in eine Schüssel legen, das

vorbereitete Gemisch darauf verteilen und zum Schluß mit dem zum Braten der Pilze verwendeten Öl begießen.

## Geflügel-Reis-Salat
## mit Pilzen

1 kleines Hähnchen,
250 g Steinpilze (Champignons, keine anderen),
125 g Langkornreis,
2 Zwiebeln mit Schlotte oder Schnittlauch,
ein Sträußchen Basilikum,
3 Eßl. Weinessig,
2 Eßl. Sojasoße,
2 Eßl. Bienenhonig,
½ Teel. gemahlener Ingwer,
Salz,
4 Eßl. Öl

Das Hähnchen säubern, innen und außen mit Salz einreiben, mit Öl einpinseln und im Grill oder Ofen braten. Danach abkühlen lassen, das Fleisch auslösen und in Würfel schneiden. Die Pilze putzen und je nach Größe 5 bis 10 Minuten in Wasser kochen. Dann abseihen, abkühlen lassen und in Scheiben schneiden. Den Reis waschen und in viel Salzwasser fast gar kochen. Inzwischen die Zwiebeln in feine Würfel schneiden und in Öl glasig dünsten. Den Reis abseihen und mit den Zwiebeln noch 5 Minuten in der Pfanne erhitzen. Auch den Reis abkühlen lassen und dann alles miteinander mischen. Eine Marinade aus dem Essig, der Sojasoße, dem Honig, feingezupftem Basilikum sowie Ingwerpulver und Salz darübergeben und noch 30 Minuten kühl stellen.

# Hering-Pilz-Salat

4 fette Salzheringe,
200 g Kartoffeln,
200 g Möhren,
150 g Steinpilze (auch Champignons oder Stäublinge, aber keine anderen Arten),
100 g Gewürzgurken,
2 Eßl. Mayonnaise,
½ Tasse Milch,
1 Eßl. 5%igen Weinessig,
1 Knoblauchzehe,
1 Prise Muskat

Die Salzheringsfilets über Nacht wässern, kühl halten, die Kartoffeln am Tag vor der Zubereitung kochen und die Möhren in Wasser mit etwas Essig und Salz garen. Die Heringsfilets in schmale Streifen, die Kartoffeln, Gurken und Möhren in Scheibchen, die kleinen festen Pilze blättrig schneiden. Alles miteinander vermischen. Die Steinpilze kommen roh dazu, können aber auch kurz abgewellt werden. (Bei Verwendung anderer Pilze müssen diese 10 Minuten gekocht werden.) Aus Mayonnaise, Milch, zerdrücktem Knoblauch, Muskat, gemahlenem Pfeffer und eventuell noch etwas Salz eine Soße bereiten und über den Salat gießen. Das Ganze gut durchziehen lassen und servieren.

# Steinpilzsalat

250 g Steinpilze (oder etwa 30 g getrocknete Steinpilze),
250 g Rindsleber,
200 g Mayonnaise,
150 g Zwiebeln, 3 Eßl. Öl,
150 g Salzgurke,
2 hartgekochte Eier,
1 Sträußchen Petersilie,
einige Blätter Basilikum,
Pfeffer, Salz

Bei Verwendung getrockneter Steinpilze diese 3 Stunden in Wasser quellen lassen, dann in dem Einweichwasser kochen. Frische Pilze werden gesäubert, kleingeschnitten, dann gekocht, abgeseiht und kühl gestellt. Die Rindsleber wird in heißes Wasser gegeben, gargekocht und nach dem Abkühlen kleingeschnitten. Die Zwiebeln in Würfel schneiden und in heißem Öl glasig dünsten. Die hartgekochten Eier sowie die Salzgurken in Scheiben schneiden und mit den anderen Zutaten, Pfeffer und Salz sowie der Hälfte der Mayonnaise vorsichtig mischen. Vor dem Servieren den Rest der Mayonnaise darübergießen und mit den frisch gehackten Kräutern bestreuen.

# Eier mit Steinpilzfüllung

8 Eier,
150 g Steinpilze (oder 20 g getrocknete Pilze),
2 Eßl. Mayonnaise,
2 Eßl. saure Sahne,
1 Eßl. Schweineschmalz,
1 Zwiebel,
Petersilie, Basilikum,
Dill u. a. Kräuter, Salz

Die getrockneten Steinpilze 3 Stunden in Wasser einweichen. Dann die Pilze in demselben Wasser kochen, abseihen und kleinhacken. Bei Verwendung von frischen Pilzen diese putzen, in Wasser kochen, abseihen und feinschneiden. Die in Würfel geschnittene Zwiebel in heißem Fett glasig dünsten. Die Eier hart kochen, schälen und das spitze Ende abschneiden. Das Eigelb herauslösen und mit den Pilzen sowie der Zwiebel vermischen. Diese Masse mit Salz abschmekken und in die ausgehöhlten Eier füllen. Das abgeschnittene Ende des Eies wieder aufsetzen. Die Mayonnaise mit saurer Sahne und gehackten Kräutern vermengen, mit Salz abschmecken und über die Eier gießen.

Mit Kräutern garniert ist dieses Gericht eine beliebte belorussische Vorspeise.

## Butterpilzklößchen

500 g Butterpilze,
1 Zwiebel,
1 Ei,
1 Semmel,
2 Eßl. Semmelmehl,
4 Eßl. Öl,
Salz

Die Pilze putzen und 3 Minuten in kochendes Wasser geben. Dann abtropfen lassen, die Huthaut abziehen und die Pilze mit der eingeweichten Semmel sowie der kleingeschnittenen Zwiebel zweimal durch den Wolf drehen. Die Masse mit dem Ei mischen, mit Salz abschmecken, flache, runde Klößchen daraus formen, mit Semmelmehl panieren und in Öl braten.

## Steinpilze à la Provençale

500 g Steinpilze,
2 junge Zwiebeln,
1 Knoblauchzehe,
¼ Zitrone,
1 Strauß Petersilie,
Olivenöl,
Salz

Kleine feste Steinpilze säubern und halbieren. Die feingehackten Zwiebeln in Öl glasig werden lassen, die Steinpilze und den zerdrückten Knoblauch dazugeben. Vorsichtig salzen und weiter dünsten, bis das Wasser fast verdampft ist. Mit Zitronensaft beträufeln, feingewiegte Petersilie darüberstreuen und servieren.

## Gefüllte Eier in roter Soße

150 g Steinpilze,
6 Eier,
½ l Béchamelsoße,
2 Eßl. Tomatenmark,
½ Glas Weißwein,
1 Eßl. Paniermehl,
20 g Butter oder Margarine,
1 Sträußchen Petersilie,
Pfeffer, Salz

Die Eier hartkochen, längs halbieren und das Eigelb entfernen. Die Pilze putzen, feinhacken und in dem Fett anbraten. Dann mit dem Weißwein aufgießen, 1 Eßlöffel Tomatenmark sowie Paniermehl hinzufügen und 10 Minuten dünsten, dabei mit Pfeffer und Salz würzen. Das Eigelb zerdrücken und mit der feingehackten Petersilie unter die Pilze mischen. Etwas von dieser Masse in die Eihälften füllen und je 2 Hälften zusammenfügen. Die restliche Füllung in eine flache Schüssel geben und die Eier hineindrücken. Die Béchamelsoße mit 1 Eßlöffel Tomatenmark verrühren und über die Eier gießen.

## Pilzpizza

400 g Steinpilze (Mischpilze, Maronen, Champignons u.a., nur keine schleimigen Arten),
150 g Schinkenspeck,
1 große Zwiebel, 20 g Butter,
Thymian, Rosmarin, Oregano (auch Majoran),
200 g Tomaten,
200 g Schnittkäse,
Pfeffer, Salz,
2 Eßl. Öl
*Für den Teig:*
200 g Mehl,
15 g Hefe, Salz,
⅛ l Milch,
50 g Margarine

Einen üblichen Hefeteig bereiten und gehen lassen. In dieser Zeit die Pilzmasse zubereiten: die Pilze säubern und in nicht zu kleine Stücke schneiden, die Zwiebel würfeln und in Butter glasig dünsten, den in Streifen geschnittenen Schinkenspeck mitdünsten, bis die Zwiebel goldgelb ist. Nun die Pilze zugeben, würzen und 10 Minuten weiterdünsten. Die Tomaten abbrühen, abziehen und in Würfel schneiden. Die Pilze auf dem mit Öl bepinselten ausgerollten Teig verteilen, Tomatenwürfel und Käsestreifen auflegen. Im vorgeheizten Ofen ca. 20 Minuten backen.

## Steinpilzcremesuppe

350 g Steinpilze (auch Maronen, Hexenröhrlinge),
$3/4$ l Fleischbrühe, $1/4$ l süße Sahne,
1 Zwiebel,
$1/2$ Teel. Worcestersoße,
$1/2$ Teel. Zitronensaft,
Petersilie, Kerbel,
40 g Butter oder Margarine,
Pfeffer, Salz

Die Pilze säubern und kleinschneiden. Die Zwiebel in Würfel schneiden und in dem Fett glasig werden lassen. Dann die Pilze hinzufügen und 5 Minuten weiterdünsten. Nun mit der Sahne sowie der Fleischbrühe auffüllen und ohne Deckel 15 Minuten leise kochen lassen. Dabei mit Pfeffer und Salz würzen. Anschließend die Suppe durch ein Sieb streichen oder mit dem Mixer pürieren. Mit etwas Zitronensaft und Worcestersoße abschmecken und noch einmal aufkochen lassen. Die Kräuter feinhacken, über die Suppe streuen und sofort servieren.

## Lapscha mit Pilzen

300 g Steinpilze,
1 Knolle Sellerie mit Kraut,
1 Mohrrübe,
1 Zwiebel,
5 Knoblauchzehen,
1 Tasse saure Sahne,
200 g Fadennudeln,
3 Lorbeerblätter,
1 Sträußchen Dill,
6 schwarze Pfefferkörner,
Salz

Die Mohrrübe, die Zwiebel und den Sellerie in Scheiben bzw. Würfel schneiden und in etwa $1 1/2$ l Salzwasser kochen. Die Pilze putzen, in Scheiben schneiden und mit dem Gemüse kochen. Wenn das Gemüse fast gar ist, die Nudeln in die kochende Brühe streuen, Lorbeerblätter sowie Pfeffer hinzufügen und weiterkochen, bis auch die Nudeln gar sind. Dann den feingehackten Dill, die zerdrückten Knoblauchzehen und die saure Sahne dazugeben und heiß auftragen.

## Sauerteigsuppe mit Pilzen

150 g Steinpilze (auch Maronen, Butterpilze oder 25 g getrocknete Pilze),
1 Stück Brotrinde,
1 Zwiebel,
30 g Hefe,
3 Eßl. Mehl,
eine Prise Zucker,
Kümmel, Salz,
40 g Margarine,
$1/2$ l Wasser oder Knochenbrühe,
200 g Kartoffeln

Die Hefe in ungefähr $1/8$ l lauwarmem Wasser verrühren, etwas Zucker hinzufügen und schließlich das Mehl darin verquirlen. Die Brotrinde hineingeben und über Nacht warmstellen. Die Zwiebel feinhacken, die Pilze putzen und kleinschneiden. Die Zwiebel in etwas Margarine glasig dünsten, die Pilze dazugeben und 10 Minuten mitdünsten. Die

Knochenbrühe hinzufügen, mit Kümmel und Salz würzen und 10 Minuten kochen. Nun den Hefeansatz hineinrühren und noch einmal aufkochen lassen. Die Kartoffeln in Würfel schneiden, extra garkochen und gesondert zur Suppe reichen. Sie können aber auch mit den Pilzen in der Suppe gargekocht werden.

## Passierte Fischsuppe mit Pilzen

1 kg Karpfen,
250 g Steinpilze (oder Champignons),
500 g Gemüse (Möhren, Petersilienwurzeln, Sellerie),
1 Zwiebel,
50 g Butter,
2 Eßl. Öl,
1 Eigelb,
1 Semmel,
Pfeffer,
Salz,
Lorbeerblatt

Den Karpfen säubern und ausnehmen. Mit der Hälfte des Gemüses, der Zwiebel, Salz, Pfeffer und Lorbeerblatt ungefähr 1 Liter Gemüsebrühe kochen. Darin den Fisch mit den Innereien (Leber, Milch oder Rogen) 30 Minuten ziehen lassen, nicht kochen. Dann wird der Fisch entgrätet und durch den Fleischwolf gedreht oder mit dem Mixer püriert. Die verbliebene Menge des Gemüses wird gestiftelt und in Öl angebraten. Mit der durchgeseihten Fischbrühe auffüllen, den durchgedrehten Karpfen dazugeben und das Ganze leise kochen, bis das Gemüse gar ist. Inzwischen die blättrig geschnittenen Pilze in Butter dünsten, die Semmel in Würfel schneiden und rösten. Das Eigelb in die Suppe hineinquirlen, die Pilze hinzufügen und mit den gerösteten Semmelwürfeln servieren.

## Wildsuppe „Försterinart"

500 g Hirschfleisch (auch Reh oder Hase),
250 g Steinpilze (auch Pfifferlinge, Nelkenschwindlinge, Rötelritterlinge, Hallimasch oder Stockschwämmchen),
2 Tomaten,
2 Paprikafrüchte,
1 Zwiebel,
1 Knoblauchzehe,
2 l Knochenbrühe,
1 Glas Weißwein,
⅛ l saure Sahne,
60 g geräucherter Speck,
60 g Fett oder Öl,
1 Eßl. Mehl,
1 Teel. scharfer Paprika,
Majoran, Pfeffer, Salz

Das gründlich gesäuberte Fleisch in kleine Würfel schneiden und kurz abbrühen. Die Zwiebel kleinschneiden und in etwas Fett goldgelb dünsten. Dann die Fleischwürfel in dem Fett kurz anbraten, mit dem scharfen Paprika, gemahlenem Pfeffer sowie Salz bestreuen und noch 5 Minuten weiterbraten. Anschließend mit dem Weißwein ablöschen und zugedeckt fast gardünsten. Inzwischen den Speck in Würfel schneiden und in einer Pfanne glasig werden lassen. Die Steinpilze säubern, in Scheiben schneiden, mit etwas Majoran, Paprika, feingeschnittenem Knoblauch sowie Salz würzen und in der Pfanne gardünsten. Aus Fett und Mehl eine helle Schwitze bereiten und diese unter ständigem Rühren mit der Knochenbrühe auffüllen. Die Brühe zum Fleisch gießen, salzen und aufkochen lassen. Die Tomaten abbrühen, abziehen und kleinschneiden, die Paprikafrüchte in Würfel schneiden, beides mit den Pilzen in die Suppe geben und noch 10 Minuten weiterkochen. Nun die saure Sahne hinzufügen, noch einmal aufkochen und mit kleinen Semmelknödeln servieren.

# Fasanensuppe auf Jägerart

1 Fasan,
1 kg Rinderknochen,
200 g Sellerieknolle,
100 g Mohrrübe,
100 g Kohlrabi,
50 g Petersilienwurzel,
2 Zwiebeln,
1 Stange Porree,
1 Knoblauchzehe,
200 Steinpilze (auch Maronen, Butterpilze, Sand- und Goldröhrlinge),
100 g geräucherter Speck,
1 Glas Rotwein,
$\frac{1}{4}$ l saure Sahne,
1 Semmel,
$\frac{1}{4}$ Zitrone,
1 Teel. Senf,
1 Teel. Gewürzpaprika,
Pfeffer, Salz,
60 g Butter,
1 Eßl. Mehl

Den gesäuberten und zerteilten Fasan
mit dem gewürfelten Speck sowie den
Knochen in der Bratpfanne bei nicht zu
starker Hitze anbraten. Gemüse, Zwiebeln und Suppengrün kleinschneiden,
ebenfalls mitbraten und etwas Farbe
nehmen lassen. Inzwischen die Pilze in
Scheiben schneiden und in 20 g Butter
andünsten. Nun die Pilze mit in den
Topf geben und mit 2 Liter heißem, gesalzenem Wasser auffüllen. Die Gewürze dazugeben und alles zugedeckt
kochen lassen bis sich das Fasanenfleisch
leicht vom Knochen löst.
Aus dem Mehl und dem Rest Butter eine
helle Mehlschwitze bereiten, mit der
durchgeseihten Brühe unter kräftigem
Rühren auffüllen und 10 Minuten weiterkochen. Das Fasanenfleisch vom Knochen lösen, durch den Wolf drehen und
zusammen mit etwas abgeriebener Zitronenschale sowie dem Rotwein mit dem
Schneebesen in die Suppe einrühren.
Nun noch einmal aufkochen, die saure

Sahne hinzufügen, eventuell mit Zitronensaft abschmecken und mit gerösteten
Weißbrotwürfeln servieren.

# Bigosch mit Schweine-fleisch und Steinpilzen

100 g Steinpilze (auch andere Röhrlinge),
300 g Schweinefleisch,
150 g Knoblauchwurst,
100 g geräucherter Speck,
500 g Weißkraut,
250 g Sauerkraut,
2 Zwiebeln,
2 Tomaten,
12 Dörrpflaumen,
2 Glas Rotwein,
75 g Schweineschmalz,
2 Eßl. Mehl,
1 Knoblauchzehe,
1 Teel. milder Paprika,
Majoran,
Pfeffer, Salz

Das Schmalz in der Pfanne heiß werden
lassen und die kleingeschnittenen Zwiebeln sowie den Speck darin andünsten.
Das gewürfelte Schweinefleisch hineingeben und anbraten, dann mit Mehl bestäuben und kurze Zeit weiterbraten.
Jetzt die in Scheiben geschnittenen
Pilze, die abgebrühten, abgezogenen
und gewürfelten Tomaten, die in Scheiben geschnittene Knoblauchwurst, den
zerdrückten Knoblauch sowie die Gewürze hinzufügen und 10 Minuten dünsten. Danach den Rotwein zugießen und
das Sauerkraut, das feingeschnittene
Weißkraut sowie die eingeweichten
Dörrpflaumen dazugeben und kochen.
Eventuell etwas Brühe nachfüllen, nach
2 Stunden Kochzeit abschmecken und
heiß servieren.

# Bigosch mit Wildbret und Steinpilzen

100 g Steinpilze (auch 20 g getrocknete Pilze),
250 g Wildschwein (auch anderes Wildbret bzw. Lammfleisch),
250 g Schweinefleisch,
250 g Knoblauchwurst,
500 g Sauerkraut,
250 g Weißkraut,
250 g Tomaten,
125 g Zwiebeln,
125 g saure Äpfel,
1 Glas Dessertwein,
2 Tassen Hühnerbrühe,
100 g Butter,
4 oder 5 Pimentkörner,
Pfeffer, Salz

Die feingehackte Zwiebel in 50 g Butter in einer Kasserolle glasig dünsten. Die Tomaten brühen, schälen, kleinschneiden und zu der Zwiebel geben. Nun auch die geschälten, vom Kerngehäuse befreiten und in Würfel geschnittenen Äpfel zufügen und ebenfalls andünsten. Dann die in Scheiben geschnittenen Steinpilze sowie das Sauerkraut und das in Streifen geschnittene Weißkraut dazugeben und 10 Minuten weiter dünsten. Inzwischen das würflig geschnittene Fleisch in der restlichen Butter in einer gesonderten Pfanne schnell anbraten, mit dem Wein sowie der Brühe ablöschen, das Angesetzte ablösen und alles zu dem Gemüse in die Kasserolle geben. Schließlich die in Scheiben geschnittene Knoblauchwurst sowie die zerdrückten Pimentkörner, Pfeffer und Salz hinzufügen und zugedeckt 1 ½ Stunden dünsten, danach den Deckel abnehmen und fertig garen. Heiß servieren und Schwarzbrot dazu reichen.

# Borschtsch mit Pilztaschen

*Für die Suppe:*
400 g Rindfleisch,
2 rote Rüben,
1 Knolle Sellerie,
1 Mohrrübe,
1 Zwiebel,
20 g Oliven,
1 ½ l Knochenbrühe,
40 g Schweineschmalz,
1 Sträußchen Petersilie,
1 Lorbeerblatt,
8 Pfefferkörner,
1 Eßl. 5%iger Essig,
Salz
*Für die Fülle:*
600 g Steinpilze (Pfifferlinge, auch Austernseitlinge, Porlinge, Raslinge),
1 Zwiebel,
20 g Butter,
Salz,
Pfeffer
*Für den Teig:*
250 g Mehl,
1 Ei,
1 l Öl zum Ausbacken

Das Fleisch in Würfel schneiden und in der Knochenbrühe 1 ½ Stunden kochen. Die Zwiebel in Ringe schneiden und in Schweineschmalz glasig werden lassen. Herausnehmen und nun den Sellerie sowie die Möhre in Stifte schneiden, in die Pfanne geben und anrösten. Die roten Rüben ebenfalls in Stifte schneiden und 20 Minuten vor Beendigung der Kochzeit des Fleisches in die Brühe geben. 10 Minuten später das angeröstete Gemüse, die glasig gedünstete Zwiebel, die Oliven, die Petersilie sowie die Gewürze hinzufügen. Inzwischen aus Mehl, Ei sowie Wasser einen festen Teig kneten und 1 Stunde ruhen lassen. Dann dünn ausrollen und runde Plätzchen ausstechen. Die vorbereitete Pilzfülle (s. u.) daraufgeben, die Plätzchen halbmondförmig zusammenklappen und die Ränder festdrücken. Diese Taschen in heißem Öl schwimmend goldgelb backen und gesondert zur Suppe servieren. Für die Fülle werden die Pilze durch die feine Scheibe des Fleischwolfes gedreht. Die Zwiebel feinhacken und in heißer Butter glasig werden lassen, anschließend die Pilzmasse hinzufügen, pfeffern, salzen und unter Rühren dünsten, bis die Fülle fest genug ist.

## Maronengulasch

800 g Maronen (auch Butterpilze, Goldröhrlinge o. a. Röhrenpilze bzw. Mischpilze),
250 g Rindfleisch,
250 g Schweinefleisch,
3 Eßl. Öl,
3 Zwiebeln,
½ l Fleischbrühe,
1 Eßl. Edelsüßpaprika,
1 Teel. scharfer Paprika,
schwarzer Pfeffer,
Salz,
1 Eßl. Mehl

Das Fleisch von Sehnen befreien, in Würfel schneiden und in heißem Öl schön braun anbraten. Schließlich auch die gewürfelten Zwiebeln mitbraten, mit Paprika bestreuen, pfeffern und salzen. Wenn auch die Zwiebeln kräftig Farbe genommen haben, mit der Fleischbrühe ablöschen und eine knappe Stunde zugedeckt garen. Inzwischen die Pilze putzen und kleinschneiden. Nun zu dem Gulasch geben und noch 15 Minuten garen lassen. Mit Mehl binden und herzhaft abschmecken. Dazu gibt man als Beilage Butterreis oder auch Salzkartoffeln.

## Kartoffelsalat mit Pilzen I

500 g Kartoffeln,
250 g Steinpilze (oder Champignons),
2 hartgekochte Eier,
1 Zwiebel,
125 g Mayonnaise,
½ Teel. Zucker,
Saft von ½ Zitrone,
Pfeffer, Salz

Die Kartoffeln in Salzwasser kochen, noch heiß abpellen, abkühlen lassen und in Würfel schneiden. Die Pilze putzen, waschen und in etwas Salzwasser mit ein wenig Zitronensaft 10 Minuten kochen. Dann herausnehmen, abtropfen, abkühlen lassen und in Würfel schneiden. Auch die Eier in Würfel schneiden, die Zwiebeln feinhacken und alles mit der Mayonnaise vermengen. Dann den Salat mit Zitronensaft, frisch gemahlenem schwarzen Pfeffer, einer Prise Zucker sowie Salz abschmecken und 1 Stunde kühl stellen. – Dieser Kartoffelsalat wird in der ČSSR gern mit Würstchen gegessen.

## Kartoffelsalat mit Pilzen II

200 g Steinpilze (oder Champignons),
400 g Pellkartoffeln,
1 Zwiebel,
¼ l saure Sahne,
2 Eßl. Tomatenmark,
1 Eßl. Paprikamark,
2 Eßl. Senf,
1 Eigelb,
Zitronensaft,
Schnittlauch,
Pfeffer, Salz,
Essig

Die möglichst festen Pilze in dünne Scheiben schneiden und in angesäuertem Salzwasser 5 Minuten kochen. Die gekochten und abgekühlten Kartoffeln in Scheiben schneiden und zusammen mit den abgetropften Pilzen in eine Salatschüssel geben. Die saure Sahne mit dem Eigelb mischen und die feingehackte Zwiebel, den Senf, das Tomaten- und Paprikamark dazugeben. Dann mit Pfeffer, Salz und Zitrone abschmecken. Die Salatsoße über Kartoffeln und Pilze geben, zuletzt mit feingewiegtem Schnittlauch überstreuen. – In Ungarn gibt man dazu gebratenes Fleisch.

## Kartoffelpuffer mit Fisch-Pilz-Füllung

800 g Kartoffeln,
150 g Steinpilze (auch Champignons, Träuschlinge, Austernseitlinge, Raslinge oder 20 g Trockenpilze),
150 g Kabeljau (auch Seelachs, Seehecht o.ä.),
100 g geräucherter Speck,
2 Zwiebeln,
2 Eier,
2 Eßl. Mehl,
½ Tasse Öl,
Pfeffer, Salz

Die rohen Kartoffeln schälen, reiben und ausdrücken. Mit dem Mehl, einem Ei, Pfeffer sowie Salz gründlich vermischen. Das Fischfilet säubern, säuern, salzen und feinhacken, besser noch durch den Wolf drehen. Dann in heißem Öl in der Pfanne unter Rühren anbraten. Die Pilze ebenfalls schön kleinhacken, salzen, pfeffern und in heißem Öl anbraten. Nun auch noch die Zwiebeln fein würfeln und glasig dünsten. Ein Ei hartkochen, kleinhacken und mit dem Fisch, den Pilzen sowie den gedünsteten Zwiebeln vermischen. Mit Pfeffer und Salz

abschmecken. Jetzt Öl in der Pfanne erhitzen, mit dem Löffel eine Portion Kartoffelmasse hineingeben, etwas Füllung darauflegen und wieder mit Kartoffelmasse bedecken. Dann von beiden Seiten braun braten. Den Speck in Würfel schneiden, knusprig braten und heiß über die frischen Fladen geben.

## Steinpilz-Tomaten-Gemüse

800 g Steinpilze (auch Maronen, Butterpilze, Sandröhrlinge u.a. Röhrenpilze),
400 g Tomaten,
100 g durchwachsener Speck,
¼ l Fleischbrühe,
2 Zwiebeln,
1 Sträußchen Petersilie,
½ Tasse süße Sahne oder Kondensmilch,
1 Eßl. Mehl,
Pfeffer, Salz

Die Pilze putzen, waschen und in Stücke schneiden. Den Speck in kleine Würfel schneiden, die Zwiebel feinhacken und beides in einem Topf glasig andünsten. Die Pilze hineingeben, Pfeffer und Salz sowie die Brühe hinzufügen und 15 Minuten zugedeckt dünsten lassen. Nebenbei die Tomaten abbrühen, in Stücke schneiden und dann zu den Pilzen geben. Jetzt noch 10 Minuten bei offenem Topf dünsten und abschmecken. Schließlich das Mehl mit der Sahne verquirlen und mit dem Gemüse verrühren. Mit feingewiegter Petersilie bestreuen und mit Röstkartoffeln oder Reis als Beilage servieren.

# Spaghetti alla bolognese

400 g Hackfleisch vom Rind,
800 g Tomaten,
150 g Steinpilze (auch Champignons
oder 20 g getrocknete Pilze bzw. Pilzpulver),
50 g Salami,
2 Möhren,
¼ Knolle Sellerie,
1 Stange Lauch,
1 große Zwiebel,
2 Knoblauchzehen,
2 Glas trockener Rotwein,
4 Eßl. Olivenöl,
mehrere Zweige Thymian,
1 Zweig Rosmarin,
Oregano,
1 Prise Zucker,
Pfeffer, Salz,
400 g Spaghetti,
125 g Parmesankäse

Das Hackfleisch unter ständigem Rühren mit 2 Eßlöffel heißem Olivenöl in
der Pfanne anbraten, so daß es allseitig
braun ist. Dann in einen Schmortopf füllen. Die feingehackte Zwiebel ebenfalls
mit 2 Eßlöffel Olivenöl in der Pfanne
dünsten, danach die feingeschnittene
Sellerieknolle, die Möhre sowie das in
dünne Scheiben geschnittene Weiße der
Lauchstange dazugeben und ebenfalls
dünsten. Nun auch das Gemüse in den
Schmortopf geben und alles zusammen
10 Minuten dünsten. Die Tomaten brühen, schälen, in Würfel schneiden und
mit dem Rotwein in den Topf geben, die
Gewürze hinzufügen und ca. 2 Stunden
köcheln lassen. Erst 15 Minuten vor
Schluß die kleingehackten Steinpilze an
die Soße geben.
Inzwischen die Spaghetti in Salzwasser
mit etwas Butter ca. 8 Minuten kochen
(sie müssen noch bißfest sein), je nach
Wunsch mit kaltem Wasser abschrecken
und kurz in einem Topf mit zerlassener
Butter schwenken. Die Soße über die
Spaghetti geben und den Parmesankäse
darüberstreuen.

# Gefüllte Auberginen

4 kleine Auberginen,
150 g Butterpilze (auch Steinpilze,
Maronen oder 20 g getrocknete
Pilze),
40 g geriebener Käse,
2 Eier,
2 Scheiben Weißbrot,
40 g Semmelbrösel,
2 Eßl. Mehl,
1 Knoblauchzehe,
Oregano (ersatzweise Majoran),
Pfeffer, Salz,
½ Tasse Öl

Die Auberginen waschen und der Länge
nach halbieren. Das weiche Fruchtfleisch herausschneiden und 2 Minuten
in Salzwasser kochen. Die Pilze putzen,
kleinschneiden und mit 1 Eßlöffel Öl
dünsten. Das Weißbrot einweichen, ausdrücken und mit den Pilzen, dem zerdrückten Fruchtfleisch, dem geriebenen
Käse sowie dem Ei mischen. Die Masse
mit Oregano, Pfeffer sowie Salz würzen
und in die Auberginenhälften füllen.
Diese dann in Mehl und verquirltem Ei
wenden, in Semmelbröseln wälzen und
in heißem Öl in der Röhre backen. — So
zubereitete Auberginen kann man mit
Pommes frites oder Reis als Beilage essen.

# Palatschinken mit Krebs

*Für den Teig:*
125 g Mehl,
2 Eier, 200 ml Milch,
Öl
*Für die Fülle:*
125 g Krebsfleisch,

125 g Steinpilze (auch 20 g getrocknete Steinpilze),
100 ml saure oder süße Sahne,
1 Semmel,
100 g Butter,
Petersilie,
Pfeffer, Salz

Milch und Eier mischen, Mehl hineinrühren, etwas salzen und 1 Stunde stehen lassen. In heißem Öl dünne Palatschinken von beiden Seiten braten. Für die Fülle Semmel in Milch einweichen und passieren. Die Pilze gründlich säubern und feinhacken und in Butter andünsten. Feingehackte Petersilie daruntermischen, pfeffern und salzen. Danach Krebsfleisch, Semmel und Pilze mit der Sahne verrühren. Eine feuerfeste Form mit Butter ausstreichen, einen Palatschinken hineinlegen und mit der Füllung bestreichen, darauf den nächsten Palatschinken legen usw. Den obersten Palatschinken mit Butter bestreichen und das Ganze im Ofen backen. – Eine ungarische Spezialität, die als Vorspeise gegessen wird.

## Schillfilet auf Bakonyer Art

2 kleine Zander (je ca. 600 g),
250 g Steinpilze (Champignons, auch milde Täublinge),
100 g Zwiebeln,
1 grüne Paprikafrucht,
¼ l saure Sahne,
100 g Butter,
2 Eßl. Mehl,
5 g Edelsüßpaprika,
1 Sträußchen Petersilie,
1 Eßl. Zitronensaft,
Salz

Die Zander filetieren, mit Zitrone beträufeln sowie salzen. Die Fischabfälle

20 bis 30 Minuten in wenig Wasser mit etwas Salz zur Brühe kochen. Inzwischen die Zwiebeln feinhacken und in heißer Butter goldbraun werden lassen. Die Pilze putzen, in Scheiben schneiden, dazugeben und 10 Minuten dünsten. Zwischendurch den Paprika darüberstreuen, dann 2 Tassen Fischbrühe dazugießen und schließlich auch die mit Mehl verquirlte saure Sahne. Diese Soße noch 5 Minuten kochen und salzen. Inzwischen die Zanderfilets in Butter in einer Kasserolle von beiden Seiten anbraten, sogleich die Soße dazugießen und im Ofen 15 bis 20 Minuten ziehen lassen, nicht kochen. Beim Servieren mit gehackter Petersilie sowie in feine Streifen geschnittenem Paprika bestreuen und Nockerln oder andere Teigwaren dazu reichen.

## Jugoslawischer Hecht mit Steinpilzen

1 Hecht (1 bis 1½ kg),
500 g Steinpilze,
1 Zwiebel,
Saft von 1 Zitrone,
¼ l Weißwein,
¼ l saure Sahne,
2 Eßl. Butter,
Edelsüßpaprika,
Pfeffer, Salz

Den Hecht ausnehmen, säubern und mit Zitronensaft eingerieben 15 Minuten kühl stellen. Dann pfeffern und salzen. Den Weißwein mit ausreichend Wasser und etwas Salz zum Kochen bringen, den Hecht hineinlegen und ohne zu kochen garziehen lassen. Die feingehackte Zwiebel in Butter dünsten, die blättrig geschnittenen Steinpilze hinzugeben und dünsten, bis das Wasser fast verdampft ist. Mit Fischsud und der Hälfte der Sahne ablöschen, mit Paprika würzen und etwas einkochen lassen, bis die Soße dick genug ist. Nunmehr den Fisch vorsichtig in eine gebutterte feuerfeste Form legen, mit der Soße und der restlichen Sahne übergießen und im Ofen 10 bis 15 Minuten backen. Als Beilage Reis oder Salzkartoffeln servieren.

## Hecht auf Pieštanyer Art

1 kg Hecht,
100 g Steinpilze (auch Champignons oder Mischpilze),
100 g Tomaten,
1 Glas Weißwein,
Saft von 1 Zitrone,
1 Bund Schnittlauch,
1 Knoblauchzehe,
Salz, 4 Eßl. Öl

Den Hecht säubern, schuppen und in fingerdicke Scheiben schneiden, mit Zitronensaft beträufeln, salzen und von beiden Seiten in heißem Öl goldgelb anbraten. Die Hechtschnitten mit dem Weißwein ablöschen, die in Scheiben geschnittenen Tomaten sowie die blättrig geschnittenen Pilze und die zerdrückte Knoblauchzehe dazugeben und noch 15 Minuten dünsten. Kurz vor dem Auftragen mit Schnittlauch bestreuen und Nocken oder Salzkartoffeln dazu reichen.

## Pilzsülze

400 g Steinpilze oder Maronen (auch sauer eingelegte Pilze),
2 kleine Möhren,
100 g Blumenkohl,
100 g Sellerie,
50 g grüne Erbsen,
1 Zwiebel,
½ l kräftiges Essigwasser,
1 Glas Weißwein,
2 Päckchen Gelatine,

1 Lorbeerblatt, Estragon,
Pfeffer, Salz

Pilze und Gemüse sorgfältig säubern, in Stücke schneiden und mit den Gewürzen in dem Essigwasser ca. 10 Minuten kochen. Pilze und Gemüse abseihen, die Gelatine in wenig warmem Wasser lösen und mit dem Weißwein zur Flüssigkeit geben. Nun etwas davon in eine Form geben, erstarren lassen und Pilz- und Gemüsestückchen dekorativ darin verteilen. Wieder Gelatinebrühe darübergießen, erstarren lassen, Pilze dazugeben und weiter so verfahren, bis die Form gefüllt ist.

## Schweinsleberpastete mit Pilzen

500 g Schweinsleber,
100 g geräucherter Speck,
150 g Steinpilze (auch Champignons),
2 Eier,
1 Zwiebel,
50 g Schweineschmalz,
20 g Margarine,
2 Eßl. Semmelbrösel,
10 Körner weißer Pfeffer,
2 Körner Kardamom,
Ingwerpulver,
Sellerieblatt,
Salbei, Majoran, Salz

Die Zwiebel feinhacken, die Leber in kleine Stücke schneiden und beides in wenig heißem Schmalz 5 Minuten braten. Danach mit der Hälfte des Specks zweimal durch die feine Scheibe des Wolfes drehen. Die Pilze putzen, waschen und blättrig schneiden, dann mit den rohen Eiern, den zerriebenen Gewürzen sowie Salz gründlich mit der Leber vermengen. Diese Masse in eine mit Margarine gefettete und mit Semmelbrösel bestreute feuerfeste Form füllen. Den restlichen Speck in dünne Scheiben schneiden und obenauf legen. Dann mit Pergamentpapier zudecken und 45 Minuten in einem Wasserbad kochen.

## Leberrouladen mit Pilzfüllung

600 g Rindsleber,
150 g Maronen (auch Steinpilze, Champignons, Austernseitlinge oder Mischpilze bzw. 25 g Trockenpilze),
80 g geräucherter Speck,
3 Zwiebeln,
50 g Sellerieknolle,
1 Möhre,
1 Petersilienwurzel,
1 Tasse Knochenbrühe,
¼ l saure Sahne,
4 Eßl. Öl,
2 Eßl. Mehl,
Pfeffer, Salz

Die Leber in fingerdicke Scheiben schneiden und 2 Stunden in Milch eingelegt kühl stellen. Die Pilze säubern, feinschneiden oder durch den Wolf drehen, pfeffern, salzen und in heißem Öl anbraten. 2 Zwiebeln in Ringe schneiden und in Öl goldgelb dünsten. Die Leberscheiben abtrocknen, pfeffern und mit dünnen Speckscheiben belegen. Darauf dann die Pilzmasse verteilen und obenauf die Zwiebelringe legen. Nun die Scheiben wie eine Roulade rollen, mit einem Faden umwickeln und in Mehl wälzen. Dann die Rouladen in einer Kasserolle in heißem Öl schnell rundherum anbraten. Mit den Rouladen auch eine kleingeschnittene Zwiebel und das zerkleinerte Gemüse anrösten. Schließlich mit der Knochenbrühe ablöschen und zugedeckt garschmoren. Die Leber aus der Kasserolle nehmen. Die saure Sahne zum Fond geben, das Angesetzte ablösen, mit Speisewürze, Pfeffer sowie Salz abschmecken, noch einmal aufkochen, durchseihen und über die Leberrouladen

gießen. Dazu kann man Pommes frites oder auch Kartoffelmus oder Reis reichen.

## Rehmedaillons am Spieß

800 g ausgelöster Rehrücken,
400 g Gänseleber,
350 g geräucherter Speck,
500 g Steinpilz-, Edelreizker- oder Champignon-Köpfe (doch keine anderen Pilze),
60 g Senf,
1 Eßl. Paprikamark,
Pfeffer, Salz,
15 g Gewürzpaprika,
Majoran,
100 g Fett,
100 g Butter,
Öl

Den Rehrücken enthäuten, gut waschen und in runde Scheiben schneiden. Diese pfeffern, mit Senf sowie Öl bestreichen und 24 Stunden in den Kühlschrank stellen. Den Speck in dünne Scheiben schneiden, mit Paprika bestreuen und kalt stellen. Auch die Gänseleber in entsprechende Stücke zerteilen und mehrere Stunden in Milch eingelegt kalt stellen. Die Rehmedaillons in heißem Fett kurz anbraten, dann mit etwas Majoran sowie Salz würzen. Die Gänseleber abtropfen lassen, pfeffern, aber nicht salzen. Die kleinen, festen Pilzköpfe putzen (jedoch nicht waschen), pfeffern und salzen. Nun die Zutaten abwechselnd auf 8 Spieße stecken, dabei mit dem Speck beginnen und enden. Jetzt die Spieße unter ständigem Drehen grillen, zwischendurch mit Öl und kurz vor Schluß das Fleisch mit Paprikamark bestreichen. Die Butter mit Paprika verkneten und über den heißen Spieß verteilen. Man kann stattdessen auch den Spieß mit Weinbrand flambieren. Dazu Strohkartoffeln servieren.

## Geflügelleberspießchen mit Steinpilzen

(für 8 Personen)

400 g Geflügelleber,
400 g kleine Steinpilzköpfe (auch Champignons, aber keine anderen Pilze),
150 g geräucherter Speck,
150 g Zwiebeln,
3 Eßl. Öl,
1 Tasse Milch,
Pfeffer, Salz

Die Geflügelleber einige Stunden in Milch einlegen, dann in Stücke schneiden. Die Pilze putzen, möglichst nicht waschen und die Stiele abschneiden. Den Speck in dünne Scheiben schneiden, die Zwiebeln halbieren und in Schalen teilen. Alle Bestandteile pfeffern und außer der Leber salzen. Dann abwechselnd Leber, Pilze, Speck und Zwiebeln auf Spieße stecken; mit Öl bepinseln und möglichst heiß und nicht zu lange grillen. Öfter wenden und zwischendurch mit Öl einstreichen. Dazu kann man Toastbrot, aber auch Butterreis reichen.

## Pilze mit Nierchen im Kartoffelnest

600 g Butterpilze (auch Maronen, Steinpilze, Sandröhrlinge, Hexenpilze, evtl. Champignons, Träuschlinge),
300 g Schweinenierchen,
150 g Tomaten,
1 Zwiebel,
1 Sträußchen Petersilie,
½ Teel. Currypulver,
Pfeffer, Salz,
4 Eßl. Öl,
1 Eßl. Mehl
*Für den Kartoffelbrei:*
750 g Kartoffeln,

½ l Milch, 60 g Butter,
1 Prise geriebene Muskatnuß,
Salz

Die Pilze putzen und in Scheiben schneiden. Die Zwiebel feinhacken und in Öl glasig dünsten. Dazu dann die Pilze geben und 10 Minuten dünsten. Die Tomaten überbrühen, abziehen und zerkleinern. Dann zu den Pilzen geben, mit Curry, Pfeffer sowie Salz würzen und 5 bis 10 Minuten weiterdünsten. Die Nierchen säubern, sehr gründlich waschen und in Scheiben schneiden. Anschließend in Mehl wälzen und in heißem Öl kurzbraten, unter das Pilzgemüse mischen, abschmecken und noch einmal kurz erhitzen. Für den Brei die Kartoffeln schälen und in Salzwasser garkochen. Dann abgießen und gründlich unter Zugabe der Butter stampfen. Anschließend portionsweise heiße Milch zugeben und mit dem Schneebesen zu einem lockeren Brei schlagen. Diesen mit Muskat und Salz abschmecken und auf eine große Platte häufen. In die Mitte eine große Vertiefung drücken und das heiße Ragout hineingeben.

## Kalbskopf auf schottische Art

1 Kalbskopf mit Zunge,
250 g Steinpilze (auch Champignons),
150 g Möhren,
150 g Sellerieknolle,
100 g Kohlrabi,
100 g Petersilienwurzel,
2 Zwiebeln,
Pfeffer, Salz,
1 Eßl. Fett

Den Kalbskopf mit dem Wurzelwerk, den Zwiebeln, Pfeffer und Salz in Wasser weichkochen. Inzwischen ½ feingeschnittene Zwiebel in etwas Fett andünsten, die gewaschenen, zerkleinerten Pilze hinzufügen und dünsten, bis das Wasser fast verdampft ist. Nun den gegarten Kalbskopf zerlegen, die Zunge sowie das Fleisch in Scheiben schneiden und auf einer vorgewärmten Platte schön anrichten. Darauf das Hirn und ringsum das Wurzelwerk, die Pilze sowie auch Essiggurken legen. Dazu eine pikante Soße und Toast oder Pommes frites servieren.

## Fleischbällchen mit Pilzfüllung

600 g Hackfleisch vom Rind,
400 g Steinpilze (oder Maronen, Butterpilze, auch Raslinge, Austernseitlinge, Champignons),
3 Zwiebeln,
2 Semmeln,
½ l Milch,
¼ l saure Sahne,
¼ l Fleischbrühe,
40 g Schweinefett,
40 g Butter,
4 Eßl. Semmelbrösel,
1 hartgekochtes Ei,
1 Ei,
Pfeffer, Salz

Die Semmeln in Milch einweichen, ausdrücken und mit dem Hackfleisch sowie einem Ei verkneten. Mit Pfeffer und Salz würzen und Klößchen formen. Die Pilze waschen, kleinschneiden und in Butter dünsten, bis das Wasser verdampft ist, pfeffern und salzen. Die Zwiebeln feinhacken und in Fett goldgelb braten. Das hartgekochte Ei kleinschneiden, mit der Zwiebel und der Hälfte der Pilze mischen. In die Fleischbällchen Vertiefungen drücken, in diese die Pilzmasse hineinfüllen, wieder zusammendrücken und panieren. Die Fleischklopse dann in heißem Fett braun braten. Aus etwas Butter sowie Mehl eine helle Schwitze

bereiten, die Fleischbrühe langsam hineinrühren und die restlichen Pilze dazugeben. Nun 15 Minuten kochen, dann die saure Sahne hinzufügen, mit Pfeffer und Salz abschmecken, nochmals aufkochen lassen und heiß über die Fleischbällchen gießen. Diese belorussische Spezialität mit Buchweizengrütze oder Reis auftragen.

## Rinderschmorbraten mit Pilzfüllung

1,5 kg Rindfleisch,
50 g getrocknete Steinpilze (aber auch Maronen, Stockschwämmchen, Nelkenschwindlinge) oder 500 g frische Pilze,
2 große Zwiebeln,
1 Knoblauchzehe,
½ Tasse weiche Weißbrotkrumen,
1 Ei und 1 Eigelb,
¼ l saure Sahne,
50 g Butterschmalz,
1 Strauß Petersilie,
1 Eßl. Mehl,
Pfeffer, Salz

Das Fleisch säubern, pfeffern und salzen. In heißem Fett von allen Seiten schön braun anbraten. Mit ¼ Liter Wasser ablöschen und zugedeckt ungefähr 2 Stunden schmoren, aber nicht vollständig garen. Inzwischen die vortags eingeweichten Pilze in ½ Liter Wasser kochen, bis sie weich sind. Dann durch den Wolf drehen, das Wasser aufheben. Die feingehackte Zwiebel und den Knoblauch in heißem Schmalz goldgelb dünsten. Die Pilze dazugeben, alles abkühlen lassen, mit den Brotkrumen, der gehackten Petersilie, dem Ei, Pfeffer sowie Salz vermengen und abschmecken. Den Schmorbraten herausnehmen und achtmal quer zur Faser tief ein-, aber nicht ganz durchschneiden. In jeden zweiten Zwischenraum Pilzfüllung streichen und das

Ganze gut zusammenbinden. Den Braten nun in die Pfanne zurücklegen und mit dem Pilzwasser weiterschmoren, bis das Fleisch gar ist. Den Braten herausnehmen, die saure Sahne mit dem Mehl und dem Eigelb gründlich mischen und in den heißen Bratensud rühren. Nicht mehr kochen lassen. Das Fleisch in den Spalten ohne Füllung durchschneiden, auf der Bratenplatte anrichten und die Soße extra auftragen. Dazu kann man Salzkartoffeln und grüne Erbsen reichen.

## Koteletts mit Pilzfüllung

4 schöne, große Koteletts,
200 g Steinpilze oder 40 g getrocknete Pilze,
1 Zwiebel,
50 g geräucherter Speck,
50 g Schweinefett,
1 Ei,
4 Eßl. Semmelbrösel,
1 Eßl. Milch,
Salz

Die Koteletts gut klopfen, den Knochen am Fleisch belassen. Für die Zubereitung der Füllung den Speck in Würfel, die Zwiebel in halbe Ringe schneiden und in der Pfanne glasig dünsten. Die geputzten Steinpilze 5 Minuten in Salzwasser kochen. Die gekochten Pilze in Streifen schneiden und mit den Zwiebeln vermengen. Diese Masse auf die gesalzenen Koteletts verteilen und so zusammenwickeln, daß ein Knochenende heraussteht. Diese Rouladen in mit Milch geschlagenes Ei tauchen, mit Semmelbrösel panieren und in heißem Fett von allen Seiten braun braten. Dazu Buchweizengrütze oder Reis servieren.

## Hirschkeule mit Steinpilzen im Wirsingblatt

1 kg ausgelöste Hirschkeule,
150 g Knackwurst,
200 g geräucherter Speck,
1 kg Wirsingkohl,
300 g Steinpilze (auch Pfifferlinge, Reizker, Stockschwämmchen, Hallimasch),
200 g Zwiebeln,
150 g Tomaten,
150 g grüne Paprikafrüchte,
½ Flasche Weißwein,
1 Teel. Paprikamark,
15 g Gewürzpaprika,
1 rote Paprikafrucht,
2 Knoblauchzehen,
1 Bund Petersilie,
2 Zweige Thymian,
Majoran,
5 Wacholderbeeren,
Pfeffer, Salz,
½ Tasse Öl,
1 Ei,
1 Teel. Mehl

Die Keule häuten, von Sehnen befreien, gründlich waschen und abtrocknen. Das Fleisch mit Pfeffer, Thymian, Majoran sowie einer zerdrückten Knoblauchzehe und geriebener Zwiebel einreiben, mit Öl bepinseln und 2 Tage im Kühlschrank marinieren.
Danach wird die Wurstmasse in die ausgelöste Keule gefüllt und diese zugesteckt oder umwickelt. Nun 100 g Speck in kleine Würfel schneiden, in einer Pfanne ausbraten und darin die Hirschkeule von allen Seiten schnell bräunen. Danach das Fleisch in einen Topf legen und in der Pfanne die feingehackten Zwiebeln glasig dünsten, mit Gewürzpaprika bestäuben, mit wenig Wasser ablöschen und über das Fleisch geben. Nun eine zerdrückte Knoblauchzehe hinzufügen und zugedeckt bei mäßiger Hitze weich schmoren. Die Keule ab und zu

wenden, begießen und das verdunstete Wasser durch Weißwein ersetzen. Die Paprikafrüchte entkernen, in Streifen schneiden und gegen Ende der Garzeit mit in die Bratpfanne geben. Die Tomaten abbrühen, häuten, in Scheiben schneiden und ebenfalls kurze Zeit mit schmoren. Die weichgeschmorte Keule in einen anderen Topf legen. Inzwischen die rote Paprikafrucht in wenig Wasser kochen. Mit diesem Paprikawasser sowie dem Paprikamark und etwas Wein die Bratensoße abschmecken. Sie soll nur einen schwach scharfen Geschmack haben. Während der Schmorzeit den Wirsingkohl halbweich kochen und 8 schöne große Blätter ablösen. Der restliche Speck wird in Scheiben einseitig eingeschnitten und gebraten, so daß sich die Form von Hahnenkämmen ergibt. Aus der Pfanne nehmen, in dem Fett eine kleingehackte Zwiebel anrösten. Dann werden die gesäuberten, kleingeschnittenen Pilze hinzugefügt und gedünstet, bis das Wasser verdampft ist. Die Pilze mit Paprika, Majoran, Pfeffer sowie Salz würzen und mit einem Teelöffel Mehl bestäuben. Ein Ei daruntermischen und stocken lassen, bis die Masse einen formbaren Brei ergibt. Der Brei wird auf die Kohlblätter verteilt, eingewickelt und Halbkugeln geformt. Diese mit den „Hahnenkämmen" in heißem Öl in einer Pfanne 8 bis 10 Minuten fertig braten. Nun wird die warmgehaltene Hirschkeule in Scheiben geschnitten und auf einer vorgewärmten Platte verteilt. Die Wirsingrouladen werden dazugelegt, feingehackte Petersilie darübergestreut und die heiße Bratensoße dazugegossen. Als Beilage eignen sich Reis mit oder ohne Pilze, evtl. auch kleine Semmelknödel.

# Gefüllte Wildente mit Sahnesoße

2 Wildenten,
250 g Kalbfleisch (oder auch mageres Schweinefleisch),
250 g Gänseleber,
200 g Steinpilze (auch Austernseitlinge, Träuschlinge, Raslinge),
150 g grüner Speck,
100 g Gänsefett,
100 g Butter,
4 Eier,
2 Eigelb,
¼ l Weißwein,
¼ l saure Sahne,
1 Zwiebel,
1 Teel. Senf,
1 Prise geriebene Zitronenschale,
1 Messerspitze Majoran,
gemahlener schwarzer Pfeffer,
Gewürzpaprika, Salz

Die Wildenten rupfen, absengen, ausnehmen, waschen und abtrocknen. Nun innen und außen salzen, innen mit Pfeffer und Majoran würzen. Für die Zubereitung der Füllung wird das Kalbfleisch durch den Wolf gedreht und mit der kleingeschnittenen Leber in etwas Gänsefett schnell angebraten. Die Pilze werden gesäubert, in kleine Stücke geschnitten, gepfeffert und gesalzen und in Butter gedünstet, bis das Wasser verdampft ist. Der Speck wird in kleine Würfel geschnitten, die Zwiebel gehackt und beides glasig gedünstet. Speck, Zwiebel, Fleisch, Leber sowie Pilze werden nun mit 2 hartgekochten Eiern durch die feine Scheibe des Fleischwolfes gedreht. Danach werden 2 rohe Eier sowie 2 Eigelb gründlich untergemischt, mit Paprika, Pfeffer und Salz abgeschmeckt und die Masse in die Wildenten gefüllt. Diese zunähen und in heißem Gänsefett anbraten. Unter ständigem Begießen weiterbraten, bis die Enten gar und knusprig sind. Jetzt die

Vögel aus der Pfanne nehmen und warm stellen. Den Bratensatz ablösen, mit Weißwein auffüllen und auch die saure Sahne, den Senf sowie etwas Zitronenschale hinzufügen. Nun unter kräftigem Rühren aufkochen und dann reduzieren, bis die Soße die richtige Beschaffenheit hat. Die Wildenten tranchieren, mit der heißen Soße begießen. Als Beilage paßt dazu gedünsteter Reis, es können aber auch Apfelrotkohl und Semmelknödel gereicht werden.

## Hirschmedaillons mit Leber- und Steinpilzwürfeln in Madeirasoße

600 g gebeizte Hirschlende,
200 g Gänseleber,
200 g Steinpilze (evtl. Champignons, doch keine anderen Pilze),
100 g geräucherter Speck,
1 Tasse braune Grundsoße,
½ Glas Rotwein,
1 Glas Weinbrand,
200 g Schweinefett,
3 Eßl. Öl,
1 Tasse Milch,
20 g Butter,
3 Semmeln,
100 g Mehl,
1 Bund Petersilie,
Pfeffer, Salz

Die Hirschlende mit Speckstreifen in Faserrichtung spicken, in 8 Scheiben schneiden, diese klopfen, leicht pfeffern, ölen und kalt stellen. Die Gänse- oder auch Hühnerleber sowie schöne feste Steinpilze in Würfel schneiden. Die Leberwürfel in Milch legen und kühl stellen. Aus den Semmeln 8 Scheiben von der Größe der Hirschmedaillons schneiden, in heißem Fett goldgelb rösten und warm halten. Die Fleischscheiben salzen, in Mehl wälzen und in heißem Fett

von beiden Seiten schnell knusprig braten. Nun auf die Croûtons legen und warm stellen. In der Pfanne jetzt bei starker Hitze Leber- sowie Pilzwürfel kurz und scharf anbraten, mit Weinbrand ablöschen, Grundsoße, Wein sowie Butter hinzufügen, pfeffern, salzen und alles über die Medaillons geben. Mit Petersilie bestreuen und heiß servieren. Als Beilage können Pommes frites dienen.

## Fasan in Burgunder

2 Fasanen,
300 g Steinpilze (evtl. auch Champignons),
100 g geräucherter Speck,
½ Flasche Burgunder oder anderer kräftiger Rotwein,
⅛ l braune Grundsoße,
1 Glas Weinbrand,
1 Zwiebel,
1 Knoblauchzehe,
50 g Sellerieknolle,
1 Möhre,
1 kleine Stange Porree,
1 Teel. Tomatenmark,
1 Teel. Hagebuttenmark,
1 Teel. Senf,
1 Sträußchen Petersilie,
1 Lorbeerblatt,
Thymian,
Majoran,
2 Nelken,
Pfeffer, Salz,
¼ Zitrone,
150 g Schweinefett,
50 g Butter

Die ausgenommenen und gesäuberten Fasanen salzen und innen mit wenig Pfeffer sowie Majoran würzen. Dann in heißem Fett im Ofen 8 bis 10 Minuten von allen Seiten knusprig braten und aus der Pfanne nehmen. Die Zwiebel sowie das Suppengemüse in Scheiben bzw. Streifen schneiden und in dem Bratfett anrösten. Den zerdrückten Knoblauch, das Tomatenmark, Lorbeerblatt sowie Nelken kurze Zeit mitbraten, die Fasanen dazulegen und mit dem Weinbrand flambieren. Nun mit dem Rotwein ablöschen, pfeffern, salzen und zugedeckt im Ofen garen. Inzwischen die gesäuberten, in Würfel geschnittenen Steinpilze in glasig gebratenem Speck sowie heißer Butter dünsten, bis die Flüssigkeit fast verdampft ist. Die Pilze pfeffern, salzen und mit gehackter Petersilie bestreuen. Die gegarten Fasane aus der Pfanne nehmen und warm halten. Das überflüssige Fett abschöpfen, das Angesetzte ablösen und die braune Grundsoße hinzufügen. Jetzt noch mit dem Hagebuttenmark, dem Senf, dem Zitronensaft sowie einer Prise Thymian abschmecken und reduzieren, bis die Soße die richtige Konsistenz hat. Zum Schluß die Soße durch ein Sieb seihen und heiß servieren. Die Fasanen mit dem Pilzgemüse belegen und mit etwas Soße übergossen zu Tisch bringen. Dazu Semmelcroûtons und Röstkartoffeln reichen.

Die sorgfältig gesäuberten Fasanen mit Majoran, Pfeffer sowie Salz einreiben, Brust und Keulen mit Speckscheiben umwickeln und im vorgeheizten Ofen in heißem Fett von allen Seiten bräunen. Dann aus der Pfanne nehmen, zerlegen und in einen Topf geben. Die feingehackte Zwiebel in dem Fett hellgelb dünsten, mit 1 Tasse Brühe aufgießen, Paprika hinzufügen und alles über das Fasanenfleisch gießen. Den zerdrückten Knoblauch sowie den Kümmel dazugeben und zugedeckt halbgar dünsten, dabei ab und zu mit Fleischbrühe begießen. Das Fasanenfleisch herausnehmen und die Brühe reduzieren. Die gesäuberten Steinpilze sowie die Paprikafrüchte in Streifen schneiden und mit der sauren Sahne sowie dem Paprikamark zu der reduzierten Brühe geben, das Fleisch wieder hineinlegen und alles weich dünsten. Mit Butterflöckchen und Paprikaringen belegen und mit Teigwaren servieren.

## Fasan à la Bakony

2 Fasanen,
250 g Steinpilze (auch Pfifferlinge, Nelkenschwindlinge, Stockschwämmchen, Champignons),
150 g Paprikafrüchte,
100 g Zwiebeln,
100 g geräucherter Speck,
½ l saure Sahne,
2 Tassen Fleischbrühe,
1 Teel. Paprikamark,
1 Knoblauchzehe,
100 g Schweineschmalz,
40 g Butter,
15 g scharfer Paprika,
Majoran, Kümmel,
Pfeffer, Salz

# Parasolpilze, Reizker, Hallimasch und andere Lamellenpilze

## Pikantes Pilzbrot

500 g Mehl,
250 g Nelkenschwindlinge (auch Stockschwämmchen oder Champignons),
150 g geräucherter durchwachsener
Speck,
1 Ei,
1 Eigelb,
¼ l Milch,
40 g Hefe,
50 g Butter,
Salz

## Sauce à la Provence

250 g Tomaten,
125 g Ritterlinge (auch Champignons),
¼ l braune Grundsoße,
1 Glas Weißwein,
3 Zwiebeln,
2 Knoblauchzehen,
125 g Butter,
Pfeffer, Salz

Die Tomaten überbrühen, die Haut abziehen und das Fleisch in kleine Würfel
schneiden. Die feingehackte Zwiebel in
der Hälfte der Butter goldgelb dünsten,
die würflig geschnittenen Pilze, die Tomaten sowie den zerdrückten Knoblauch
dazugeben, pfeffern und salzen und
10 Minuten weiterdünsten. Dann den
Weißwein und die braune Grundsoße
hinzufügen und solange kochen, bis die
Soße die richtige Beschaffenheit hat.
Nun die restliche Butter kräftig unterrühren und die Soße heiß zu kurzgebratenem Rind- oder Hammelfleisch servieren.

Das Mehl in einer Schüssel aufhäufen, in
die Mitte eine Vertiefung drücken und
dahinein die mit der Milch verrührte
Hefe gießen. Dann daraus einen Teig
kneten und gehen lassen. Die Butter, die
Eier und Salz hineinkneten, den Teig
warm stellen, bis er ungefähr aufs Dop-
pelte aufgegangen ist. Nun die Speckwürfel und die blättrig geschnittenen
Pilze einarbeiten. Aus diesem Teig ein
Brot formen und nochmals, jetzt bei
50 °C, ca. 30 Minuten gehen lassen.
Dann im Herd 45 Minuten bei 200 °C
backen.

## Parasolpilze mit Spiegeleiern

4 Parasolpilzhüte (auch große
Anischampignons oder Edelreizker
bzw. Riesenbovistscheiben),
5 Eier,
1 Tasse Semmelbrösel,
4 Scheiben Toastbrot,
½ Tasse Öl,
40 g Margarine

Die ungewaschenen, sauberen Pilzhüte salzen, in verquirltem Ei, dann in Semmelbrösel wälzen und in heißem Öl von beiden Seiten braten. Gleichzeitig die 4 Eier in Öl und die Toastscheiben in Butter braten. Die Toastscheiben mit den Pilzhüten belegen, die Spiegeleier obenauf legen und heiß servieren.

## Überbackene Parasolpilze auf Toast

(für 8 Personen)

4 Parasolpilzhüte (auch große Anischampignons, Edelreizker, Steinpilz- oder Riesenbovistscheiben),
8 Eier,
4 Scheiben gekochter Schinken,
4 Scheiben milder Käse,
4 Scheiben Toastbrot,
½ Tasse Öl,
Pfeffer, Salz

Die ungewaschenen, aber sauberen Pilzhüte pfeffern und salzen und in Öl von beiden Seiten braten. Die Eier mit Salz verquirlen und 8 der Pilzgröße entsprechende Omeletts braten. Das Weißbrot toasten, darauf je ein Omelett, darüber eine gebratene Pilzscheibe, schließlich eine Schinkenscheibe sowie eine Scheibe Käse obenauf legen. Alles im Ofen überbacken und mit etwas Pfeffer bestreut servieren.

## Gefüllte Pilze auf ungarische Art

8 Parasolpilze,
2 Eier,
2 Kartoffeln,
1 kleine Zwiebel,
100 g Schinken,
50 g Margarine,
¼ l saure Sahne,
Petersilie,
Pfeffer, Salz,
Butter

Schöne, halbgeschlossene Pilze nehmen und Stiele abschneiden. 100 g Pilzabfälle und die Zwiebel feinwiegen und mit Petersilie, Pfeffer, Salz und etwas Margarine dünsten, bis das Wasser verdampft ist. Die Kartoffeln kochen und ebenso wie den Schinken durch den Wolf drehen. Pilze, Kartoffeln und Schinken mit den Eiern und etwas saurer Sahne verrühren. Diese Masse in die Pilzhüte füllen. Eine feuerfeste Form mit Butter ausstreichen, mit Brotscheiben (ohne Rinde) auslegen und die Pilze daraufgeben. Ungefähr 30 Minuten in der Backröhre garen und ab und zu mit saurer Sahne oder Butter beträufeln.

## Saure Estragonpilze

500 g kleine feste Edelreizker (auch Champignons, Täublinge oder Steinpilze),
4 Schalotten (oder junge Zwiebeln),
1 Zitrone,
¼ l Essig (5 %),
¼ l herber Weißwein,
50 g Zucker,
2 Teel. Korianderkörner
einige Zweige Estragon,
10 Körner weißer Pfeffer,
1 Teel. Salz

Die Pilze gründlich putzen, die Schalotten halbieren, die Zitrone abbürsten, achteln und alles mit dem Essig, dem Wein sowie Koriander- und Pfefferkörnern, Zucker und Salz 5 Minuten leise kochen. Nach dem Abkühlen die gewaschenen Estragonblätter hinzufügen und über Nacht ziehen lassen. Den Essig abseihen, noch einmal aufkochen und heiß wieder zurückgießen. Alles in heiß gespülte Gläser füllen und verschließen. Wenn die Gläser zugekocht werden, sind die sauren Pilze monatelang haltbar. Sie sind als Vorspeise oder Beilage bzw. Garnierung zu verwenden.

## Pilzhäckerle

500 g Salzpilze (möglichst Reizker, aber auch andere),
2 Zwiebeln,
3 Eßl. Öl,
1 Sträußchen Petersilie,
einige Blättchen Dill oder auch Basilikum,
Pfeffer, Salz

Die Zwiebeln in Scheiben schneiden und in heißem Öl glasig dünsten. Abkühlen lassen und mit den Pilzen durch die feine Scheibe des Fleischwolfes drehen. Mit Pfeffer sowie Salz abschmecken und mit den kleingehackten Kräutern bestreut servieren.

## Gebratene Reizker

500 g Edelreizker,
2 Zwiebeln,
1 Eßl. gehackter Dill,
1 Teel. frisches Bohnenkraut,
1 Teel. Kümmel,
Salz

Die möglichst jungen Reizker putzen und blättrig schneiden. Die Zwiebeln feinhacken und in der Butter hellgelb andünsten. Darin dann die Pilze heiß und schnell braten (ca. 10 Minuten). Kurz vor Schluß die Kräuter, den Kümmel sowie Salz hinzufügen und heiß mit Toast servieren.

## Reizkersalat

400 g Edelreizker (o.a. milde Milchlinge),
2 saure Gurken, auch Gewürzgurken möglich,
2 Eßl. Salatöl,
1 Teel. Weinessig,
einige Tropfen Pilzwürze,
Pfeffer, Salz

Die Pilze putzen, waschen und 10 Minuten in ungesalzenem Wasser kochen. Dann abgießen, abtropfen und abkühlen lassen. Die Reizker dann in Stücke schneiden und mit den fein gewürfelten Gurken mischen. Eine Marinade aus Salatöl, Essig, Pilzwürze, Pfeffer sowie Salz vorbereiten, über die Pilze gießen und vorsichtig vermengen. Eine halbe Stunde kühl stellen, dann mit Toastbrot servieren.

## Russische Reizker-Sakuska

500 g mit Salz eingelegte Edelreizker (auch andere Reizker oder Steinpilze),
2 Zwiebeln,
4 Zehen Knoblauch,
1 Bund Schnittlauch,
2 Eßl. Sonnenblumenöl,
schwarzer Pfeffer

Die Zwiebeln feinhacken oder in Ringe schneiden, den Schnittlauch wiegen, die Knoblauchzehen zerdrücken und alles mit den Salzpilzen und dem Öl vermischen. Bei zu hohem Salzgehalt müssen die Pilze vorher gewässert werden. Mit frisch gemahlenem Pfeffer würzen und noch eine halbe Stunde ziehen lassen. – Dieser Pilzsalat kann als Vorspeise gereicht, aber auch als Imbiß zum Bier gegeben werden.

## „Brautpaar"

100 g Nelkenschwindlinge (auch Stockschwämmchen),
4 hartgekochte Eier,
5 Tomaten,
4 Eßl. süße Sahne,
1 Sträußchen Petersilie,
½ Zwiebel,
20 g Margarine,
Pfeffer,
Salz

Die Pilze säubern und feinschneiden.
Die Zwiebeln kleinschneiden und mit
Margarine hellgelb dünsten. Dann die
Pilze hinzufügen und dünsten, bis das
Wasser verdampft ist, dabei würzen,
dann kalt stellen. Eine Tomate in Ringe
schneiden, von den anderen einen Dek-
kel abschneiden, die Tomaten aushöhlen. Von den Eiern auch einen Deckel
abschneiden und das Eigelb herausho-
len, mit der Sahne verrühren und damit
die gegarten Pilze binden. Die Hälfte
dieser Pilzmasse in die Eier füllen, jedes
Ei in einen Tomatenring setzen und
einen Tomatendeckel auflegen. Die Tomaten mit der anderen Hälfte der Masse
füllen und einen Eideckel aufsetzen; so
sind 4 „Brautpaare" fertig. Die Verzie-
rung kann noch beliebig vervollkomm-
net werden.

## Gebackene Edelreizker mit Sauce Tatar

500 g Edelreizker (auch Champignons,
feste Steinpilze oder Täublinge),
2 Eier,
1 Tasse Mehl,
1 Tasse Semmelbrösel,
Salz
*Für die Soße:*
4 Eidotter,
100 g Butter,
Saft einer Zitrone,
2 Teel. Senf,
1 Teel. Kapern,
1 Sardelle,
schwarzer Pfeffer,
Salz,
1 l Öl

Die Reizker putzen, von den Stielen befreien und waschen. Dann abtropfen lassen und salzen. Nun zuerst in Mehl,
dann in verquirltem Ei und schließlich
in Semmelbröseln wälzen. So vorbereitet
werden sie in heißem Öl schwimmend
gebacken. Wer Öl sparen möchte, kann
die Pilze aber auch in der Pfanne braten.
Die heißen Pilze werden in Sauce Tatar
getaucht gegessen. Für diese Soße zunächst die Butter schaumig schlagen,
dann die Eigelb und schließlich den Zitronensaft mit dem Schneebesen darunterrühren. Zuletzt die Sardelle sowie die
Kapern feingehackt mit dem Senf, Pfeffer und Salz hinzufügen.

## Salat mit sauren Pilzen

150 g sauer eingelegte Reizker (auch
Mischpilze),
150 g geräucherter Schinken,
6 Eier,
2 Zwiebeln,
1 Tasse saure Sahne,
1 Eßl. Mayonnaise,
1 Bund Schnittlauch,
1 Sträußchen Petersilie,
1 kleiner Zweig Estragon,
Worcestersoße,
Pfeffer, Salz

Die sauren Pilze in feine Scheiben
schneiden, die Eier hartkochen und
kleinschneiden, den Schinken in dünne
Streifen schneiden und die Zwiebeln
kleinhacken. Alles miteinander mischen

und die saure Sahne mit der Mayonnaise darübergeben, mit Pfeffer, Salz sowie einigen Tropfen Worcestersoße würzen und eine Stunde kühl stellen. Den Schnittlauch, die Petersilie sowie die Estragonblätter feinhacken und kurz vor dem Auftragen daruntermischen. Dazu kann Toast gereicht werden.

## Stockschwämmchen naturell

500 g Stockschwämmchen,
2 Eßl. Öl,
Salz

Die Stockschwämmchen putzen, dabei von den zähen Stielen befreien (möglichst nicht waschen). Dann die Pilze in heißem Öl in der Pfanne 10 bis 15 Minuten braten. Sie werden nur mit Salz, eventuell etwas Pfeffer abgeschmeckt und als Beilage zu Kurzgebratenem oder auch geschmortem Fleisch gereicht.

## Dänische Stockschwämmchenklöße

500 g Stockschwämmchen (auch Nelkenschwindlinge möglich),
2 Eier,
½ Tasse Semmelbrösel,
80 g Butter oder Margarine,
schwarzer Pfeffer,
Salz,
Öl

Die Pilze putzen und dabei die Stiele entfernen, nur die größeren Hüte teilen, möglichst nicht waschen, ansonsten gut abtropfen lassen. Aus den Eiern, den Semmelbröseln und der Butter einen

Teig bereiten, schwach pfeffern und salzen. Die Stockschwämmchen gleichmäßig daruntermischen und immer einen Eßlöffel voll davon in Öl goldbraun braten. Diese Klößchen zu Aufschnitt oder kaltem Fleisch, auch zu Kartoffelsalat oder Kartoffelbrei, reichen.

## Hallimaschköpfe mit Schinken

600 g Hallimasch,
200 g geräucherter Schinken,
2 Zwiebeln,
1 Teel. gemahlener Kümmel,
schwarzer Pfeffer,
Salz,
3 Eßl. Öl

Schöne, nicht zu kleine Pilze aussuchen und die Stiele abschneiden, 5 Minuten in Wasser kochen, abseihen und gut abtropfen lassen, danach salzen und in Öl von beiden Seiten braten. Inzwischen den Schinken in Streifen, die Zwiebeln in Ringe schneiden und möglichst in einer zweiten Pfanne ebenfalls in Öl bräunen, bis die Zwiebeln hellbraun sind. Dabei mit Kümmel, Pfeffer sowie Salz würzen. Nun Schinken und Zwiebeln auf Schwarzbrotscheiben häufen und die gebratenen Hallimaschköpfe obenauf legen. Das Ganze kann man noch mit einem Spiegelei ergänzen.

# Klare Fleischsuppe mit Pilzen

250 g Schweinekamm,
250 g Täublinge (auch Hallimasch, Ritterlinge, Champignons, Träuschlinge),
1 l klare Fleischbrühe,
2 Eßl. Sojasoße,
½ Teel. Glutamat,
schwarzer Pfeffer,
Salz

Das Fleisch waschen, abtrocknen, mit Salz einreiben und in kleine Würfel schneiden, dann in einen Topf mit der kochenden Brühe geben und 20 Minuten zugedeckt schwach sieden lassen. Inzwischen die Pilze putzen und in formschöne Stücke schneiden. (Bei Verwendung von Hallimasch müssen diese blanchiert werden). Dann die Pilze mit in den Topf geben und mit Sojasoße, Glutamat, Pfeffer und Salz würzen. Noch 10 Minuten weiter kochen, dann heiß servieren.

# Gefüllte Tomaten

5 große Tomaten,
400 g Täublinge (auch Champignons, Schopftintlinge),
2 Zwiebeln,
1 Knoblauchzehe,
2 Sardellenfilets,
2 Eier,
1 Bund Petersilie,
2 Eßl. Butter oder Margarine,
2 Eßl. Semmelmehl,
Pfeffer, Salz

Von den Tomaten einen Deckel abschneiden und die Früchte aushöhlen. Die Pilze säubern und kleinschneiden, die Zwiebeln in Ringe schneiden und in Butter andünsten. Dann die Pilze, feingewiegte Petersilie sowie die zerdrückte Knoblauchzehe dazugeben und weiterdünsten. Schließlich die kleingeschnittenen Sardellenfilets, Semmelmehl, Eier, Pfeffer und Salz daruntermischen und die Masse in die Tomaten füllen. Eine feuerfeste Glasform fetten, die Tomaten hineinstellen, eine Tasse Wasser oder Brühe dazugießen und im heißen Ofen ca. 30 Minuten garen. Aus der Restflüssigkeit kann eine Soße bereitet werden. Eventuell gleichzeitig mit Hammel- oder Rindergehacktem gefüllte Zwiebeln dünsten und beides mit Reis auftragen. So zubereitet ißt man Tomaten oder Zwiebeln in Jugoslawien.

# Ungarische Gänseleberpastete

2 Gänselebern,
150 g Nelkenschwindlinge (oder Champignons),
evtl. 1 Trüffel,
2 Eier,
1 Semmel,
½ l Milch,
weißer Pfeffer,
Majoran,
Salbei,
Ingwer,
Selleriesamen,
Kardamom,
Zwiebelpulver,
Salz,
20 g Butter,
Semmelbrösel

Die Leber mehrere Stunden in gesalzene Milch einlegen. Eine Leber roh durch den Fleischwolf drehen und mit den blättrig geschnittenen Pilzen in der Butter andünsten. Die andere Leber in der Milch dünsten, bis die Flüssigkeit ganz verkocht ist. Nach dem Abkühlen in kleine Stücke schneiden. Die gesamte

Leber mit Eigelb, der zerdrückten eingeweichten Semmel und den Gewürzen
gut vermischen. Das Eiweiß zu Schnee
schlagen und darunterrühren. Die Masse
dann in eine gebutterte und mit Semmelbröseln bestreute Pastetenform füllen,
zudecken und 1 Stunde im Dampftopf
erhitzen. Nach dem Abkühlen die Form
stürzen und die Pastete kalt servieren.

# Gefüllte Gurken
# mit Austernseitlingen

6 kleine Gurken,
500 g Austernseitlinge (auch Champignons, Raslinge, Hallimasch),
2 Zwiebeln,
100 g durchwachsener Speck,
½ l Fleischbrühe,
⅛ l saure Sahne,
50 g Butter,
100 g Semmelbrösel,
1 Ei,
2 Eßl. süße Sahne,
½ Zitrone,
1 Bund Petersilie,
Pfeffer, Salz

Die Gurken halbieren, aushöhlen und
mit Zitrone beträufeln. Die Zwiebeln
feinhacken und in den Gurkenhälften
verteilen. Dann die gut gesäuberten
Pilze ebenfalls feinhacken und mit dem
Ei, der Sahne und soviel Semmelbrösel
verkneten, daß ein Brei entsteht. Diesen
mit Pfeffer und Salz würzen und in die
Gurken füllen. Die Gurken mit feingehackter Petersilie bestreuen und auf die
in der Pfanne ausgelegten Speckscheiben setzen. Butterflöckchen auflegen,
mit Pfeffer bestreuen und die heiße
Fleischbrühe dazugießen. Reichlich
20 Minuten garen, dann die Pfanne vom
Feuer nehmen, die saure Sahne mit der
Brühe verquirlen und das Gericht heiß
servieren. Dazu paßt am besten Reis.

# Pilzsuppe mit Klößen
# aus Frischlingsfleisch

*Für die Suppe:*
2 kg Frischlingsknochen o.a. Wildkno-
chen,
200 g Austernseitlinge (Graublättrige
Schwefelköpfe, Nelkenschwindlinge,
Steinpilze, Maronen, auch 30 g Trockenpilze),
100 g Sellerie,
100 g Mohrrübe,
50 g Petersilienwurzel,
50 g Kohlrabi,
100 g Porree,
1 Zwiebel,
2 Knoblauchzehen,
3 bis 4 Sellerieblätter,
1 Bund Petersilie,
1 Stück Meerrettich,
1 Eßl. Tomatenmark,
100 g durchwachsener Speck,
¼ l Rotwein,
⅛ l süße Sahne,
1 Eigelb,
1 Teel. Gewürzpaprika,
1 Lorbeerblatt,
Majoran, Thymian,
Pfeffer, Salz
*Für die Klöße:*
½ kg Frischlingsfleisch o.a. zartes
Wild,
50 g Reis,
1 Zwiebel,
2 Eier,
1 Teel. schwarzer Pfeffer,
1 Teel. Gewürzpaprika,
Majoran,
Salz,
20 g Fett

Die zerkleinerten Knochen gründlich
säubern, abbrühen und mit der Hälfte
des Suppengrüns und ca. 2 Liter Wasser
eine Brühe kochen. Die Pilze und das
Gemüse in Streifen schneiden, die Zwiebel kleinschneiden, den Knoblauch zerdrücken und den Speck würfeln. Dann

den Speck glasig anbraten, darin die Zwiebel goldgelb dünsten und schließlich das Gemüse anbraten sowie die Pilze mit Tomatenmark, Knoblauch, Lorbeerblatt, Sellerieblättern, etwas Majoran, Thymian, Pfeffer und Salz dünsten. Nun die fertige Knochenbrühe abseihen und dazugießen, den Rotwein und Meerrettich hinzufügen und aufkochen, die Fleischklöße in die Suppe geben und weichkochen. Dann die Suppe nachwürzen, mit Zitrone abschmecken, die Sahne mit dem Eigelb verquirlen und damit die Suppe legieren. Nicht noch einmal aufkochen und mit Petersilie bestreut heiß servieren.

*Klöße:* Das Wildfleisch durch den Wolf drehen, den Reis in Salzwasser halb garkochen und abkühlen lassen. Die Zwiebel feinhacken, in Fett glasig dünsten und zu dem Fleisch geben. Den Reis, ein ganzes Ei sowie ein Eigelb, reichlich Pfeffer, Paprika, etwas Majoran und Salz mit dem Fleisch gründlich verkneten und kleine Klößchen daraus formen.

## Wildbrühe mit Pilzen

1 kg Hirsch- oder Rehfleisch,
250 g Stockschwämmchen (Steinpilze, Maronen, Champignons, Pfifferlinge, Hallimasch oder auch Mischpilze),
100 g Sellerie,
100 g Porree,
50 g Mohrrüben,
50 g Petersilienwurzel,
50 g Kohlrabi,
50 g Zwiebel,
1 Zehe Knoblauch,
1 Tomate,
1 Bund Petersilie,
1 Zweig Thymian,
2 Eiweiß,
1 Glas Weinbrand,
schwarzer Pfeffer,
Salz

Das Fleisch von Sehnen, Haut und Fett befreien, gründlich waschen und durch den Wolf drehen. Das Gemüse säubern und in Stücke schneiden, Pilzreste und Zwiebel kleinhacken, Petersilie sowie Thymian feinwiegen, die Knoblauchzehe zerdrücken, alles gründlich mit dem Eiweiß mischen, mit Pfeffer sowie Salz würzen und in einen großen Topf geben. Dann unter ständigem Rühren ungefähr 2 l Wasser dazugießen, weiterrühren und zum Kochen bringen. Nun 2 Stunden köcheln lassen, schließlich das Fett abschöpfen und die Brühe durch ein Sieb geben. Mit einer Papierserviette das Fett restlos entfernen und die Brühe abschmecken. Die Pilze in Streifen oder formschöne Stücke schneiden und 10 Minuten in der Brühe kochen, ein Glas Weinbrand dazugeben und heiß servieren.

## Fasanensuppe

1 großer Fasan,
250 g Rindfleisch,
100 g Nelkenschwindlinge (auch Stockschwämmchen, Hallimasch oder Champignons),
je 75 g Schwarzwurzeln,
Blumenkohl,
grüne Erbsen,
75 g Sellerie,
200 g Suppengrün (Mohrrübe, Kohlrabi, Porree, Petersilienwurzel, Petersilienblätter, Kerbel),
1 Zwiebel,
1 Tomate,
50 g Suppennudeln,
1 Sträußchen Petersilie,
Ingwer,
Pfeffer, Salz

Den ausgenommenen und gesäuberten Fasan zusammen mit dem Rindfleisch in einem Topf mit Wasser bedecken und aufkochen lassen. Dann abschäumen,

Pfeffer, Ingwer, Tomatenmark sowie Salz hinzufügen und so lange weiterkochen, bis der Fasan halbgar ist. Nunmehr 100 g Suppengrün, Sellerie- und Zwiebelstücke hinzufügen und fertig garen. In wenig Brühe die kleinen ganzen Pilze, die Blumenkohlrosen, das Suppengrün, die Schwarzwurzelstücken und Erbsen gesondert garkochen. Auch die Nudeln in Salzwasser bißfest garen. Nun wird der Fasan aus der Brühe genommen, die Haut entfernt und das Fleisch in formschöne, große Stücke zerlegt. Die Brühe wird vorsichtig abgeseiht, so daß sie klar bleibt. Die Fasanenstücke in eine Schüssel legen, das nicht zu weiche Gemüse sowie die Nudeln daraufgeben und dann die heiße Brühe darübergießen.

Die fertige Suppe mit gewiegter Petersilie bestreuen und heiß servieren.

## Suppe aus Maipilzen

300 g Maipilze (auch Grünlinge, Stockschwämmchen, Rüblinge),
1 große Zwiebel,
½ l saure Sahne,
¼ l Knochenbrühe,
1 Sträußchen Petersilie,
40 g Margarine,
Pfeffer, Salz

Die Pilze säubern und blättrig schneiden. Die Zwiebeln in Streifen schneiden und mit Margarine in einem Topf hellgelb dünsten. Die Maipilze hinzufügen und ca. 15 Minuten dünsten. Dann mit der Fleischbrühe und der sauren Sahne auffüllen und 5 Minuten kochen lassen. Mit etwas frisch gemahlenem schwarzen Pfeffer sowie Salz abschmecken, die kleingehackte Petersilie darüberstreuen und heiß servieren. Man kann die Suppe auch mit gewiegten Wildkräutern (Löwenzahn, Brennessel, Kresse) verfeinern.

## Reizkersuppe

250 g Edelreizker,
3 Zwiebeln,
1 l Fleischbrühe,
½ Glas Rotwein,
1 Teel. Tomatenmark,
1 Scheibe Weißbrot,
1 Teel. Mehl,
30 g Butter oder Margarine,
1 Eßl. Öl,
Pfeffer, Salz

Die Pilze putzen und kleinschneiden, die Zwiebeln in Würfel schneiden und in heißem Öl goldgelb anrösten, die Pilze hinzufügen und dünsten. Inzwischen aus Butter und Mehl eine braune Mehlschwitze bereiten und diese mit der Fleischbrühe auffüllen. Aufkochen lassen und das Tomatenmark, den Rotwein sowie die angedünsteten Pilze hinzufügen. Noch 10 Minuten kochen lassen und mit wenig Pfeffer sowie Salz abschmecken. Inzwischen die Weißbrotwürfel in Butter rösten und vor dem Servieren auf die Suppe geben.

## Thüringer Stockschwämmchensuppe

500 g Stockschwämmchen (auch Nelkenschwindlinge),
3 Zwiebeln,
1 l Fleischbrühe,
60 g geräucherter, durchwachsener Speck,
60 g Margarine,
2 bis 3 Eßl. Mehl,
1 Bund Petersilie,
Pfeffer, Salz,
1 Semmel

Den Speck in Würfel schneiden, die Zwiebeln feinhacken und beides in der

Pfanne bräunen, bis die Zwiebeln goldgelb sind. Die Pilze putzen, dabei von
den Stielen befreien, ganz oder halbiert
zu Speck und Zwiebeln geben und noch
5 Minuten braten. Inzwischen in einem
Topf aus Mehl und Butter eine braune
Schwitze herstellen und die Fleischbrühe nach und nach darunterrühren.
Dann die Pilze hineingeben, pfeffern
und salzen und noch 10 Minuten kochen. Die Semmel würfeln, mit Margarine rösten, die Petersilie feinhacken
und beides auf die fertige Suppe
streuen.

## Klare Tintlingssuppe

350 g Schopftintlinge,
1 l Hühnerbrühe,
2 Eßl. Öl,
Zitronensaft,
einige Blättchen Petersilie,
Pfeffer, Salz

Die möglichst kleinen, geschlossenen
Schopftintlinge sauber putzen, dann
pfeffern, salzen und in heißem Öl im
Ganzen braten. Inzwischen die Hühnerbrühe erhitzen, mit etwas Zitronensaft
abschmecken, die gebratenen Pilze hineingeben, mit grobgehackter Petersilie
bestreuen und heiß servieren.

## Pilzeintopf
## mit Hülsenfrüchten

150 g Reizker (auch Champignons,
Ritterlinge, Austernseitlinge, Pfifferlinge),
1 Tasse Bohnen,
1 Tasse Linsen,
2 Zwiebeln,
1 Möhre,
1 Stange Porree,
½ Kohlrabi,

100 g durchwachsener, geräucherter
Speck

Bohnen und Linsen über Nacht in 1½ Liter Wasser einweichen. Den Speck in
Scheiben schneiden, die Zwiebeln in
Würfel und beides im Topf glasig andünsten. Die Möhre und den Porree in
Scheiben, den Kohlrabi in Würfel
schneiden und alles mit dem Speck und
den Zwiebeln einige Minuten weiterdünsten. Die Bohnen und die Linsen mit
dem Einweichwasser dazugeben und zugedeckt kochen, bis diese fast gar sind.
Inzwischen die Pilze putzen und in
Scheiben schneiden, zur Suppe geben
und ca. 15 Minuten weiterkochen.

## Bunter Borschtsch
## mit Pilzen

200 g Reizker (auch Butterpilze oder
Steinpilze bzw. feste Mischpilze),
200 g rote Rüben,
150 g Weißkraut,
100 g Mohrrübe,
100 g Kartoffeln,
100 g Apfel,
50 g Zwiebel,
2 Knoblauchzehen,
½ Zitrone,
2 Lorbeerblätter,
6 Pfefferkörner,
1 Sträußchen Petersilie,
½ Teel. Dill,
Basilikum,
Majoran,
Thymian,
Salz,
1 Tasse saure Sahne

Die rote Rübe in dünne Streifen schneiden und in 1 Liter Wasser 10 Minuten
kochen. Das Gemüse, die Kartoffeln, die
Pilze, den Apfel sowie die Zwiebel ebenfalls in Streifen bzw. Ringe schneiden,

hinzufügen und 10 Minuten weiterkochen. Jetzt die Kräuter und Gewürze hineingeben und weitere 5 Minuten kochen. Schließlich die zerdrückten Knoblauchzehen, die abgeriebene Schale sowie den Saft der halben Zitrone hinzufügen und noch 3 Minuten ziehen lassen. Heiß mit einem Schuß saurer Sahne je Teller servieren.

## Pilzpaprikasch

500 g Reizker (auch Champignons, Perlpilze, Täublinge, Steinpilze, Hexenröhrlinge, Maronen),
1 Zwiebel,
75 g Schweineschmalz,
$\frac{1}{4}$ l saure Sahne,
1 Tasse süße Sahne,
1 Teel. scharfer Paprika,
Pfeffer, Salz

Die Pilze in mundgerechte Stücke schneiden. Die Zwiebel feinhacken und in dem Fett goldgelb dünsten. Die Pilze dazugeben, mit Paprika, Pfeffer und Salz würzen und dünsten, bis das Wasser weitgehend verdampft ist. Die saure Sahne dazugießen und unter Rühren kurz aufkochen lassen. Vor dem Servieren die süße Sahne darübergießen. Als Beilage Reis oder Nockerln geben. Gut schmecken auch mit Pilzpaprikasch gefüllte Palatschinken.

## Schinken-Pilz-Pfanne

250 g roher Schinken,
250 g gekochter Schinken,
200 g Schopftintlinge (Champignons, Steinpilze, keine anderen),
2 saure Äpfel,
1 Paprikafrucht,
8 kleine Zwiebeln (sauer eingelegt),
$\frac{1}{4}$ l saure Sahne,
2 Eßl. Senf,
1 Stengelchen Estragon,
1 Teel. Worcestersoße,
60 g Margarine,
Pfeffer, Salz

Den rohen Schinken in dünne Streifen schneiden, in heißer Butter kurz anbraten und wieder aus der Pfanne nehmen. Die Paprikafrucht entkernen und in Streifen schneiden. Die Äpfel schälen, vierteln, das Gehäuse entfernen und in Scheiben schneiden. Die Pilze gründlich säubern und blättrig schneiden. Nun die Paprikastreifen in der Margarine 2 Minuten braten, dann die Apfelscheiben dazufügen, kurz mitbraten und schließlich auch die Pilze dazugeben und 5 Minuten dünsten. Pfeffern, salzen, Senf sowie Worcestersoße untermischen. Die saure Sahne hinzufügen, ungefähr 1 Teelöffel feingewiegten Estragon darüberstreuen, den streifig geschnittenen gekochten und den gebratenen rohen Schinken hineingeben und noch 5 Minuten leicht erhitzen. Reis als Beilage servieren.

## Blumenkohlkroketten mit Pilzen

150 g Täublinge (auch Champignons, Steinpilze, Austernseitlinge, Träuschlinge oder 20 g Trockenpilze),
400 g Blumenkohl,
1 Zwiebel,
2 Eigelb,
1 Semmel,
4 Eßl. Mehl,
1 Eßl. Semmelbrösel,
80 g Margarine,
4 Eßl. Öl,
Pfeffer, Salz

Die Pilze putzen und feinhacken. Den Blumenkohl in Salzwasser halbgar kochen und kleinschneiden. Die Zwiebel in kleine Würfel schneiden und in Margarine hellgelb dünsten, Blumenkohl sowie Pilze zugeben und 20 Minuten weiterdünsten. Inzwischen die Semmel einweichen, gut ausdrücken und mit der Hälfte der Butter sowie dem Eigelb schaumig rühren. Die abgekühlten Pilze und den Blumenkohl gründlich damit vermengen und mit Pfeffer und Salz würzen. Nach Bedarf mit Semmelbröseln andicken, kleine Kroketten formen, im Mehl wälzen und in heißem Öl goldgelb braten. Dazu Toast und Kopfsalat reichen.

## Rote Rüben auf Wolga-Art

1 kg rote Rüben,
250 g Möhren,
250 g Edelreizker (auch Steinpilze, evtl. 30 g Trockenpilze),
1 Tasse saure Sahne oder Kefir,
2 Zwiebeln,
4 Zehen Knoblauch,
½ Zitrone,
3 Lorbeerblätter,
8 schwarze Pfefferkörner,
½ Teel. Paprika,
½ Teel. Pfefferminze,
½ Teel. Zitronenmelisse,
Salz

Die roten Rüben schälen und in große Stücke, die Möhren und Pilze in Streifen schneiden. Alles zusammen in einem Topf mit Wasser bedecken und aufkochen. Die kleingeschnittenen Zwiebeln sowie Salz dazugeben und köcheln, bis das Wasser fast verdampft ist. Lorbeerblätter, 2 Knoblauchzehen, Melisse, abgeriebene Zitronenschale sowie Pfefferkörner hinzufügen und noch 10 Minuten weiterköcheln lassen. Die saure Sahne mit den restlichen zerdrückten Knoblauchzehen und dem Paprika würzen, in einem kleinen Topf erhitzen, vom Feuer nehmen und den Zitronensaft mit dem Schneebesen unterrühren. Die roten Rüben kleinschneiden und mit der Sahnesoße übergießen.

## Gemüse-Pilze-Pfanne

250 g Täublinge (auch Champignons, Milchlinge, Ritterlinge, Raslinge, Träuschlinge),
250 g Porree,
250 g Möhren,
1 Glas Weißwein,
200 g Frischkäse,
1 Sträußchen Petersilie,
40 g Margarine,
Cayennepfeffer,
Salz

Die Pilze säubern, den Porree putzen, beides in Scheiben schneiden und dann in Margarine fast gardünsten. Die Möhren putzen, grob raspeln und 5 Minuten mitdünsten. Dann den Weißwein hinzufügen, pfeffern und salzen und zugedeckt 5 Minuten weiterdünsten. Jetzt den Frischkäse unter Rühren dazugeben und erhitzen, bis alles verschmolzen ist. Noch einmal würzen, mit feingewiegter Petersilie bestreuen und heiß mit Weißbrot servieren.

## Sahneheringe mit Austernseitlingen

800 g Salzheringe,
600 g Austernseitlinge (auch Hallimasch, feste Täublinge, Raslinge, Champignons),
3 Zwiebeln,
2 Stangen Porree,
1 Sellerieknolle,
¼ l saure Sahne,
1 Teel. Kräuteressig,
Pfeffer

Die Salzheringe ausreichend wässern, enthäuten und entgräten. Die Pilze putzen (Hallimasch blanchieren), dann in Wasser 15 Minuten kochen. Durch ein Sieb gießen, gründlich abtropfen lassen, die Brühe jedoch aufheben. Die Zwiebeln und den Porree in feine Ringe schneiden und den Sellerie grob raspeln. Die Pilze in Scheiben schneiden und alles miteinander vermischen. Das Ganze mit einer Marinade aus der sauren Sahne, etwas Pilzbrühe sowie Kräuteressig vermischen und mit Pfeffer abschmecken. Die Heringsfilets in einer Schüssel mit der Gemüse-Pilz-Sahne-Mischung übergießen und im Kühlschrank ca. eine Stunde ziehen lassen.

## Fischpfanne mit Pilzen und Tomaten

800 g Fischfilet (Kabeljau, Seehecht u. a.),
250 g Täublinge (auch Champignons, Perlpilze, Ritterlinge, Träuschlinge),
400 g Tomaten,
125 g Emmentaler Schmelzkäse,
1 Tasse Milch,
1 Zwiebel,
2 Eßl. Öl,
50 g Margarine,
4 Eßl. Semmelbrösel,
Zitrone,
1 Teel. Majoran,
1 Teel. scharfer Paprika,
Pfeffer, Salz

Das Fischfilet mit Zitrone beträufeln, salzen und mit frisch gemahlenem Pfeffer bestreuen. Dann von beiden Seiten in heißem Öl anbraten. Die feingehackte Zwiebel in Margarine glasig dünsten, die in Scheiben geschnittenen Pilze dazugeben und ebenfalls andünsten. Sodann die Tomaten überbrühen, abziehen und in Scheiben geschnitten zu den Pilzen geben, mit Paprika, Majoran, Pfeffer sowie Salz würzen und dünsten, bis das Wasser fast verdampft ist. Nun alles auf den Fisch in der Pfanne verteilen. Inzwischen die Milch erhitzen und den Käse darin verrühren. Diese Soße über den Fisch gießen. Alles mit Semmelbröseln bestreuen, Butterflöckchen auflegen und im Ofen überbacken.
Dazu Curryreis oder auch Weißbrot reichen.

## Fischfilet mit Edelreizkern in saurer Sahne

800 g Fischfilet,
400 g Edelreizker (auch Champignons, Täublinge oder Steinpilze),
2 Tomaten,
1 Tasse saure Sahne,
$\frac{1}{2}$ Zitrone,
1 Teel. Edelsüßpaprika,
schwarzer Pfeffer,
Salz,
4 Eßl. Öl,
50 g Margarine,
1 Ei,
4 Eßl. Mehl

Das Fischfilet (Kabeljau, Seehecht, Seelachs o. ä.) möglichst noch gefrostet in 4 daumenstarke Scheiben schneiden, mit Zitronensaft beträufeln, pfeffern und salzen. Das Fischfilet zuerst in dem verquirlten Ei und danach im Mehl wälzen, dann in heißem Öl goldbraun braten.
Vorher jedoch die Pilze vorbereiten. Dazu die Reizker putzen und blättrig schneiden. Die Tomaten brühen, abziehen und in Würfel schneiden. Die Pilze in Margarine andünsten, die Tomatenwürfel dazugeben und kurz mit erhitzen. Dabei mit Paprika und Salz würzen. Dann mit der sauren Sahne ablöschen, alles etwas einkochen lassen und heiß über den gebratenen Fisch gießen. Dazu passen Pommes frites, aber auch Butterreis.

## Omelett mit Leber und Reizkern

*Für die Füllung:*
250 g Kalbs- oder Schweineleber,
150 g Reizker (oder Champignons),
1 Tasse süße Sahne,
½ Glas Weißwein,
¼ l Milch,
2 Eßl. Öl,
1 Bund Petersilie,
1 Zwiebel,
Pfeffer, Salz
*Für den Teig:*
8 Eier,
½ Tasse Milch,
Öl,
Muskat, Salz

Die Zwiebel feinhacken und in Öl glasig dünsten. Die Pilze in feine Scheiben schneiden, die Petersilie wiegen, beides zu den Zwiebeln in die Pfanne geben und dünsten, bis das Wasser der Pilze verdampft ist. Nun mit einem Schuß Weißwein ablöschen und die Sahne zugeben, mit etwas Pfeffer sowie Salz würzen. Während die Pilze dünsten, die mehrere Stunden in Milch eingelegte Leber in 4 cm lange Streifen schneiden und in heißem Öl ungesalzen (damit die Leber nicht fest wird) braten. Dann zu den fertigen Pilzen geben und warm stellen. Für die Omeletts die Eier mit Milch, Salz sowie einer Prise Muskat verquirlen, 4 Omeletts von beiden Seiten braten und mit dem Ragout füllen. Mit Kopfsalat servieren.

## Leber mit Täublingen

600 g Schweins- oder Rindsleber,
600 g Täublinge (auch Champignons, Perlpilze, Träuschlinge, Ritterlinge),
100 g Zwiebeln,
100 g Tomaten,
½ Tasse saure Sahne,
1 Tasse Milch,
50 g Butter,
2 Eßl. Mehl,
1 Teel. Speisestärke,
1 kleines Bund Schnittlauch,
1 Teel. Edelsüßpaprika,
schwarzer Pfeffer,
Salz,
3 Eßl. Öl

Die Pilze putzen und blättrig schneiden. Die Zwiebeln feinhacken und in Butter glasig dünsten. Dann die Pilze dazufügen und mitdünsten. Die Tomaten überbrühen, abziehen und in Würfel schneiden. Nun mit zu den Pilzen geben, mit Paprika, Pfeffer sowie Salz abschmecken und fertig dünsten. Die Leber in 4 Scheiben schneiden und 2 Stunden vorher in Milch einlegen. Während die Pilze dünsten, wird die Leber in Mehl gewälzt und schnell in heißem Öl gebraten. Dann erst pfeffern und salzen und auf die fertigen Pilze legen. Warm stellen und inzwischen die saure Sahne mit der Speisestärke verquirlen und in das heiße Bratfett geben. Die Soße aufkochen lassen und über die Pilze geben. Alles mit gehacktem Schnittlauch bestreuen und mit Reis als Beilage servieren.

## Schweinsnieren mit Pilzen

600 g Schweinsnieren,
300 g Täublinge (auch Perlpilze, Träuschlinge, Ritterlinge, Stockschwämmchen),
2 Zwiebeln,
2 Eßl. Öl,
2 Teel. Edelsüßpaprika,
½ Teel. Gewürzpaprika,
schwarzer Pfeffer

Die Nierchen aufschneiden, gründlich waschen und in schmale Streifen schneiden. Die Zwiebeln feinhacken und zusammen mit den Nierchen in heißem Öl anbraten. Die Pilze putzen, in Scheiben schneiden und mit in die Pfanne geben. Noch 20 Minuten schmoren lassen, würzen und dann mit Nudeln oder Butterreis servieren.

## Brathühnchen mit Hirnfüllung

1 Hühnchen (ca. 1 kg),
250 g Kalbshirn,
100 g Schopftintlinge (auch Champignons),
50 g Spargel,
2 Eier,
1 Semmel,
¼ l Milch,
50 g Margarine,
50 g Schmalz,
Petersilie,
Pfeffer, Salz

Die Semmel in Milch einweichen und mit Hirn durch den Wolf drehen. Etwas Milch, das Mehl, die Butter und das Eigelb miteinander verrühren. Die Pilze und den Spargel fein hacken und dann mit der Soße und dem Hirn gut vermengen. Diese Masse in dünner Schicht unter die Haut des Hühnchens schieben. Den Rest der Farce zu Röllchen formen, in die Bauchhöhle füllen und zunähen. Die Keulen und die Flügel an den Rumpf binden, ohne die Brust zu verdecken. Das Hühnchen von allen Seiten schnell anbraten und in der vorgeheizten Backröhre unter häufigem Begießen knusprig braten. 20 Minuten warmhalten (die Füllung trocknet dabei) und dann tranchieren. Inzwischen Petersilie anrösten und damit das Huhn garnieren. Mit Strohkartoffeln und Gemüse in saurer Sahne auftragen.

## Perlhuhn mit Täublingen

1 kg Perlhuhn (auch Broiler),
1 Hühnerleber,
250 g Täublinge (auch Schopftintlinge, Champignons),
200 g geräucherter Speck,
¼ l Weißwein,
2 Eigelb,
½ Zitrone,
1 Bund Petersilie,
Pfeffer, Salz

Das Hühnerfleisch von Knochen und Haut befreien und in Scheiben schneiden. Den Speck ebenfalls in Scheiben schneiden und in der Pfanne anbraten. Die Speckscheiben herausnehmen und in dem verbleibenden Fett die Fleischstücke kurz anbraten. Diese dann ebenfalls herausnehmen und schließlich die kleingeschnittenen Pilze sowie die feingewiegte Petersilie darin andünsten. Nun eine Schicht Hühnerfleisch in einen Topf legen, eine Schicht Pilze, Petersilie, Pfeffer sowie Salz darauf, wieder Fleischscheiben usw., obenauf die Speckscheiben legen, mit Weißwein und etwas Wasser auffüllen und auf kleinem Feuer kochen. Nach dem Garen die Brühe abgießen und die passierte Leber, das Eigelb sowie den Zitronensaft gründlich darin verrühren. Noch einmal aufkochen, abschmecken und über das Fleisch gießen. Dazu kann man Weißbrot essen.

## Nierchen mit Hallimasch

800 g Schweinsnieren,
400 g Hallimasch (aber auch Stockschwämmchen, Champignons, Träuschlinge),
1 große Zwiebel,
¼ l saure Sahne,
1 Glas Rotwein,
¼ l Fleischbrühe,

60 g Butterschmalz,
1 Eßl. Mehl,
2 Lorbeerblätter,
2 Gewürznelken,
Sojasoße,
Pfeffer, Salz

---

Möglichst kleine ganze Pilzhüte in Salzwasser blanchieren, dann abtropfen lassen. Die kleingeschnittene Zwiebel in Butterschmalz goldbraun dünsten, die Pilze hinzugeben und kurz weiterdünsten. Die Nierchen gründlich säubern und waschen, in Scheiben schneiden und ebenfalls in Butterschmalz schön braun anbraten. Dann mit Mehl bestäuben, kurz weiterbräunen und mit Brühe ablöschen. Die Pilze hinzufügen, ebenso die Gewürznelken, die Lorbeerblätter, Pfeffer und Salz. Schließlich mit der Sahne sowie dem Rotwein auffüllen und ungefähr 15 Minuten köcheln lassen. Abschmecken und mit Reis als Beilage auftragen.

## Zunge mit Reizkern in Rotweintunke

1 kleine Rinds- oder Kalbszunge,
300 g Edelreizker (auch andere Reizker, Champignons, Träuschlinge oder Täublinge),
2 Glas Rotwein,
1 Eßl. Mehl,
30 g Butter,
2 Eßl. Öl,
1 Teel. Zitronensaft,
½ Teel. Sardellenbutter,
schwarzer Pfeffer, Salz

---

Die Zunge mit kochendem Wasser einige Minuten brühen, dann mit reichlich kaltem Salzwasser in einem Topf ansetzen und garkochen. Aus der Brühe nehmen, abziehen und in die Brühe zum Warmhalten zurückgeben. Die Reizker

putzen, waschen, abtropfen lassen und in heißem Öl anbraten. Aus Mehl und Butter eine braune Mehlschwitze bereiten. Diese mit 1 Tasse Zungenbrühe sowie 1 Glas Rotwein auffüllen und aufkochen. Die Pilze hineingeben, mit Sardellenbutter, Zitronensaft, Pfeffer sowie Salz würzen, noch 10 Minuten kochen, dann noch ein Glas Rotwein hinzufügen. Dahinein die in Scheiben geschnittene Zunge geben und heiß mit Semmelknödeln als Beilage servieren.

## Ente in Orangensoße

1 Ente,
1 Entenleber,
100 g Nelkenschwindlinge (Steinpilze, Champignons, Schopftintlinge),
2 Semmeln,
2 Eier,
1 Mohrrübe,
2 Petersilienwurzeln,
1 Orange,
Fett,
½ Flasche Rotwein,
1 Eßl. Mehl,
Pfeffer, Salz

---

Die kleingeschnittenen Pilze in wenig Fett dünsten. Die Leber durch den Wolf drehen. Die Semmeln in Milch einweichen und zerdrücken. Alles mit den Eiern gut vermengen, pfeffern und salzen. Die Farce in die Ente füllen und die Bauchhöhle zunähen. Die Ente salzen und mit dem kleingeschnittenen Gemüse sowie wenig Fett in der Bratpfanne schnell von allen Seiten anbraten. Mit ¼ Flasche Rotwein und ¼ Liter Wasser ablöschen und zugedeckt im Ofen weichdünsten. Die gegarte Ente herausnehmen und die Soße mit dem Mehl binden. Die Schale der gut abgebürsteten Orange zur Hälfte abreiben und zusammen mit dem Saft und dem Rest Rotwein zur Soße geben. Gründlich kochen und durch ein Sieb über die Ente geben.

## Omeletts mit Schopftintlingen

500 g Schopftintlinge,
100 g roher und 100 g gekochter Schinken,
6 Eier,
½ Tasse Milch,
2 Eßl. Mehl,
50 g Butter oder Margarine,
4 Eßl. Öl,
1 Bund Petersilie,
Pfeffer, Salz
*Für die Soße:*
½ Tasse saure Sahne,
1 Eßl. Tomatenmark

Die Schopftintlinge putzen, nach Möglichkeit aber nicht waschen. Dann in heißer Butter im Ganzen von beiden Seiten bräunen und dabei mit etwas Pfeffer sowie Salz würzen. Vorher schon die 6 Eigelb mit der Milch, dem Mehl sowie einer Prise Salz verquirlen und 30 Minuten stehen lassen. Den Schinken in feine Würfel schneiden und die Petersilie feinhacken. Nun aus dem Eiweiß einen Schnee schlagen und diesen unter den Teig heben. Dann in heißem Öl 4 Omeletts backen. Dabei das Omelett von einer Seite gerade so lange backen, bis die andere Seite gestockt ist. Auf diese die Schinkenwürfel sowie gehackte Petersilie streuen. Dann die heißen Pilze darauf verteilen und das Omelett eingeschlagen fertig bräunen. Die möglichst dicke saure Sahne mit dem Tomatenmark verquirlen und kalt über die Omeletts gießen.

## Tschechische Hammelfleischroulade mit Pilzfüllung

800 g ausgelöste Hammelkeule,
150 g geräucherter Schinken,
150 g Stockschwämmchen (auch Nelkenschwindlinge, Hallimasch, Rötelritterlinge, Raslinge, Austernseitlinge oder 20 g Trockenpilze),
50 g Sellerieknolle,
50 g Möhre,
50 g Petersilienwurzel,
2 Zwiebeln,
80 g Tomatenmark,
1 Knoblauchzehe,
1 Tasse Fleischbrühe,
1 Glas Rotwein,
2 Eier,
2 Semmeln,
100 g Margarine,
50 g Räucherspeck,
1 Eßl. Mehl,
Salz

Das Hammelfleisch in große Scheiben schneiden und salzen. Für die Fülle den kleingeschnittenen Speck in einem Topf glasig werden lassen. Die geputzten und kleingeschnittenen Pilze in den Topf geben und dünsten, bis das Wasser der Pilze verdampft ist. Den Schinken in Würfel schneiden, die Semmeln in Milch einweichen und ausdrücken, den Knoblauch zerdrücken und alles zu den Pilzen geben. Gründlich mit den rohen Eiern vermischen, mit Salz abschmecken und auf das Fleisch streichen. Nun zu Rouladen rollen und mit einem Faden umwickeln. Das Gemüse und die Zwiebel kleinschneiden und in der Kasserolle in heißer Margarine andünsten. Die Rouladen dazulegen und von allen Seiten braun braten. Nun die Fleischbrühe hinzufügen und alles im Ofen zugedeckt schmoren, dabei von Zeit zu Zeit begießen und mit Rotwein auffüllen. Wenn die Rouladen gar sind, diese herausnehmen und warm stellen. Den Bratenfond mit etwas Rotwein ablösen, Mehl hineinstäuben, Tomatenmark hinzufügen und ca. 15 Minuten kochen, bis die Soße eingedickt ist. Dann durch ein Sieb streichen, die Rouladen wieder in die Soße legen und noch einmal aufkochen. Sehr heiß mit Semmelknödeln auftragen.

## Überbackener Schweinsrücken

800 g Schweinsrücken,
250 g Nelkenschwindlinge (auch Stockschwämmchen, Schopftintlinge, Champignons),
1 rote sowie 1 grüne Paprikafrucht,
1 Stange Porree,
1 Zwiebel,
½ Flasche trockener Weißwein,
½ Tasse Tomatenmark,
100 g Emmentaler,
2 Eßl. Mehl,
30 g Butter,
2 Eßl. Öl,
Majoran,
Basilikum,
schwarzer Pfeffer, Salz

Den Schweinsrücken (Kotelett- oder Kaßlerstück) säubern, pfeffern, salzen und in heißem Öl von allen Seiten anbraten. Dann mit 2 Glas Weißwein ablöschen und zugedeckt im vorgeheizten Ofen unter mehrmaligem Wenden und Begießen garschmoren. Danach abkühlen lassen. Die Paprikafrüchte entkernen und in Streifen schneiden, die Zwiebel feinhacken, den Lauch in Streifen, die geputzten Pilze kleinschneiden. Die Zwiebelwürfel, die Lauch- sowie Paprikastreifen in etwas Butter andünsten, die Pilze dazugeben und 5 Minuten weiterdünsten. Danach mit Mehl bestäuben, das Tomatenmark sowie den restlichen Wein hinzufügen, noch 10 Minuten dünsten, mit wenig Majoran, Basilikum, schwarzem Pfeffer sowie Salz würzen und abschmecken. Das Fleisch in Scheiben schneiden, in eine Form geben, mit dem Gemüse bedecken, den geriebenen Käse darüberstreuen und 10 Minuten im Ofen überbacken. Dazu Weißbrot oder Reis reichen.

## Hammelbraten mit Hallimasch

1 kg Hammelkeule,
300 g Hallimasch (auch Stockschwämmchen, Nelkenschwindlinge),
½ l Fleischbrühe,
2 Zwiebeln,
1 Teel. Speisestärke,
3 Eßl. Öl,
schwarzer Pfeffer,
Salz

Die Hammelkeule säubern, waschen, den Knochen jedoch nicht entfernen (so bleibt das Fleisch beim Braten saftiger). Ringsherum mit Pfeffer und Salz einreiben und in heißem Öl von allen Seiten braun anbraten, auch die kleingeschnittenen Zwiebeln mit anbraten, so daß sie goldbraun sind. Dann den Braten mit der Fleischbrühe ablöschen und zugedeckt ungefähr 1 Stunde schmoren. Inzwischen den Hallimasch putzen, blanchieren und zu der Soße geben. Nun alles noch 15 Minuten weiterschmoren und dabei mit in Wasser angerührter Speisestärke andicken. Schließlich mit Pfeffer und Salz abschmecken und mit rohen Klößen als Beilage servieren.

# Schweinsrouladen mit Pilzfülle

4 Schweinsrouladen,
200 g Schopftintlinge (oder Stockschwämmchen, Hallimasch,
Täublinge, Nelkenschwindlinge
bzw. 30 g Trockenpilze),
$\frac{1}{4}$ l Knochenbrühe,
$\frac{1}{2}$ Glas Weißwein,
2 Eier,
$\frac{1}{4}$ Zitrone,
1 Eßl. Semmelbrösel,
1 Eßl. Mehl,
80 g Margarine,
Pfeffer,
Kümmel,
Salz

Die Pilze putzen, kleinschneiden, mit Zitrone beträufeln, salzen und in etwas Margarine andünsten. Mit Pfeffer und Kümmel würzen und den Weißwein zugießen. Schließlich auch die gequirlten Eier sowie die Semmelbrösel unter die Pilze rühren. Die Pilze vom Feuer nehmen und eindicken lassen. Nun das Fleisch klopfen, salzen, pfeffern und die Füllung darauf verteilen, zusammenrollen und mit einem Faden umwickeln. Dann die Rouladen in heißer Margarine in einer Kasserolle von allen Seiten braun anbraten. Jetzt mit etwas Knochenbrühe ablöschen und das Fleisch zugedeckt gar schmoren. Die Rouladen herausnehmen und warm stellen, den Bratenfond mit Mehl bestäuben und kurz anschwitzen. Nun die restliche Brühe hinzugießen und noch 5 Minuten kochen. Die Rouladen wieder in die Kasserolle legen, noch einmal erhitzen und mit Salzkartoffeln oder Knödeln auftragen.

# Süßer Hase mit Pflaumen und Pilzen

2 kg Hase (auch Kaninchen),
12 kleine, geschlossene Edelreizker
(auch Stein- oder Parasolpilzköpfe,
Champignons),
120 g Rosinen,
12 entkernte Backpflaumen,
12 kleine Zwiebeln,
1 größere Zwiebel,
120 g durchwachsener Speck,
30 g Margarine,
$\frac{1}{2}$ Tasse Öl,
$\frac{1}{4}$ l Fleischbrühe,
$\frac{1}{4}$ l saure Sahne,
2 Glas Weinbrand,
1 Eßl. Zucker,
1 Eßl. Essig,
1 Lorbeerblatt,
4 Wacholderbeeren,
4 Pimentkörner,
12 schwarze Pfefferkörner,
2 Gewürznelken,
1 Zehe Knoblauch,
Thymian, Majoran,
gemahlener schwarzer Pfeffer,
Salz

Den Hasen in Portionen schneiden und in eine Marinade von Öl, 1 Glas Weinbrand, 1 Teelöffel Essig, Lorbeerblatt, Knoblauchzehe, einer kleingehackten Zwiebel, Pfefferkörnern, Piment, Wacholderbeeren, Nelken, Thymian sowie Majoran legen und 1 bis 2 Tage kühl stellen. Die Rosinen mit den Pflaumen ungefähr 3 Stunden in Weinbrand einweichen. Den Speck in Würfel schneiden, in der Pfanne ausbraten und dann herausnehmen, aber aufheben. Die Margarine zu dem Speckfett geben, die Hasenstücke aus der Marinade nehmen, salzen und in dem heißen Fett kräftig braun anbraten. Nun die Portionen herausnehmen und die ganzen Zwiebeln in dem Restfett goldbraun braten. Danach die Zwiebeln herausnehmen und schließlich auch die Pilzköpfe im Speckfett anbraten. Dann die Pilze aus der Pfanne nehmen, den Fond mit Fleischbrühe versetzen und die Bratreste vom Rand ablösen. Nun auch die saure Sahne hinzufügen, die Speckwürfel wieder in die Soße geben, mit Thymian, Majoran sowie Pfeffer und Salz würzen und das Hasenfleisch hineinlegen. Den Deckel auflegen und so 1 Stunde bei schwacher Hitze in der Röhre schmoren. Dann mit dem Weinbrand übergießen, Rosinen, Pflaumen, Zwiebeln sowie Pilze hinzugeben, evtl. etwas Wasser nachfüllen und anschließend noch einmal 1 Stunde schmoren. Wenn das Fleisch ganz weich ist, dieses samt dem Gemüse aus der Soße nehmen und in einer Schüssel angerichtet warm stellen. Jetzt den Zucker in 4 Eßlöffel Wasser kochen und goldbraun karamelisieren, etwas Essig hinzufügen und nach und nach 1 Tasse von der Soße hineinrühren. Diese Mischung wieder zu der Soße in die Pfanne geben, abschmecken und unter Rühren noch einmal aufkochen. Dann die heiße Soße über das Fleisch gießen und servieren. Dazu passen gebratene kleine, ganze Pellkartoffeln, aber auch Knödel, Reis oder Pommes frites.

# Fasanenschnitzel mit Sahnepilzen

Brustfleisch von 4 Fasanen,
400 g Täublinge (auch Champignons, Reizker, Stockschwämmchen, Austernseitlinge),
50 g Sellerieknolle,
1 Möhre,
1 kleine Porreestange,
1 Zwiebel,
1/4 l Riesling,
1/4 l süße Sahne,
1/4 l Fleischbrühe,
100 g Margarine,
100 g Schweinefett,
50 g geräucherter Speck,
1 Zitrone,
1 Lorbeerblatt,
frisch gemahlener schwarzer Pfeffer,
Salz,
1 Glas Weinbrand,
Mehl

Das Brustfleisch von Haut und Sehnen befreien, mit Pfeffer bestreuen, leicht klopfen und kühl stellen. Knochen sowie Restfleisch vom Fasan zerkleinern und mit dem Speck anbraten. Die Zwiebel und das Suppengrün in Würfel oder Scheiben schneiden, gemahlenen Pfeffer sowie das Lorbeerblatt hinzufügen und mit dem Fleisch zusammen einige Minuten braten, bis alles Farbe genommen hat. Dann mit dem Wein ablöschen, mit Fleischbrühe sowie etwas Wasser auffüllen, ein wenig Salz hinzufügen und zugedeckt etwa 2 Stunden kochen. Inzwischen die Pilze putzen, kleinschneiden und in Margarine andünsten. Nun pfeffern, salzen, mit 1 Eßlöffel Mehl bestäuben und 10 Minuten weiterdünsten. Das Fett von der Fasanenbrühe abschöpfen, Brühe durchseihen und zu den Pilzen geben. Gut durchrühren und zugedeckt noch ca. 15 Minuten kochen. Etwas abgeriebene Zitronenschale sowie Zitronensaft hineinrühren. Jetzt die Fasanenbrüste salzen, in Mehl wenden und in Fett bei starker Hitze braun braten. Aus der Pfanne nehmen und in einer feuerfesten Schüssel mit dem Weinbrand flambieren. Die Pilzsoße mit der Sahne mischen, abschmecken und unter Rühren mit dem Schneebesen aufkochen lassen. Butterflöckchen unterrühren und die fertige Soße über die Fasanenschnitzel gießen. Dazu Petersilienreis reichen.

# Kulinarische Solisten – Pfifferlinge

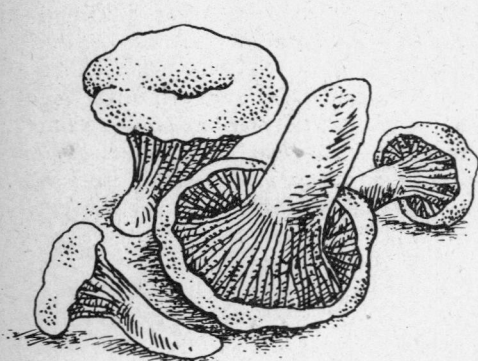

## Eierschwammerl nach Wiener Art

500 g Pfifferlinge,
2 Eier,
1 Zwiebel,
½ Knoblauchzehe,
½ Tasse klare Fleischbrühe,
4 Eßl. saure Sahne,
1 Sträußchen Petersilie,
1 Teel. Kümmel,
½ Teel. Pfeffer,
Salz,
50 g Butter,
etwas Mehl

Die Pilze putzen, die kleinen ganz lassen und die größeren in mundgerechte Stücke schneiden. Die Zwiebel in Würfel schneiden und in der Butter goldgelb bräunen, die Pilze hinzufügen und weichdünsten. Dabei den zerdrückten Knoblauch, die gehackte Petersilie, Kümmel, Pfeffer sowie Salz hinzufügen. Mit etwas Mehl bestäuben, Fleischbrühe sowie saure Sahne hinzufügen und einmal aufkochen lassen. Danach die verquirlten Eier daruntermischen, stocken lassen und mit Toast sowie grünem Salat servieren.

## Jäger-Frühstück

400 g Pfifferlinge (auch Täublinge, Stockschwämmchen, Nelkenschwindlinge),
1 Glas Dessertwein,
½ Tasse Fleischbrühe,
1 kleine Zwiebel,
1 Bund Petersilie,
4 Eier,
40 g Butter oder Margarine,
geriebene Muskatnuß,
Pfeffer, Salz

Die Pilze putzen und blättrig schneiden. Die Zwiebel feinhacken und in etwas Fett glasig dünsten. Die Pilze hinzufügen, mit Wein und Fleischbrühe ablöschen und dünsten. Die Eier mit der feingehackten Petersilie sowie den Gewürzen verquirlen und in Butter rasch braten. Die Pilze mit darunter mischen und das Ei stocken lassen. Heiß servieren und dunkles Brot dazu reichen.

## Pfifferlinge mit Rührei auf Toast

400 g Pfifferlinge (auch Porlinge, Raslinge, Austernseitlinge, Träuschlinge),
4 Eier,
2 Zwiebeln,
1 Sträußchen Petersilie oder Kresse,
40 g Margarine,
Pfeffer, Salz

Die Pfifferlinge putzen und grob hakken. Die Zwiebeln feinhacken und in heißer Margarine hellgelb dünsten. Die Pilze dazugeben und dünsten, bis das Wasser verdampft ist. Inzwischen die Eier verquirlen, mit Pfeffer sowie Salz würzen und schließlich zu den Pilzen in die Pfanne geben. Auf kleiner Flamme erhitzen, bis das Ei gestockt ist, und mit feingewiegten Kräutern bestreut auf gebutterten Toast häufen. Heiß servieren.

## Überbackenes Pfifferlingsragout

800 g Pfifferlinge,
60 g geräucherter Speck,
3 Eßl. Tomatenmark,
4 Teel. geriebener Käse,
Pfeffer, Salz

Die Pfifferlinge putzen und in nicht zu große Stücke schneiden. Den Speck in Würfel schneiden und in der Pfanne glasig braten. Die Pfifferlinge und das Tomatenmark zugeben, pfeffern, salzen und dünsten, bis das Wasser fast verdampft ist. Nun in 4 feuerfeste Schälchen füllen, mit je einem Teelöffel geriebenem Käse bestreuen und im vorgeheizten Ofen goldgelb überbacken.

## Milchsuppe mit Pfifferlingen

600 g Pfifferlinge (auch Maipilze, Grünlinge, Edelreizker oder Röhrlinge),
400 g Kartoffeln,
2 Zwiebeln,
1 Bund Dill,
½ l Fleischbrühe,
1½ l Milch,

30 g Margarine,
Salz

Die Kartoffeln schälen, in Stücke schneiden und in der Fleischbrühe halb gar kochen. Die Pilze putzen, in Scheiben schneiden und mit der kleingehackten Zwiebel in Butter anbraten, danach zu den Kartoffeln in die Fleischbrühe geben. Noch 10 Minuten kochen und dann die Milch dazugeben. Noch einmal zum Kochen bringen, mit Salz abschmecken und, mit dem feingewiegten Dill bestreut, heiß servieren.

## Hühnersalat auf Försterinart

200 g gekochtes Hühnerfleisch,
200 g Pfifferlinge (auch Champignons, Steinpilze, Reizker),
200 g Chicorée,
100 g Mandarinen,
2 hartgekochte Eier,
150 g Mayonnaise,
1 Teel. Zitronensaft,
1 Teel. Worcestersoße,
Pfeffer, Salz

Die möglichst kleinen Pilze putzen und in schwach gesalzenem Wasser 10 Minuten kochen, dann abseihen, abkühlen lassen und in Scheiben schneiden. Während die Pilze abkühlen, die Mandarinen schälen und die Spalten halbieren. Den Chicorée putzen, waschen und in dünne Scheiben schneiden. Das Hühnerfleisch in mundgerechte Stücke schneiden und alles mit der Mayonnaise vermengen. Danach mit Zitronensaft, Worcestersoße, Pfeffer sowie Salz würzen, mit Eiachteln verzieren und noch ½ Stunde kühl stellen.

# Kalte Hasenpastete

1 kleiner Hase oder 800 g Rehfleisch,
150 g Gänseleber,
250 g durchwachsener Speck,
200 g Pfifferlinge (auch Steinpilze,
Champignons, Graublättrige Schwefelköpfe, Hallimasch),
50 g Sellerie,
50 g Kohlrabi,
1 Mohrrübe,
1 kleine Stange Porree,
2 Zwiebeln,
2 Zehen Knoblauch,
1 Orange,
1 Zitrone,
2 Teelöffel Konfitüre von schwarzen
Johannisbeeren,
½ Flasche Rotwein,
1 Glas Weinbrand,
150 g Margarine,
100 g Schweineschmalz,
1 Bund Petersilie,
1 Lorbeerblatt,
Majoran,
Thymian,
süßer Paprika,
schwarzer Pfeffer,
2 Gewürznelken,
Salz

Die Zwiebeln in Scheiben, das Gemüse
in kleine Stücke schneiden, die Petersilie
grob hacken und alles in Schweineschmalz anbraten, das Lorbeerblatt, den
zerdrückten Knoblauch sowie Gewürze
dazugeben. Die Hälfte des Specks würfeln, kurz anbraten, dann das in Stücke
geschnittene Hasenfleisch, die Innereien
sowie Knochen anbraten, salzen, alles
mit 2 Glas Rotwein ablöschen und zugedeckt garen. Noch einmal etwas Rotwein
nachgießen, etwas Orangen- sowie Zitronenschale darüberreiben und schmoren,
bis sich das Fleisch leicht von den Knochen löst. Inzwischen die restlichen
Speckwürfel in 1 Glas Rotwein kochen,
bis die Flüssigkeit verdampft ist. Das
Fleisch aus der Soße nehmen und kalt
stellen. Den Saft von Zitrone, der Apfel-
sine und die Johannisbeerkonfitüre in
die Soße geben, etwas einkochen lassen,
durchseihen und kühl stellen. Inzwischen Fleisch und Speck durch die feine
Scheibe des Fleischwolfs drehen. Die
Gänseleber in Würfel schneiden und in
heißer Margarine rasch anbraten, pfeffern, salzen und ebenfalls abkühlen lassen. Nun auch die Pilze würfeln und in
Margarine dünsten. Schließlich Fleisch,
Speck, Leber, Pilze und Soße gründlich
mit dem Weinbrand vermischen, mit
den Gewürzen und Salz abschmecken,
auf einer Platte schön anrichten, garnieren und kalt servieren. Dazu kann man
Toast reichen.

# Hubertusdreiecke

400 g Bratenreste vom Wild,
200 g Pfifferlinge (auch Champignons,
Mischpilze),
1 Tasse Wild- oder Fleischbrühe,
1 Eßl. Rotwein,
1 Eßl. Tomatenmark,
2 Eidotter,
1 Zwiebel,
1 Eßl. Öl,
40 g Butter,
2 Eßl. Mehl,
geriebene Muskatnuß,
Kardamom,
Pfeffer, Salz,
Blätterteig

Die Pilze putzen und feinhacken, die
Zwiebel ebenfalls feinhacken und in heißem Öl bräunen, dann die Pilze dazugeben, nach 5 Minuten Dünsten die Pilze
mit dem durchgedrehten Fleisch mischen. Nun aus Mehl und Butter eine
dunkle Mehlschwitze bereiten und diese
mit der Brühe verrühren, den Rotwein
sowie das Tomatenmark hinzufügen.
Die Füllmasse mit Kardamom, Muskat,

Pfeffer sowie Salz würzen und ein Eidotter darunterrühren. Aus dem dünn ausgerollten Blätterteig Quadrate schneiden, die Ränder mit Ei bestreichen und die Füllung in die Mitte geben; den Teig zu Dreiecken zusammenschlagen, die Ränder zusammendrücken und im vorgeheizten Ofen goldgelb backen.

## Gefüllter Sellerie mit Sauce Tatar

4 Sellerieknollen,
250 g Pfifferlinge (auch Champignons, Austernseitlinge, Träuschlinge oder 30 g Trockenpilze bzw. Pilzpulver),
250 g Hackfleisch vom Schwein,
1 Zwiebel,
50 g geriebener Käse,
80 g Margarine,
Saft von $\frac{1}{2}$ Zitrone,
1 Sträußchen Petersilie,
3 Eßl. Semmelbrösel,
1 Ei,
Pfeffer, Salz

Die Sellerieknollen schälen und in Salzwasser mit Zitronensaft blanchieren, von jeder Knolle einen Deckel abschneiden und die Knolle aushöhlen. Die Zwiebel feinhacken und in Margarine goldgelb werden lassen. Die feingeschnittenen Pilze hinzufügen und 10 Minuten dünsten. Das Hackfleisch anbraten und mit den Pilzen, feingewiegter Petersilie, Ei sowie etwas Semmelbrösel mischen, mit Pfeffer und Salz würzen. Die Sellerieknollen mit dieser Masse füllen und in eine gefettete feuerfeste Schüssel legen, etwas Wasser dazugießen, geriebenen Käse über den Sellerie streuen und im vorgeheizten Ofen 15 Minuten überbacken. Dazu Tatarensoße (siehe Rezept S. 141) und Toastbrot oder Reis reichen.

## Geflügelleber mit Pfifferlingen

500 g Geflügelleber,
400 g Pfifferlinge (auch Champignons, Boviste),
100 g Speck,
1 Zwiebel,
$\frac{1}{4}$ l saure Sahne,
1 Glas Portwein oder anderer Dessertwein,
$\frac{1}{2}$ Tasse Fleischbrühe,
2 Eßl. Margarine,
Pfeffer, Salz

Die Zwiebel sowie den Speck in kleine Würfel schneiden und in der Pfanne glasig werden lassen. Aus der Pfanne herausnehmen und in dem heißen Fett die Leber schnell braten (sie muß innen noch rosa sein und wird erst nach dem Braten gewürzt). Das Bratenfett mit der Sahne, der Brühe und dem Wein verrühren. Mit Pfeffer und Salz würzen und etwas einkochen. Inzwischen die in Scheiben geschnittenen Pilze in Margarine unter wiederholtem Wenden braten. Die fertigen Pilze mit den Zwiebeln und der Leber in die Soße geben, noch einmal erhitzen und mit Röstkartoffeln oder Reis servieren.

## Huhn mit Pilzen in Tomatensoße

1 Broiler,
200 g Pfifferlinge (Steinpilze, Champignons),
$\frac{1}{8}$ l Tomatenmark,
50 g geriebener Käse (mild),
$\frac{1}{2}$ l Fleischbrühe,
Saft von 1 Zitrone,
100 g Fett,
1 Eßl. Mehl,
Pfeffer, Salz

Den Broiler salzen und in Schweineschmalz halb gar braten, sodann herausnehmen und in Stücke zerlegen. Mit dem Bratenfett eine helle Mehlschwitze bereiten, mit der Fleischbrühe, dem Tomatenmark sowie dem Zitronensaft verrühren und 10 Minuten kochen. Die Pilze inzwischen in dünne Scheiben schneiden und schließlich zusammen mit dem geriebenen Käse zur Soße geben. Das Hühnerfleisch hineinlegen, pfeffern, salzen und alles zugedeckt garen. Als Beilage Reis geben.

## Gehobeltes Rindfleisch mit Pfifferlingen

750 g Rindslende,
250 g Pfifferlinge (auch Champignons, Täublinge, Reizker),
100 g Zwiebeln,
½ l saure Sahne,
¼ l Fleischbrühe,
1 Teel. Zitrone,
1 Eßl. Mehl,
60 g Margarine,
Pfeffer, Salz

Die Rindslende säubern und quer zur Faser in dünne Streifchen von ungefähr 4 cm Länge schneiden, in einer Pfanne mit Margarine unter Rühren 3 Minuten braun braten, dabei pfeffern und salzen und dann in einen Topf geben. Die gesäuberten Pilze in Scheiben schneiden und in Margarine anbraten, die Zwiebeln in Ringe schneiden und goldgelb bräunen. Nun aus Margarine und Mehl eine helle Schwitze bereiten, mit langsam zugegebener Fleischbrühe glattrühren, dann die saure Sahne zugeben, salzen und 5 Minuten kochen. Diese Soße zu dem Fleisch, den Pilzen sowie den Zwiebeln in den Topf geben, aufkochen lassen und heiß mit Pommes frites oder Reis servieren.

## Siebenbürger gefüllte Henne

2 junge Hennen (Broiler) von je 800 g,
100 g Gänseleber,
100 g Pfifferlinge (Champignons, Steinpilze, Täublinge, Träuschlinge),
60 g Zwiebeln,
60 g Rauchspeck,
80 g Schweinefett,
60 g Margarine,
2 Eier,
1 Semmel,
1 Tasse Milch,
1 Sträußchen Petersilie,
3 g Pfeffer, Majoran, Salz

Die Zwiebel und den Speck in kleine Würfel schneiden und in der Pfanne glasig dünsten. Die Pilze säubern, kleinschneiden und in dem Speckfett 10 bis 15 Minuten dünsten. Die Leber gesondert in heißer Margarine ungesalzen braten und in Würfel schneiden. Die Semmel in Milch einweichen und ausdrükken, die Eier hart kochen und in Würfel schneiden, beides mit den Pilzen sowie den Leberwürfeln vermengen. Mit Pfeffer, Salz, Majoran und der kleingehackten Petersilie gründlich mischen und abschmecken. Die ausgenommenen Hühnchen waschen, abtrocknen und außen mit Pfeffer sowie Salz einreiben. Die Farce hineinfüllen, zunähen und in heißem Fett bei nicht zu starker Hitze gar braten, ab und zu wenden und begießen. Zum Schluß zerlassene Butter darüberträufeln und mit grünen Erbsen sowie Reis servieren.

## Gulasch mit Pfifferlingen

300 g Rindfleisch,
300 g Kartoffeln,
150 g Pfifferlinge (auch Steinpilze, Maronen, Champignons, Nelken-

schwindlinge, Stockschwämmchen, Hallimasch oder 20 g Trockenpilze),
1 Möhre,
1 Zwiebel,
1 Eßl. Tomatenmark,
2 Eßl. saure Sahne,
40 g geräucherter Speck,
40 g Schweinefett oder Öl,
1 Teel. Mehl,
1 Bund Petersilie,
Salz

Das Rindfleisch in kleine Würfel, die rohen Kartoffeln sowie die Zwiebeln ebenfalls in Würfel und die Möhre in Scheiben schneiden. Die Rindfleischwürfel in heißem Fett unter Rühren braun anbraten, dann Kartoffeln, Möhre und die Zwiebel ebenfalls braten. Die Pilze säubern und kleinhacken, den Speck würfeln und glasig braten, das Tomatenmark hinzufügen und kurz mit erhitzen, dann die Pilze dazugeben und andünsten. In einer Bratpfanne etwas Mehl braun anschwitzen, Fleisch, Gemüse sowie Pilze hinzufügen, mit Pilzbrühe auffüllen, saure Sahne hineingeben und schmoren, bis das Fleisch gar ist. Mit Salz abschmecken, mit feingehackter Petersilie o. a. Kräutern bestreut heiß servieren. Dazu gibt man Reis oder Salzkartoffeln.

## Pfifferlingswürzfleisch

500 g mageres Schweinefleisch,
500 g Schweinsnierchen,
500 g Pfifferlinge,
125 g geräucherter Speck,
2 bis 3 kleine Zwiebeln,
1 Kartoffel,
½ l Knochenbrühe,
3 Eßl. Speiseöl,
Pfeffer, Salz

Das Fleisch in Würfel schneiden und in heißem Öl in der Pfanne kurz anbraten, mit Pfeffer und Salz würzen, dann herausnehmen und in einem Topf mit der Knochenbrühe kochen. Inzwischen die Nierchen gut waschen, kleinschneiden und ebenfalls kurz in der Pfanne anbraten, anschließend in dem Topf mit dem Schweinefleisch weiterkochen. Den gewürfelten Speck mit den feingehackten Zwiebeln andünsten, ohne daß sie Farbe annehmen. Die gesäuberten, kleingeschnittenen Pfifferlinge zugeben und dünsten, bis ein großer Teil des Wassers verdampft ist. Die Pfifferlinge dann ebenfalls in den Topf geben und alles zusammen garen. Die Soße, wenn nötig, mit geriebener Kartoffel sämig machen und das Ganze mit Grießklößen auftragen.

## Reisfleischtopf mit Pilzen und Käse

400 g Schweinefleisch (zum Kurzbraten),
250 g Pfifferlinge (auch Steinpilze, Austernseitlinge, Täublinge, Ritterlinge, Milchlinge, doch keine schleimigen Arten),
250 g milder Schnittkäse (z. B. Gouda, Edamer),
200 g Reis,
1 l Fleischbrühe,
2 Zwiebeln,
2 Tomaten,
1 Paprikafrucht,
1 Eßl. Edelsüßpaprika,
Pfeffer, Salz

Das Schweinefleisch in kleine Würfel schneiden und in heißem Öl von allen Seiten braun anbraten, die Zwiebeln feinhacken und mitbraten. Nun auch die zerkleinerten Pilze andünsten. Die Tomaten überbrühen, abziehen, kleinschneiden und ebenfalls dazugeben, auch die Paprikafrucht kleinschneiden (dabei den Samenstand entfernen) und hinzufügen. Alles kurze Zeit dünsten, mit dem Edelsüßpaprika bestreuen, pfeffern und salzen und schließlich mit der Fleischbrühe ablöschen. Den Reis im Sieb unter fließendem Wasser gut abspülen und mit in den Topf geben. Bei geschlossenem Deckel kochen, bis der Reis gar ist. Nun noch den in Würfel geschnittenen Käse daruntermischen, abschmecken und heiß servieren. Dabei nicht noch einmal aufkochen, damit der Käse nicht zerläuft.

## Wildschweingulasch mit Pilzen

1 kg Wildschweinfleisch ohne Fett und Knochen,
300 g Pfifferlinge (auch Butterpilze, Sandröhrlinge, Reizker, Raslinge, Austernseitlinge, Hallimasch oder 40 g getrocknete Pilze),
200 g Perlzwiebeln,
1 Zwiebel,
1 Möhre,
¼ Sellerieknolle,
1 Petersilienwurzel,
1 Eßl. Tomatenmark,
1 Zehe Knoblauch,
1 Eßl. Johannisbeerkonfitüre,
100 g Speck,
200 g Schweineschmalz,
60 g Margarine,
½ Flasche Rotwein,
¼ l braune Grundsoße,
¼ l Fleischbrühe,
1 großes Glas Weinbrand,
½ Tasse Weinessig,
½ Tasse Öl,
1 Bund Petersilie,
2 Lorbeerblätter,
Thymian, Majoran,
4 bis 6 Wacholderbeeren,
schwarzer Pfeffer, Salz,
3 Semmeln,
1 Eßl. Mehl

Das Fleisch gründlich säubern, waschen sowie abbrühen, Haut und Sehnen entfernen und in große Stücke von ungefähr 50 g schneiden. Diese in einer Schüssel mit einer Mischung von ½ Tasse Essig, ½ Tasse Öl, 1 Glas Weinbrand sowie nicht zuviel Thymian, Majoran, zerdrückten Wacholderbeeren und Knoblauchzehe, Lorbeerblättern, Pfeffer und Salz (Wasser nach Bedarf) 2 bis 3 Tage im Kühlschrank marinieren, dabei von Zeit zu Zeit durchmischen. Aus der Beize nehmen und abtropfen lassen, in einer Pfanne den gewürfelten Speck in heißem Fett glasig braten, herausnehmen und beiseite stellen. Nun die ganzen Perlzwiebeln in derselben Pfanne goldgelb rösten, bis sie fast gar sind, dann herausnehmen und zu dem Speck geben. Schließlich die Pilze säubern, in mundgerechte Stücke schneiden, dann pfeffern, salzen und im Speckfett braten, bis die Flüssigkeit verdampft ist. Die Pilze zu dem Speck und den Zwiebeln geben. Jetzt das Fleisch in heißem Schweineschmalz schnell bräunen, salzen, pfeffern und in einen Topf legen. Im Bratfett die kleingehackte Zwiebel sowie das in Würfel geschnittene Suppengemüse anbraten, mit Mehl überstäuben und kurz weiterbräunen, dann auch das Tomatenmark hinzufügen und kurz mit erhitzen. Mit dem Rotwein ablöschen, mit Fleischbrühe auffüllen und gut verrühren. Dazu kommen dann die Grundsoße und die Beize (ohne das Lorbeerlaub) sowie das angebratene Fleisch. Das Ganze wird gesalzen und zugedeckt bei mäßiger Hitze und gelegentlichem Umrühren geschmort, bis das Fleisch weich und die Soße dick genug ist. Dann das Fleisch in einen anderen Topf legen und die Soße durch ein feines Sieb dazugießen. Dahinein nun Speck, Zwiebeln sowie Pilze und einen Eßlöffel Johannisbeer- oder Preiselbeerkonfitüre geben, alles zusammen noch einmal erhitzen und das überflüssige Fett abschöpfen. Schließlich mit Salz und Pfeffer abschmecken, Margarine darunterrühren, mit gehackter Petersilie bestreuen und heiß servieren. Dazu gibt man in wenig heißem Fett goldgelb geröstete Semmelcroûtons oder auch Nockerln, Knödel, Salzkartoffeln.

## Hasenmedaillons

600 g ausgelöster Hasenrücken,
200 g Räucherwurst,
200 g Pfifferlinge (evtl. Edelreizker, Champignons, Hallimasch, Graublättrige Schwefelköpfe),
100 g geräucherter Speck,
3 Zwiebeln,
2 Paprikafrüchte,
1 Bund Petersilie,
125 g Schweineschmalz,
50 g Mehl,
1 Eßl. Gewürzpaprika,
Pfeffer, Salz

Die Zwiebeln feinhacken, in wenig Fett glasig werden lassen, mit Fleischbrühe ablöschen und die Wurst hineinlegen. Die Hälfte des Gewürzpaprikas dazugeben und zugedeckt 10 Minuten dünsten. Die Wurst herausnehmen und in Scheiben schneiden. Den Speck würfeln, in der Pfanne glasig dünsten, die streifig geschnittenen Paprikafrüchte kurz mitdünsten, dann auch die in Stücke geschnittenen Pilze hinzufügen und bei starker Hitze braten, bis die Flüssigkeit verdampft ist. Nun die Wurstscheiben dazugeben, Gewürzpaprika darüberstreuen, pfeffern, salzen, kurze Zeit weiterbraten und schließlich mit der Paprikabrühe auffüllen, aufkochen lassen und beiseite stellen. Inzwischen den Hasenrücken in schöne Stücke schneiden, klopfen, pfeffern, salzen und in Paprikamehl wenden. Dann schnell in heißem Fett von beiden Seiten braun braten. Aus der Pfanne nehmen, in einer feuerfesten Schüssel mit dem Wurst-Pilz-Pörkölt überdecken, noch einmal erhitzen, mit etwas Petersilie bestreuen und mit Eiergraupen servieren.

## Rehmedaillons mit Schinken und Pilzreis

600 g ausgelöster Rehrücken,
200 g roher Schinken,
100 g geräucherter Speck,
100 g Schweinefett,
80 g Butter oder Margarine,
1 Zwiebel,
1 Eßl. Tomatenmark,
200 g Reis,
300 g Pfifferlinge (auch Steinpilze, Täublinge, Graublättrige Schwefelköpfe, Nelkenschwindlinge, doch keine schleimigen Arten),
50 g geriebener Käse,
Pfeffer, Salz

Den Rehrücken mit Speckstreifen in Faserrichtung spicken, in 8 Scheiben schneiden, klopfen, pfeffern, mit Öl bepinseln und kühl stellen. Die Zwiebel feinhacken und in 40 g Butter glasig dünsten, die kleingeschnittenen Pilze dazugeben, pfeffern, salzen und dünsten, bis das Wasser verdampft ist. Das Tomatenmark hinzufügen und kurz mitdünsten. Dann die Pilze mit dem inzwischen körnig gekochten Reis mischen, mit Käse bestreuen und warm stellen. Die Rehmedaillons salzen, in Mehl wenden und in Schweinefett von beiden Seiten schnell braun braten, die Schinkenscheiben kurz anbraten. Jetzt die Medaillons auf den in eine Schüssel gehäuften Reis legen, die Schinkenscheiben obenauf geben und mit einigen Butterflöckchen belegen. Eventuell etwas Bratensaft darübergießen und heiß servieren.

# Lammsteaks
## mit Pfifferlingen
(für 8 Personen)

8 Lammsteaks,
300 g Pfifferlinge (auch Champignons,
Nelkenschwindlinge, Stockschwämmchen, Täublinge),
2 Eßl. Öl,
30 g Margarine,
1 Zwiebel,
1 Sträußchen Petersilie,
½ Glas Weißwein,
1 Teel. Zitronensaft,
2 Eßl. Tomatenmark,
schwarzer Pfeffer,
Salz

Die Pilze putzen, wenn nötig waschen,
und kleinschneiden. Die Zwiebel kleinhacken und in Margarine goldgelb werden lassen, die Pilze zugeben und mitbraten. Dann mit etwas Weißwein
ablösen, Zitronensaft und Salz hinzufügen und dünsten, bis die Flüssigkeit
fast verdampft ist, zum Schluß noch die
feingehackte Petersilie hinzufügen. Die
Lammsteaks klopfen, pfeffern und salzen und in heißem Öl schnell von beiden Seiten braun braten. Dann aus der
Pfanne nehmen, mit dem Tomatenmark
bestreichen, das Pilzgemüse daraufhäu-
fen und heiß mit Toastbrot servieren.

# Hirschschnitzel
## mit Lebercroûtons

*Für die Schnitzel:*
800 g Hirschlende,
250 g Pfifferlinge (auch Champignons,
Steinpilze),
50 g geräucherter Speck,
1 Zwiebel,
1 Knoblauchzehe,
1 Teel. Tomatenmark,
1 Glas Weißwein,

⅛ l Grundsoße,
200 g Schweineschmalz,
3 Eßl. Öl,
schwarzer Pfeffer,
Salz
*Für die Lebercroûtons:*
250 g Gänseleber,
1 Zwiebel,
¼ l Milch,
1 Glas Weinbrand,
2 Eigelb,
3 Semmeln,
70 g Butter,
50 g Mehl,
Pfeffer, Salz

Die vorbehandelte Hirschlende in fingerdicke Scheiben schneiden. Gründlich
klopfen, pfeffern, mit Öl einreiben und
kalt stellen. Die Gänseleber ebenfalls in
fingerdicke Scheiben schneiden, eine
Zwiebel feinhacken und in Fett andünsten, dann die Leberscheiben pfeffern
und in der Pfanne schnell anbraten. Nun
die Leber salzen, warm durch den Wolf
drehen und mit Mehl bestreuen. Die
Masse in einem Topf mit heißer Milch
übergießen, mit einem Schneebesen
schaumig schlagen und zu einer streich-
fähigen Masse einkochen. Jetzt nachwürzen, den Weinbrand sowie das Eigelb
gründlich untermischen und im Wasserbad warm halten. Inzwischen den Speck
in kleine Würfel schneiden und in der
Pfanne mit der feingehackten Zwiebel
andünsten, einen Teelöffel Tomatenmark hinzufügen und kurz mitdünsten,
dann die in Scheiben geschnittenen
Pilze dazugeben und dünsten, bis die
Flüssigkeit verdampft ist. Den zerdrückten Knoblauch hinzufügen, pfeffern, salzen und dann mit dem Weißwein sowie
der Grundsoße begießen, bei milder
Hitze zu einer dicken Soße einkochen
lassen. Aus den Semmeln dreieckige
Croûtons schneiden und in heißem
Schmalz goldgelb rösten. Gleichzeitig
die Hirschschnitzel salzen, in Mehl wen-

den und in heißem Fett schnell braten. Das Pilzgemüse darauf verteilen, die Croûtons mit der Leber bestreichen und alles auf einer Platte schön anrichten. Mit gebratenen Kartoffelwürfeln servieren.

## Hasengulasch

600 g Hasenfleisch,
1 Eßl. Mehl,
150 g Pfifferlinge (oder Steinpilze, Champignons, Butterpilze, Rötelritterlinge bzw. Mischpilze, evtl. 20 g Trockenpilze),
50 g grüne Erbsen,
50 g Sellerieknolle,
50 g Mohrrübe,
50 g Kohlrabi,
2 Eßl. Tomatenmark,
2 Zwiebeln,
1 Zehe Knoblauch,
1 Tasse Fleischbrühe,
1 Tasse Grundsoße,
1 Glas Weißwein,
50 g Schweineschmalz,
25 g Butter,
1 Sträußchen Petersilie,
1 Lorbeerblatt,
schwarzer Pfeffer,
Thymian, Salz

Das Hasenfleisch (Keule, Läufe u. a.) gut säubern und in Würfel schneiden, in einer Pfanne mit Fett schnell anbraten, die Zwiebel kleinschneiden und mitbraten. Das Fleisch mit Mehl bestäuben, kurze Zeit weiterbraten, das Tomatenmark zugeben und dann mit dem Weißwein sowie der Fleischbrühe ablöschen. Nun die zerdrückte Knoblauchzehe, das Lorbeerblatt, Thymian, Pfeffer sowie Salz hinzufügen, schließlich die Grundsoße hineinrühren und unter gelegentlichem Rühren das Fleisch zugedeckt fast weich dünsten. Inzwischen das Gemüse in Streifen schneiden und mit den grünen Erbsen in Butter dünsten. Die Pilze in Stücke schneiden und gesondert in etwas Butter dünsten, dann zu dem Gemüse geben und mit Pfeffer sowie Salz abschmecken. Wenn das Hasenfleisch fast gar ist, aus der Soße nehmen und in einen Topf legen, das Gemüse mit den Pilzen zufügen, die Soße durch ein Sieb darübergießen und alles fertig, aber nicht zu weich garen. Mit feingehackter Petersilie bestreuen und mit Weißbrot servieren.

## Hasenfleisch auf Matrosenart

600 g Hasenfleisch,
250 g Pfifferlinge (evtl. Champignons, Steinpilze, auch Stockschwämmchen oder Hallimasch),
1 Eßl. Peppersauce,
2 Glas Rotwein,
1 Glas Weinbrand,
1 Zwiebel,
1 Teel. Tomatenmark,
50 g geräucherter Speck,
50 g Margarine,
2 Eßl. Mehl,
Pfeffer, Salz

Die Pilze waschen und in kleine Stücke schneiden, den Speck in Streifen schneiden, die Zwiebel kleinhacken und in einer Pfanne andünsten. Dann die Pilze dazugeben und dünsten, bis das Wasser fast verdampft ist. Inzwischen die Peppersauce mit dem Rotwein zum Kochen bringen und reduzieren. Das Hasenfleisch, am besten vom Rücken, in schmale Streifen schneiden und in Mehl wenden, dann schnell in heißer Margarine anbraten, das Tomatenmark zugeben und kurz miterhitzen, pfeffern und salzen. Nun das Fleisch mit dem Weinbrand flambieren und schließlich die Soße dazugießen, unter Rühren kurz aufkochen, abschmecken und heiß mit Petersilienreis als Beilage servieren.

# Hasenkeule in Bier

4 Hasenkeulen,
100 g geräucherter Speck,
½ l helles Bier,
150 g Pfifferlinge (auch Champignons,
Steinpilze, Maronen, Hallimasch oder
Stockschwämmchen),
50 g Sellerieknolle,
50 g Mohrrübe,
50 g Porree,
2 Zwiebeln,
1 Knoblauchzehe,
½ Zitrone,
1 Eßl. Tomatenmark,
1 Teel. Senf,
½ Teel. Anchovispaste,
1 Teel. Honig,
1 Tasse süße Sahne,
40 g Margarine,
40 g Schweineschmalz,
1 Tasse Semmelbrösel,
2 Sellerieblätter,
2 Lorbeerblätter,
Majoran, Thymian,
Ingwer,
Muskatnuß,
Pfeffer, Salz

Die Hasenkeulen häuten und mit Speckstreifen spicken, mit Pfeffer und Salz
einreiben und in heißem Fett von allen
Seiten schnell anbraten, bis sie schön
braun sind. Dann das Fleisch aus der
Pfanne nehmen und in dem Bratenfett
die in Scheiben geschnittene Zwiebel
goldgelb werden lassen. Nun die in
Streifen geschnittene Sellerieknolle,
Mohrrübe sowie Porree dazugeben und
anbraten, danach die in Stücke geschnittenen Pilze sowie die zerdrückte Knoblauchzehe, Lorbeerblatt und Sellieblät-
ter hinzufügen und kurz dünsten. Anschließend mit ¼ Liter Bier auffüllen,
mit Thymian, Majoran, Muskat, Ingwer,
Pfeffer sowie Salz würzen und alles zu
dem Fleisch in den Topf gießen, die
Semmelbrösel dazugeben und zugedeckt
gar dünsten. Das Fleisch aus dem Topf
nehmen und warm stellen. Die Soße mit
dem restlichen Bier auffüllen, mit Tomatenmark, Senf, Anchovispaste sowie wenig Honig abschmecken, ein wenig geriebene Zitronenschale zugeben und
kochen, bis die Soße dick genug ist. Nun
die Sahne hinzufügen, nochmals aufkochen, Margarine und etwas Zitronensaft
mit dem Schneebesen unterrühren,
nochmals abschmecken und heiß über
die Hasenkeulen gießen. Mit Semmelknödel oder auch Salzkartoffeln als Beilage servieren.

# Leckere Außenseiter: Morcheln, Boviste ...

## Morchel-Mousseline

150 g Morcheln,
3 Eigelb,
1 Schalotte,
½ Glas Madeira oder Rotwein,
½ Tasse süße Sahne,
125 g Butter,
1 Teel. Zitronensaft,
Pfeffer, Salz,
etwas Sojasoße

Die Butter zerlassen und dabei den Schaum abheben. Das Eigelb, einen Eßlöffel heißes Wasser sowie den Zitronensaft mit dem Schneebesen verrühren, nach und nach auch die heiße Brühe daruntermischen, dann unter kräftigem Rühren die Sahne dazugeben und mit wenig gemahlenem Pfeffer und Salz abschmecken.
Die Morcheln putzen und gründlich waschen, dann blanchieren und je nach Größe in nicht zu kleine Stücke schneiden. Die Schalotte feinhacken und in heißer Butter anschwitzen. Die Morcheln und den Madeira mit in den Topf geben und 5 Minuten dünsten. Schließlich mit der Mousseline-Soße vermengen und mit einigen Spritzern Sojasoße, Pfeffer sowie Salz abschmecken.
Diese Morchel-Soße paßt gut zu gebakkener Forelle und anderem Fisch.

## Braune Morchelsoße

200 g Morcheln,
½ l braune Grundsoße,
1 Sträußchen Petersilie,
50 g Butter oder Margarine,
2 Eßl. Madeira oder Rotwein

Die Morcheln sorgfältig waschen, blanchieren und die Hälfte feinhacken. Die andere Hälfte halbieren. Die Petersilie fein wiegen und zusammen mit den kleingehackten und den halbierten Morcheln in Butter 5 bis 10 Minuten dünsten. Danach den Madeira und die braune Grundsoße hinzufügen und noch 10 Minuten leise kochen lassen. – Diese Soße wird zu kurzgebratenem Rindfleisch oder Wildbret gereicht.

## Helle Morchelsoße

125 g Morcheln,
¼ l Hühnerbrühe,
1 Zwiebel,
1 kleines Sträußchen Petersilie,
50 g Butter oder Margarine,
⅛ l süße Sahne,
geriebene Muskatnuß, Salz

Die feingeschnittene Zwiebel sowie die gewiegte Petersilie in Butter andünsten und die kleingeschnittenen Morcheln dazugeben, weiterdünsten, bis die Flüssigkeit fast verdampft ist. Mit der Hühnerbrühe auffüllen, zum Kochen bringen, würzen, die Sahne hineinrühren und eventuell etwas andicken. – Heiß zu kurzgebratenem Fleisch und Geflügel servieren.

## Wachteleier auf Rahmmorcheln

250 g Morcheln,
8 Wachteleier,
50 g Speck, 1 Zwiebel,
1 Tasse saure Sahne,
50 g Butter,
1 Eßl. Mehl,
$\frac{1}{8}$ l Hühnerbrühe,
Pfeffer, Salz,
Zitrone

Nicht zu große Morcheln gut waschen. Die feingehackte Zwiebel mit den Speckwürfeln kurz hellgelb andünsten und die Morcheln dazugeben, nach etwa 5 Minuten die Brühe und die Sahne hinzufügen und weiter dünsten, bis die Morcheln gar sind. Das Mehl mit der kalten Butter verkneten und die Soße damit binden, mit Pfeffer, Salz und wenig Zitrone abschmecken. Die Wachteleier hart kochen, schälen und halbieren. Die Morcheln in eine flache Schüssel geben, mit den Eiern belegen und auftragen.

## Morcheln in Orangensoße

300 g Morcheln,
1 Orange,
$\frac{1}{2}$ Zitrone,
$\frac{1}{2}$ l Knochenbrühe,
30 g Margarine,
1 Eßl. Mehl,
Pfeffer, Salz

Die Pilze gründlich waschen, in Stücke schneiden, kleine Pilze nur halbieren. In der Margarine kurz andünsten, mit dem Mehl bestäuben und mit der Brühe ablöschen. Gut gereinigte Orangen- und Zitronenschale abreiben, die Früchte auspressen, die geriebene Schale sowie den Saft zu den Pilzen geben und kochen, bis die Morcheln gar sind und die Soße dick genug ist. Mit Pfeffer und Salz nicht zu kräftig würzen.

## Morchel-Omelett

200 g Morcheln (auch Pfifferlinge, Täublinge, Champignons),
4 Eier,
1 Zwiebel,
$\frac{1}{2}$ Tasse Milch,
40 g Margarine,
1 Eßl. Öl,
1 Sträußchen Petersilie,
Pfeffer, Salz

Die Morcheln gründlich reinigen und in Stücke schneiden. Die Zwiebel feinhakken und in Margarine hellgelb dünsten, die Pilze dazugeben, pfeffern, salzen und 10 bis 15 Minuten dünsten. Inzwischen die Eier mit der Milch, etwas Pfeffer sowie Salz verquirlen, davon in Öl in einer großen Pfanne ein Omelett braten. Nun die gedünsteten Morcheln darauf verteilen und feingewiegte Petersilie darüberstreuen, bei leichter Hitze weiterbraten. Die Oberseite des Omeletts sollte noch fast halbflüssig sein. Wer das nicht mag, kann das Omelett natürlich auch durchbraten. Dazu dann Toastbrot und frischen Blattsalat reichen.

# Morcheln mit jungen Erbsen

500 g Morcheln (auch Boviste, Becher-linge),
250 g grüne Erbsen,
¼ l Fleischbrühe,
1 Bund Petersilie,
2 Eßl. Mehl,
40 g Margarine,
eine Prise Zucker,
Pfeffer, Salz

Die Morcheln putzen und gründlich wa-schen. Dann mit wenig Salzwasser blan-chieren (nur bei Morcheln empfehlens-wert). Die Erbsen in der Fleischbrühe fast gar kochen. Inzwischen aus dem Mehl und der Margarine eine helle Schwitze bereiten, die Erbsen abseihen und mit der Brühe die Mehlschwitze auffüllen. Die Petersilie feinwiegen, zu der Soße geben und diese mit etwas Zuk-ker sowie Salz abschmecken. Nun die Morcheln und die Erbsen hinzufügen und noch 10 Minuten erhitzen. Heiß zu gebratenem Fleisch oder auch Spiegel-eiern mit Pommes frites oder Reis als Beilage servieren.

# Morcheln mit Leberfüllung

400 g Speisemorcheln,
200 g Gänse- oder auch Hühnerleber,
1 Zwiebel,
1 Eidotter,
1 Eßl. Semmelbrösel,
2 Eßl. Mehl,
30 g Margarine,
20 g Butter,
Pfeffer, Salz

Die möglichst großen Morcheln putzen, waschen und längs halbieren. Die Leber durch die feine Scheibe des Wolfes dre-hen. Die Zwiebel feinhacken und in Margarine glasig schwitzen. Danach die Leber unter ständigem Rühren braten, bis sie nicht mehr rot ist, anschließend mit Pfeffer und Salz mild abschmecken und mit dem Eidotter, den Zwiebeln und den Semmelbröseln gründlich ver-mengen. Nun die Masse in die abge-trockneten Morchelhälften füllen, in Mehl wälzen, mit der Füllung nach oben in eine gefettete Kasserolle legen und im vorgeheizten Ofen 20 Minuten braten. Kurz vor Beendigung der Garzeit mit Butterflöckchen belegen und heiß ser-vieren. Dazu kann man Toast reichen.

# Tschechischer Gemüsepudding

100 g Morcheln (auch Maipilze oder Champignons),
100 g Blumenkohl,
100 g Möhren,
100 g grüne Erbsen,
100 g Kohlrabi,
100 g Spargel,
1 Zwiebel,
100 g roher Schinken,
50 g geräucherter Speck,
3 Eier, 4 Semmeln,
2 Tassen Milch,
50 g geriebener Käse,
1 Tasse Semmelbrösel,
1 Bund Petersilie,
50 g Schweinefett,
50 g Butter, Salz

Das Gemüse putzen und in Salzwasser halbgar (nicht über 10 bis 15 Minuten) kochen, dabei den Blumenkohl zuletzt zugeben oder gesondert kochen. Dann das Gemüse abtropfen lassen und in formschöne Würfel oder Stückchen schneiden. Die Zwiebel feinhacken, ebenso die geputzten und gewaschenen Pilze. Die Zwiebeln und den Speck gla-sig dünsten, die Pilze zugeben und ca. 10 Minuten dünsten. Die Semmeln in

Würfel schneiden und in der Milch einweichen. Den Schinken feinschneiden, die Petersilie hacken und beides zusammen mit den Eigelb in die restliche Milch rühren, die gedünsteten Pilze sowie ½ Tasse Semmelbrösel und dann das gesamte Gemüse hinzufügen. Schließlich das Eiweiß zu Schnee schlagen und vorsichtig unter die Puddingmasse ziehen. Diese Masse dann in eine gefettete, mit Semmelbröseln bestreute Puddingform füllen und im Wasserbad 45 bis 60 Minuten kochen. Den Pudding stürzen, mit zerlassener Butter beträufeln und geriebenem Käse bestreuen.

Mangels einer Puddingform kann die Masse auch in eine Serviette gebunden und im Wasserbad gegart werden. Variationen in den verwendeten Gemüsearten sind natürlich möglich, auch kann der Pudding anstelle von Käse mit gerösteten Semmelbröseln bestreut werden.

## Pilze mit Hirn

500 g Kalbshirn,
300 g Morcheln (auch Champignons, Stockschwämmchen, Edelreizker, Boviste),
80 g Margarine,
1 Zwiebel,
1 Sträußchen Petersilie,
Kerbel, Basilikum,
Pfeffer, Salz

Das Kalbshirn häuten und in wenig Salzwasser kochen. Inzwischen die Pilze säubern und kleinschneiden. Die Zwiebel feinhacken und in der Margarine zusammen mit der gewiegten Petersilie dünsten, die feingeschnittenen Pilze mitdünsten, bis das Wasser verdampft ist. Das abgetropfte und kleingeschnittene Hirn dazugeben, kurz weiterdünsten und mit den Kräutern und Gewürzen abschmecken. Diese Mischung heiß auf gebuttertem Toast reichen.

## Kalbshirnsuppe mit Stäublingen

250 g Kalbshirn,
200 g Stäublinge oder kleine Boviste,
je 1 Sträußchen Petersilie und Schnittlauch,
1 kleine Zwiebel,
40 g Butter oder Margarine,
2 Eßl. Mehl,
½ Tasse saure Sahne,
Sojasoße, Glutamat,
Salz, Pfeffer

Das Kalbshirn enthäuten und kleinschneiden, die Hälfte der Pilze feinhakken. Die Zwiebel feingehackt in Butter andünsten, die zerkleinerten Pilze, die gewiegte Petersilie und das Hirn hinzufügen und weiter dünsten, pfeffern und salzen. Nach ca. 5 Minuten mit 1 Liter Wasser ablöschen. Das Mehl in der Sahne verrühren und die Suppe damit andicken. Die zweite Hälfte der Stäublinge vorsichtig von der Haut befreien, als Kügelchen zurechtschneiden und zur Suppe geben. Mit Glutamat und Sojasoße abschmecken und ca. 10 Minuten weiter kochen, mit feingehacktem Schnittlauch bestreuen und heiß servieren.

## Becherlingssalat

250 g Becherlinge,
je 100 g gekochter und roher Schinken,
2 hartgekochte Eier,
1 Tasse Feldsalatblättchen,
½ Salatgurke,
12 kleine Radieschen,
3 Eßl. Sonnenblumenöl,
3 Eßl. Zitronensaft,
Senf, Pfeffer,
Zucker, Salz

Die Becherlinge säubern, blanchieren

und abtropfen lassen. Radieschen, Eier und Gurke in Scheiben, den Schinken in schmale Streifen schneiden, mit den Becherlingen und den Salatblättchen vermischen. Die übrigen Zutaten zu einer Soße vermengen, nicht zu mild abschmecken und über den Salat gießen.

## Morchelsuppe

250 g Speisemorcheln,
12 Spitzmorcheln oder 6 kleine Speisemorcheln,
3/4 l Knochenbrühe,
1/4 l trockener Weißwein (z.B. Müller-Thurgau),
1 Tasse saure Sahne,
1 Eigelb,
30 g Butter,
1 Sträußchen Petersilie,
1 Teel. Zitronensaft,
1 Prise Muskat,
Pfeffer, Salz

Die Speisemorcheln säubern, überbrühen und kleinschneiden, die Zwiebel feinhacken und in Butter anschwitzen, die Morcheln dazugeben und 5 Minuten dünsten, dann mit dem Weißwein und der Brühe auffüllen, mit Pfeffer und Salz würzen und 20 Minuten kochen lassen. Danach durch ein feines Sieb passieren und die saure Sahne hinzufügen. Inzwischen die vorbereiteten Spitzmorcheln oder halbierten kleinen Speisemorcheln in etwas Butter sowie Zitronensaft ca. 10 Minuten dünsten und dabei mit geriebener Muskatnuß, Pfeffer und Salz würzen. Die Suppe noch einmal aufkochen lassen, vom Feuer nehmen und mit dem Eigelb legieren. Die gedünsteten Morcheln als Einlage auf die Teller verteilen, mit gehackten Kräutern bestreuen und die Suppe dazu servieren.

## Gebackene Pilzscheiben

300 bis 400 g Schwefel- oder Schuppige Porlinge (auch Steinpilze, Hexenröhrlinge, Rotkappen oder Maronen),
4 bis 5 Eier,
4 bis 5 Sardellen (evtl. Sardellenpaste),
1 kleine Zwiebel,
1/4 l saure Sahne,
4 Eßl. Mehl,
Pfeffer, Salz, Öl

Die Pilze putzen, blanchieren und kleinschneiden. Die Zwiebel, die hartgekochten Eier und die Sardellen feinwiegen. Die Pilze mit den Zutaten gründlich mischen und 1 Stunde ruhen lassen. Dann Scheiben von Daumenstärke daraus formen und in Öl goldbraun backen.

## Brathuhn auf Jäger-Art

2 kleine Broiler,
200 g Morcheln (Champignons, Steinpilze, Boviste, Stockschwämmchen, auch Hallimasch),
2 Zwiebeln,
1/2 Zehe Knoblauch,
1 Glas Weißwein,
1 Eßl. Tomatenmark,
1 Bund Petersilie,
Basilikum, etwas Rosmarin,
1/2 Lorbeerblatt,
2 Eßl. Semmelbrösel,
30 g Butter,
3 Eßl. Öl,
Pfeffer, Salz

Für die Füllung die Zwiebel feinhacken und in der Pfanne in Butter anschwitzen. Das Tomatenmark zufügen und kurz dünsten. Die geputzten, in Streifen geschnittenen Pilze hineingeben, pfeffern und salzen und kurz weiterdünsten, den Weißwein dazugießen, weitere 5 Minuten garen und dann mit den Semmelbröseln sowie feingehackter Petersilie bestreuen. Die Hühnchen ausnehmen, gründlich waschen, abtrocknen und mit Knoblauch sowie Salz innen und außen einreiben. Mit der Mischung füllen und zunähen, dann die Broiler in heißem Öl von allen Seiten anbraten, zudecken und im vorgeheizten Ofen 60 Minuten braten. Dazu einen Kartoffelsalat servieren.

# Hähnchen in Wein mit Morcheln und Austernseitlingen

4 zarte Broilerbrüste,
350 g Austernseitlinge,
350 g Morcheln (ersatzweise auch Champignons und Steinpilze),
1 Zwiebel,
$\frac{1}{2}$ l Hühnerbrühe,
$\frac{1}{4}$ l Rosé oder milder Weißwein,
2 Eßl. Madeira,
$\frac{1}{2}$ l süße Sahne,
Saft von $\frac{1}{2}$ Zitrone,
50 g Butter oder Butterschmalz,
2 Eßl. Mehl,
Pfeffer, Salz

Die Hühnchen zerteilen, pfeffern, salzen und in Mehl wälzen. Dann das Fleisch in Butter goldbraun anbraten. Die Hühnchenteile aus der Pfanne nehmen und in dem Fett die Zwiebeln bräunen, die blanchierten, abgetropften Morcheln hinzufügen und dünsten. Jetzt den Weißwein sowie den Madeira hineingießen und 20 Minuten ohne Deckel kochen lassen. Anschließend die Hühnchenteile hineinlegen und gar dünsten. Inzwischen die geputzten Austernseitlinge in Stücke schneiden und in Butter dünsten. Die weich gedünsteten „Küken" aus dem Brater nehmen, warm stellen und die Pilze zusammen mit dem größten Teil der süßen Sahne zur Soße

geben. Nun noch einmal unter ständigem Rühren aufkochen lassen, das Geflügel wieder hineinlegen und schließlich die restliche, zu Schnee geschlagene Sahne unterziehen. Dazu kann man körnig gekochten Reis reichen.

# Hähnchen mit Morcheln

2 kleine Hähnchen,
400 g Morcheln,
$\frac{1}{2}$ l süße Sahne,
2 Glas Weißwein (Riesling, möglichst trocken),
1 Eigelb,
2 Schalotten (oder milde Zwiebeln),
1 Knoblauchzehe,
40 g Butter,
1 Zweig Estragon,
Pfeffer, Salz

Die Hähnchen waschen, abtrocknen und in je 4 Portionen zerlegen, die Stücke mit Pfeffer und Salz einreiben und in heißer Butter von allen Seiten kurz anbraten, ohne Farbe nehmen zu lassen. Die Schalotten feinhacken, mit in die Pfanne geben und hellgelb schwitzen. Mit dem Weißwein ablöschen, die zerdrückte Knoblauchzehe hinzufügen und alles ca. 20 Minuten dünsten, bis der Weißwein fast verkocht ist. Inzwischen die Morcheln putzen, waschen und blanchieren, in Stücke schneiden und zu den Hähnchen in die Pfanne geben. Die Sahne dazugießen und noch 10 Minuten einkochen lassen, dabei die kleingehackten Estragonblättchen zufügen. Die gegarten Hähnchen aus der Pfanne nehmen, das Eigelb in die Soße rühren und alles heiß über das Geflügel gießen. Körnigen Reis als Beilage reichen.

# Lammkeule im Frühling

1 kg Lammkeule,
200 g Morcheln (Maipilze, Nelkenschwindlinge, Champignons),
je 200 g grüne Erbsen,
Möhren,
grüne Bohnen,
Blumenkohl und Spargel,
50 g Tomatenmark,
50 g Fett,
50 g Butter,
1 Sträußchen Petersilie,
1 Eßl. Mehl,
Pfeffer, Salz

Die Lammkeule wird von der Haut be-
freit, gesalzen und in Fett von allen Seiten angebraten. In der Röhre weiterbraten, bis die Keule gar ist. Die Pilze in
Stücke schneiden und in Butter dünsten,
bis sie gar sind und das Wasser verdampft ist. Die übrigen Gemüsearten in
Salzwasser gesondert garen, abgießen
und mit den Pilzen und gewiegter Petersilie mischen. Die Lammkeule aus der
Pfanne nehmen. In dem Fett etwas Mehl
bräunen, das Tomatenmark dazugeben,
mit ausreichend Wasser verrühren, aufkochen lassen und die Soße auf dem Gemüse verteilen. Die Keule aufschneiden
und mit dem Gemüse und Pellkartoffeln
auftragen.

# Rindsfilet
# mit Pilzfüllung

750 g Rindsfilet,
250 g Morcheln (auch Pfifferlinge,
Steinpilze, Träuschlinge, Raslinge,
Austernseitlinge oder 30 g Trockenpilze
bzw. Pilzpulver),
¼ l süße Sahne,
1 Tasse saure Sahne,
½ Glas Weißwein,
50 g Butter,

2 Eßl. Öl,
1 Zwiebel,
1 Sträußchen Petersilie,
Pfeffer, Salz, Thymian

Zubereitung der Fülle: Die geriebene
Zwiebel in der Butter andünsten, die
feingehackten Pilze sowie die gewiegte
Petersilie hinzufügen, pfeffern und salzen, 1 Eßlöffel saure Sahne dazugeben
und unter Rühren dünsten, bis die Fülle
dick genug ist.
Zubereitung des Filets: Das Rindsfilet
säubern und der Länge nach so einschneiden, daß eine Tasche entsteht. Innen und außen pfeffern, salzen und mit
wenig Thymian einreiben. Dann die
Pilzfülle hineingeben und alles mit Garn
umwickeln. Nun das Fleisch in einer
Pfanne mit heißem Öl schnell von allen
Seiten anbraten, dann die Bratpfanne zudecken und ca. 20 Minuten braten, zwischendurch ein-, zweimal begießen. Das
Fleisch herausnehmen, den Bratfond mit
dem Weißwein lösen, süße und saure
Sahne hinzufügen und schnell reduzieren. Diese Soße zu dem Fleisch reichen
und als Beilage Reis servieren.

# Überbackene Schnitzel
(für 8 Personen)

800 g Schweineschnitzel,
250 g Boviste (auch Schopftintlinge,
Porlinge, Champignons, Perlpilze,
Täublinge, Milchlinge, Ritterlingsartige),
1 Zwiebel, 20 g Butter,
1 kleiner Strauß Petersilie,
8 Scheiben Schinken,
8 Scheiben Käse (z.B. Edamer),
1 Ei,
100 g Schweinefett,
100 g Mehl,
Pfeffer, Salz

Die feingehackte Zwiebel in Butter glasig dünsten, die gesäuberten und kleingeschnittenen Pilze dazugeben und dünsten. Große Boviste oder Porlinge in passende Scheiben schneiden, Schopftintlinge ganz lassen und braten. Dann mit feingewiegter Petersilie, Pfeffer sowie Salz würzen und bei kleingeschnittenen Pilzen 1 Ei darunterrühren. Die 8 Schnitzel pfeffern, salzen und in Mehl wenden. Dann das Fleisch in Fett kurz anbraten. Die Pilze darauf legen, mit je einer Scheibe Schinken sowie Käse bedecken und im vorgeheizten Ofen überbacken.

## Pute,
## mit Trüffeln gespickt

1 junge Pute von 2½ kg,
125 g Trüffeln (oder 250 g Morcheln bzw. feste Champignons),
100 g Mohrrübe,
50 g Petersilienwurzel,
2 Zwiebeln,
100 g geräucherter Speck,
20 g Schweineschmalz,
2 Eßl. Mehl,
Pfeffer, Salz

Die Pute gründlich waschen, die Sehnen aus den Keulen ziehen und die Pute innen sowie außen salzen. Unter die Haut von Brust und Keulen Trüffelscheiben schieben, dann die Keulen und den Rükken mit Speckscheiben umwickeln. In eine Kasserolle legen und mit soviel Wasser aufgießen, daß die Pute höchstens halb bedeckt ist. Mit dem Wurzelwerk sowie den Zwiebeln und wenig Pfeffer zugedeckt beinahe gar dünsten. Dann die Speckscheiben abnehmen und ohne Deckel unter ständigem Begießen fertig garen. Eine helle Mehlschwitze bereiten, mit der Brühe auffüllen, den Rest Pilze dazugeben und 15 Minuten kochen. Inzwischen die Pute tranchieren und auf einer heißen Platte anrichten. Die Soße durch ein Sieb streichen und mit Strohkartoffeln oder Reis zum Putenfleisch servieren.

## „Zyklopenaugen"

1 Riesenbovist,
5 Eier,
4 Scheiben Toastbrot,
½ Tasse Semmelbrösel,
½ Tasse Öl,
Pfeffer, Salz

Von dem Riesenbovist 4 fingerdicke Scheiben schneiden und in der Mitte mit einem Wasserglas ein Loch ausstanzen. Die Scheiben pfeffern, salzen, in Ei sowie Semmelbröseln wälzen und in heißem Öl von beiden Seiten braten. Die 4 Eier einzeln in die Pfanne schlagen und dann je eine Pilzscheibe so darauf legen, daß das Eigelb durch das Loch guckt. So lange braten, bis das Eiweiß fest ist, gleichzeitig das Weißbrot toasten und dann die Pilzscheiben mit dem Ei darauflegen.

176

# Verzeichnis der im Buch genannten Pilzarten

(deutsche und lateinische Namen)

| | |
|---|---|
| Austernseitling | *Pleurotus ostreatus* |
| Becherling | *Peziza* |
| Kronen- | *Sacosphaera crassa* |
| Orange- | *Aleuria aurantia* |
| Birkenpilz | *Leccinum scabrum* |
| Bovist/Stäubling | *Bovista/Lycoperdon/Langermannia* |
| Flaschen- | *Lycoperdon perlatum* |
| Kartoffel- | *Scleroderma citrinum* |
| Birnen- | *Lycoperdon pyriforme* |
| Riesen- | *Langermannia gigantea* |
| Brätling | *Lactarius volemus* |
| Butterpilz | *Suillus luteus* |
| Champignon (Egerling) | *Agaricus* |
| Anis- | *Agaricus arvensis* |
| Karbol- | *Agaricus xanthodermus* |
| Kompost- | *Agaricus bisporus* |
| Stadt- | *Agaricus bitorqui* |
| Wald- | *Agaricus silvaticus* |
| Wiesen- | *Agaricus campestris* |
| Dachpilz | *Pluteus* |
| Egerling siehe Champignon | *Agaricus* |
| Eichhase | *Grifola umbellata* |
| Ellerling, Wiesen- | *Camarophyllus pratensis* |
| Erbsenstreuling | *Pisolithus arhizos* |
| Erdritterling | *Tricholoma terreum* |
| Erdstern | *Geastrum* |
| Flämmling | *Gymopilus* |
| Fliegenpilz, Brauner | *Amanita regalis* |
| Fliegenpilz, Roter | *Amanita muscaria* |
| Gelbfuß, Kupferroter | *Chroogomphus rutilus* |
| Graukappe | *Lepista nebularis* |
| Grünling | *Tricholoma equestre* |
| Habichtspilz | *Sarcodon imbricatus* |
| Hallimasch | *Armillaria mellea* |
| Hautkopf, Orangefuchsiger | *Cortinarius orellanus* |
| Heideschleimfuß | *Cortinarius mucosus* |
| Herbsttrompete | *Craterellus cornucopioides* |
| Hexenpilz, Flockenstieliger | *Boletus erythropus* |
| Hexenpilz, Netzstieliger | *Boletus luridus* |
| Holzritterling | *Tricholomopsis rutilans* |
| Kaiserling | *Amanita caesarea* |
| Keule | *Clavaria, Clavariadelphus u. a.* |
| Klapperschwamm | *Grifola frondosa* |
| Knollenblätterpilz | *Amanita* |
| Gelber | *Amanita citrina* |

177

| | |
|---|---|
| Grüner | *Amanita phalloides* |
| Kegelhütiger | *Amanita virosa* |
| Koralle | *Ramaria* |
| Kuhmaul | *Gomphidius glutinosus* |
| Kuhpilz | *Suillus bovinus* |
| Krause Glucke | *Sparassis crispa* |
| Krempling | *Paxillus involutus* |
| Leberpilz | *Fistulina hepatica* |
| Lorchel | *Helvella, Gyromitra* |
| Frühjahrs- | *Gyromitra esculenta* |
| Maggipilz | *Lactarius helvus* |
| Maipilz | *Calocybe gambosa* |
| Mairißpilz | *Inocybe patouillardii* |
| Marone | *Xerocomus badius* |
| Milchling | *Lactarius* |
| Duft- | *Lactarius glyciosmus* |
| Eichen- | *Lactarius quietus* |
| Rotbrauner | *Lactarius rufus* |
| Wolliger | *Lactarius vellerius* |
| Mönchskopf | *Clitocybe geotropa* |
| Morchel | *Morchella* |
| Käppchen- | *Morchella semilibera* |
| Speise- | *Morchella esculenta* |
| Spitz- | *Morchella conica* |
| Mousseron | *Marasmius scorodonius* |
| Nadelholzhäubling | *Galerina marginata* |
| Nebelkappe | *Lepista nebularis* |
| Pantherpilz | *Amanita pantherina* |
| Parasol | *Macrolepiota procera* |
| Perlpilz | *Amanita rubescens* |
| Pfifferling | *Cantharellus cibarius* |
| Falscher | *Hygrophoropsis aurantiaca* |
| Trompeten- | *Cantharellus tubaeformis* |
| Porling | *Polyperus u. a.* |
| Riesen- | *Meripilus giganteus* |
| Schuppiger | *Polyperus squamosus* |
| Schwefel- | *Laetiporus sulphureus* |
| Rasling | *Lyophyllum* |
| Büschel- | *Lyophyllum decastes* |
| Frost- | *Lyphyllum fumosum* |
| Reifpilz | *Rozites caperatus* |
| Reizker | *Lactarius* |
| Birken- | *Lactarius torminosus* |
| Bruch- | *Lactarius helvus* |
| Edel- | *Lactarius deliciosus* |
| Tannen- | *Lactarius necator* |
| Rißpilz | *Inocybe* |
| Ziegelroter- | *Inocybe patouillardii* |
| Ritterling | *Tricholoma* |
| Brennender | *Tricholoma virgatum* |
| Erd- | *Tricholoma terreum* |
| Mai- | *Calocybe gambosa* |
| Schwarzfaseriger | *Tricholoma equestre* |
| Schwefel- | *Tricholoma sulphureum* |

178

| | |
|---|---|
| Seifen- | *Tricholoma saponaceum* |
| Tiger- | *Tricholoma pardolatum* |
| Röhrling | *Boletus, Suillus, Xerocomus, Leccinum* |
| Birken- | *Leccinum scabrum* |
| Butter- | *Suillus luteus* |
| Dick- | *Boletus* |
| Düsterer | *Porphyrellus pseudoscaber* |
| Elfenbein- | *Suillus placidus* |
| Filz- | *Xerocomus* |
| Gallen- | *Tylopilus felleus* |
| Gold- | *Suillus grevillei* |
| Hexen- | *Boletus erythropus u. luridus* |
| Körnchen- | *Suillus granulatus* |
| Kuh- | *Suillus bovinus* |
| Lärchen- | *Suillus grevillei* |
| Maronen- | *Xerocomus badius* |
| Pfeffer- | *Chalciporus piperatus* |
| Rauhfuß- | *Leccinum* |
| Sand- | *Suillus variegatus* |
| Satans- | *Boletus satanas* |
| Schleim- | *Suillus* |
| Schmarotzer- | *Xerocomus parasiticus* |
| Rotfuß- | *Xerocomus chrysenteron* |
| Rötelritterling | *Lepista* |
| Lilastiel- | *Lepista personata* |
| Violetter | *Lepista nuda* |
| Rotfüßchen | *Xerocomus chrycenteron* |
| Rotkappe | *Leccinum testaceoscabrum* |
| Rötling | *Entoloma* |
| Pflaumen- | *Entoloma sepium* |
| Riesen- | *Entoloma sinuatum* |
| Schild- | *Entoloma clypeatum* |
| Saftling | *Hygrocybe* |
| Samtfußrübling | *Flammulina velutipes* |
| Sandpilz | *Suillus variegatus* |
| Satanspilz | *Boletus satanas* |
| Schirmpilz | *Lepiota, Macrolepiota* |
| Garten- | *Macrolepiota rhacodes-Gartenform* |
| Rettich- | *Lepiota erminea* |
| Riesen- | *Macrolepiota procera* |
| Rosablättriger | *Leucoagaricus pudicus* |
| Safran- | *Macrolepiota rhacodes* |
| Spitzschuppiger | *Lepiota aspera* |
| Schleierling | *Cortinarius* |
| Schneckling | *Hygrophorus* |
| Frost- | *Hygrophorus hypothejus* |
| Punktierter | *Hygrophorus pustulatus* |
| Wald- | *Hygrophorus nemoreus* |
| Schneepilz | *Tricholoma portentosum* |
| Schüppling, Sparriger | *Pholiota squarrosa* |
| Schwefelkopf | *Hypholoma* |
| Graublättriger | *Hypholoma capnoides* |
| Grünblättriger | *Hypholoma fasciculare* |
| Ziegelroter | *Hypholoma sublateritium* |

| | |
|---|---|
| Schwindling | *Marasmius* |
| Knoblauch- | *M. alliaceus, M. prasiosmus* |
| Küchen- | *Marasmius scorodonius* |
| Nelken- | *Marasmius oreades* |
| Semmelstoppelpilz | *Hydnum repandum* |
| Stäubling siehe Bovist | *Lycoperdon, Langermannia* |
| Steinpilz | *Boletus edulis* |
| Sommer- | *Boletus aestivalis* |
| Stinkmorchel | *Phallus impudicus* |
| Stockschwämmchen | *Kuehneromyces mutabilis* |
| Strubbelkopf | *Strobilomyces floccopus* |
| Täubling | *Russula* |
| Gelber Graustiel- | *Russula claroflava* |
| Grüner Birken- | *Russula aeruginea* |
| Spei- | *Russula emetica* |
| Tauben- | *Russula grisea* |
| Zinnober- | *Russula rosacea* |
| Tintenfischpilz | *Clathrus archeri* |
| Tintling | *Coprinus* |
| Glimmer- | *Coprinus micaceus* |
| Grauer Falten- | *Coprinus atramentarius* |
| Schopf- | *Coprinus comatus* |
| Trichterling(e) | *Clitocybe, Lepista* |
| Bräunliche | *Cl. gibba, L. gilva, L. flaccida* |
| Fuchsiger | *Lepista flaccida* |
| Nebelgrauer | *Lepista nebularis* |
| Weißliche | *Cl. candicans, Cl. cerrusata, Cl. dealbata, Cl. rivulosa* |
| Wiesen- | *Clitocybe rivulosa* |
| Trüffel | *Choiromyces, Tuber* |
| Sommer- | *Tuber aestivum* |
| Weiß- | *Choiromyces venosus* |
| Wulstling (Knollenblätterpilz) | *Amanita* |
| Grauer | *Amanita excelsa* |
| Wurzelschwamm | *Heterobasidion annosus* |
| Ziegenlippe | *Xerocomus subtomentosus* |
| Zigeuner | *Rozites caperatus* |
| Zunderschwamm | *Fomes fomentarius* |
| Zwitterling | *Asterophora* |

# Verzeichnis der Rezepte

182

**Fischgerichte**